지루함을 깨뜨리는 가르침의 기술

톰 & 조아니 슐츠 지음 / 마 영례 옮김

why nobody learns
much of anything
at church:
and how to fix it

Copyright © 1998 Timothy Publishing House
a division of Paidion Mission
Originally published in the USA
under the title
Why Nobody Learns Much of Anything at Chruch: and How to Fix It
Copyright © 1993 by Thom and Joani Schultz
Group Publishing, Inc.
1515 Cascade Ave. Loveland, CO 80538

헌정

이 책을 아들 매트에게 바친다.

그 아이의 배움에 대한 열정이 우리에게 너무도 많은 영감을 주었다.

차례

프롤로그: 맛을 잃어버린 교회 교육 【 7 】

제1장 목표를 알라 【 15 】

제2장 가르침보다는 배움에 초점을 맞추라 【 39 】

제3장 기본에 충실하라 【 67 】

제4장 기계적인 암기보다는 이해를 강조하라 【 85 】

제5장 사람들이 생각하게 하라 【117】

제6장 활동 학습을 사용하라 【145】

제7장 협동 학습을 활용하라 【199】

제8장 진정한 학습이 이루어지게 하는 교과과정을 사용하라 【229】

제9장 설교를 개선하라 【267】

제10장 변화를 찬양하라 【293】

에필로그: 지금 변화를 시도하라 【321】

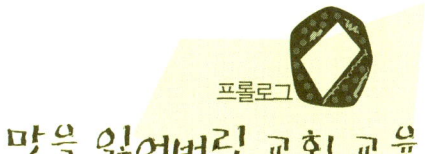

프롤로그
맛을 잃어버린 교회 교육

우리는 아이들과 이야기하면서 꽤 많은 시간을 보낸다. 얼마 전에는 초등학교 5-6학년 학생들에게 주일학교 교육에 대해 물어본 적이 있다. 그 대화의 일부를 소개하고자 한다.

저자 : 언제부터 교회 다니기 시작했니?
카트리나(Katrina) : 아주 어릴 때부터요.
저자 : 주일 학교에 대해 어떻게 생각하니?
카트리나 : 학교랑 별로 다를게 없어요.
저자 : 다를게 없다고?
카트리나 : 따분하거든요.
저자 : 왜?
카트리나 : 자리에 앉아 있어야 되구요. 또 뭐 이것 저것 외워야 해

요.

저자 : 뭘 외우는데?

카트리나 : 성경 구절이요. 다 외우면 선생님이 사탕을 주세요.

저자 : 최근에 다 외워서 사탕 받은 구절 지금 외워볼 수 있겠니?

카트리나 : 기억이 안 나는데요.

저자 : 하나도 생각 안나니?

카트리나 : 네. 다 잊어 버렸어요.

저자 : 그래? 그렇다면 혹시 무슨 뜻이었는지는 생각나니?

카트리나 : 아니요. 제 기억력이 별로 안 좋은가 봐요.

저자 : 그러면, 카트리나, 어떻게 하면 천국에 갈 수 있을까?

카트리나 : 공부 열심히 하면요.

 카트리나는 다른 아이들과 좀 다른 것인가? 아니면 교회 교육의 결과를 보여주는 전형적인 모습이라고 해야 하는가?
 우리는 카트리나와 같은 아이를 그저 지진아로 취급해 버리려는 유혹을 안고 있다. 그리고 이렇게 말한다. "다른 아이들만큼 잘하지 못하는 애도 있지 뭐. 게다가 지금 배우는 것들은 반드시 필요한 것인데, 다만 그 아이가 지금 자신이 배우고 있는 것이 얼마나 유익한 지를 잘 모르고 있을 뿐이야. 언젠가 지금 배운 것들이 생각나게 될거야."
 이렇게 말할 수 있다는 점에서 우리는 상당히 낙관적인 사람들이다. 그리고 너무나 오랫동안 같은 일을 반복해 왔기 때문에 그 일의 효율성에 대해서는 별로 생각해 보는 시간을 가지려 하지 않으며, 지금 하고 있는 일로 너무나 바쁘기 때문에 그 일들이 잘되어 가고 있는가를 생각해 볼 겨를이 없다.

당신은 교회에서의 교육활동이 효과적으로 이루어지고 있다고 생각하는가? 우리가 기독교 교육, 주일학교, 성경 공부 모임, 청년회, 어린이들을 위한 행사, 학습교육과 제자 훈련반, 여름 성경 학교, 장년 모임, 설교 시간 등에 실제로 투자하고 있는 만큼의 충분한 결과를 얻고 있다고 생각하는가? 그렇지 못하다는 신호들을 살펴보도록 하자.

침몰하는 배

● 교회가 하고 있는 모든 활동들에 대해 교인 자신들은 교회 교육의 질을 최하위로 평가하고 있다. 이 일을 조사한 조지 바나(George Barna) 씨에 의하면 청소년 프로그램에 대한 평가만이 겨우 '미흡함' 판정을 받은 것으로 나타나고 있다.[1]

● 미국과 캐나다 교회 연감에 따르면 1972년 이래로 주일 학교 출석 인원은 사천 백만에서 이천 육백만으로 줄어들었다. 같은 기간 동안 미국의 인구는 23% 증가하였다.[2]

● 몇몇 대 교단 소속 주일학교의 학생 수는 1970년부터 1990년까지 평균 약 55%의 감소를 보이고 있다.[3]

● 꾸준히 주일학교를 운영하는 교회의 숫자는 1980년대에 43%가 감소하였다.[4]

● 교회에 다니는 성인의 19%만이 담임목사의 설교를 통해 많은 것을 배울 수 있다고 말한다.[5]

경고의 소리

이런 추세가 전혀 눈에 띄지 않게 진행되어 온 것인가? 그렇지는 않다. 사람들의 경각심을 불러 일으키려는 학자들의 노력도 어느 정도 있어 왔다.

"대부분의 교회에서 기독교 교육은
개혁을 필요로 하는 낡은 시스템으로 전락해 있다.
청소년과 성인들의 욕구에 대해 잘 알지 못하기 때문에 교회는 교회 교육을 위해
자원하는 인력을 구하고 동기부여하는 일에 점점 더 어려움을 느끼고 있으며,
교육을 받아야 할 사람들의 무관심에 직면하고 있다.
그러면서 시대에 맞게 변화하지 못하는 모델이나
방법들만을 도입하고 있는 실정이다."
—피터 벤슨(Peter Benson)과 캐롤린 에클린(Carolyn Eklin), 조사 연구원[6]

"주일학교는 현대인들이 시간을 투자하면서 기대할 만한
수준 높은 교육과 활동을 제공해 주지 못하고 있다."
—조지 바나(George Barna), 연구원[7]

"가정 생활의 양상이 변화하고 있는 오늘날
주일학교는 골동품이 되어 가고 있다."
—로버트 린(Robert Lynn), 릴리 재단[8]

"그저 선생님은 얘기하고 우리는 앉아 있는다."
—브라이언(Brian), 초등학교 3학년[9]

교회 교육이 안고 있는 문제의 심각성

이 문제에 대해 당신은 "좋아요, 좋아. 하지만 교회 교육이 잘 안 된다고 그렇게 야단 법석을 떨어야 하나요? 그렇다고 세상이 망하는 것도 아니잖아요" 라고 말할 수도 있을 것이다.

그러나 그렇게 장담할 수만은 없다. 최근 연구는 교육이 사람들의 신앙 성숙에 가장 효과적인 역할을 할 수 있다는 것을 보여 주고 있다. 조사 연구원은 몇몇 교단에 속한 교회에 다니는 11,000명의 청년들과 성인들을 대상으로 설문 조사를 실시하였다. 조사를 마친 후 그 일을 맡았던 피터 벤슨과 캐롤린 에클린은 다음과 같이 말했다. "기독교 교육은 우리가 생각하는 것보다 훨씬 중요하다. 우리는 크리스천들의 교회 생활 전반에 대해 조사해 보았는데 기독교 교육 프로그램에 참여하는 것이 믿음 안에서 성장하는 것과 가장 깊은 관계가 있는 것으로 드러났다. 물론 다른 요소들도 중요하긴 하지만 효과적인 기독교 교육보다 더 중요한 것은 없다. 그리고 이것은 청소년들에게는 물론 어른들에게 있어서도 마찬가지이다."[10]

배우지 않으면 신앙은 자라지 않는다. 그런데 사람들이 교회를 통해 별로 배우는 것이 없다는 안타까운 사실을 드러내는 수많은 증거들이 있다. 사람들이 배우는 것은 가르치고 있는 사람의 생각과 늘 일치하지는 않는다. 앞에서 우리가 인터뷰 했던 카트리나가 공부를 열심히 하면 구원을 받게 될 것이라고 생각하는 것은 그 한 예에 지나지 않는다.

교회 교육이 안고 있는 문제는 상당히 심각하다. 그것은 성도의 수가 줄고 있는 교회가 안고 있는 문제의 핵심이며, 사회에 미쳐야 할 교회의 영향력을 손상시키는 것이기도 하다. 그것은 또 성도들의 무관심을 불러오는 근본 이유가 되기도 하며, 아이들이 예수님께 대해 따분함을 느끼게 만드는 원인이 되기도 한다.

우리는 모두 시대에 뒤떨어진 교육 제도의 피해자들이다. 교회에서는 배우지 않겠다고 작정하는 사람은 아무도 없다. 단지 비효율적인 교육 방법이 한 세대에서 다음 세대로 전해져 내려온 것이며 우리도 그것을 아무 생각 없이 그대로 사용하고 있을 뿐이다.

길은 있다.

교회 교육에 관해 우리가 염려하고 있는 것을 들은 한 기독교 교육 자료 출판사의 책임자는 "아이들이 주일학교에서 배운 것을 전혀 기억하지 못한다는 사실에 그리 놀랄 것은 없다고 생각합니다. 아이들에게 학교에서 배운 것에 대해 물어보면 같은 대답을 할 것입니다."라고 말했다.

그래서 우리는 안도감을 느껴도 된다는 말인가? 학교 교육도 수준 이하의 결과를 나타내고 있으니 교회 교육이 부족하다고 해도 그냥 앉아 있어도 괜찮은 것인가? 오히려 더 잘 할 수도 있고, 또 더 잘 해야 한다.

물론 교육의 위기는 교회만이 직면해 있는 것은 아니다. 학교 교육도 심각한 문제에 부딪혀 있다.

> 최근 세계 경쟁력 보고서는 미국의 교육 수준을 세계 21위라고 평가했는데 이는 선진국들 중 그리스를 제외하면 최하위다.[11]

학생들은 제대로 잘 배우지 못하고 있다. 주일학교에서와 마찬가지로 학교 공부에도 흥미를 느끼지 못하고 있다. 10대 아이들 중 하루 평균 3,878명이 학교 다니는 것을 포기하고 있다. 해마다 평균 백만 명의 학생들이 학교를 도중하차 하고 있는 것이다.[12]

중도 탈락하는 학생들을 위한 훈련 기관의 책임을 맡고 있는 토니 카르바얄(Tony Carvajal)씨는 "지금 학생들은 10년이나 2,30년전 학생들과는 본질적으로 다르다. 과거의 교육 방법으로는 지금 아이들의 필요를 채워줄 수 없다"라고 말한다.

그러나 학교나 교회 모두 이 심각한 문제를 해결하지 못하고 있다. 카르바얄씨는 이렇게 말한다. "오늘날 학생들을 가르치기 위한 교과 과정은 단지 어떤 사실이나 숫자를 외우게 하는 것 대신 높은 수준의 사고력을 길러주고 학생들이 적극적으로 참여할 수 있도록 짜여져야 한다."

학교는 변화 – 진정한 변화 – 가 필요하다는 사실에 대해 눈을 뜨기 시작하고 있다. 그리고 새로운 방법들을 시도하는 학교에서는 다음 세대의 모범이 될 만한 몇몇 성공을 거두고 있다. 앞서가는 학교의 교육자들은 학생들 스스로 할 수 있는 적극적인 학습 방법을 강조하여 일방적인 강의식 교수법이나 기계적인 암기 훈련, 교과서를 기초로 한 교실 교육을 탈피하고 있다.

그리고 그런 곳에서는 학습효과가 나타나고 있다.

"일단의 새로운 교사들이 교과서를 밀쳐 버리고, 정해진 시험제도를 폐지하고, 반복적인 연습을 없애 버리고 학생들의 '참여'를 장려하는 교육을 시도하고 있다."
―월 스트리트 저널[13]

"그러나 교회는 학교가 아니다."라고 말하는 사람도 있을 것이다. 물론 아니다. 그러나 우리는 교육에 대해 가장 잘 알고 있는 사람들로부터 유익을 얻을 수 있다. 교회에서도 사용할 수 있는 매우 효과적인 새로운 교육 방법들이 드러나고 있다. 이 책에서 우리는 그런 것들에 대해 소개하고자 한다.

또한 지난 20년간 우리가 교회 교육에서 효과적으로 사용했던 혁신적인 학습방법들에 대해서도 다룰 것이다. 이것은 그저 환상적인 꿈이 아니다. 실제로 나타난 현실적이고 창의적인 방법이다.

이 책을 통하여 교회 교육의 새로운 문을 여는 10가지의 열쇠들에 대해 함께 살펴 보도록 하자.

"여호와여, 주의 도를 내게 보이시고 주의 길을 내게 가르치소서."
- 시편 25:4

목표를 알라

그러니까 말하자면 교회 교육에 심각한 문제가 있다는 것이다. 그렇다면 그것은 누구의 책임이며 무엇이 잘못된 것인가? 이 질문에 대해 너무 많은 대답들을 들어왔다.

- 선생님들이 제일 중요한데 아무도 가르치려고 나서지 않는다.
- 요즘 부모들은 아이들에게 별 관심이 없다.
- TV가 모든 사람들을 망쳐놓고 있다. 모두들 TV 내용처럼 되기를 기대하기 때문에 아무도 실제 교육을 원하지 않는다.
- 사람들의 우선 순위가 뒤죽 박죽이 되어 영적인 문제에 대해서는 더 이상 신경을 쓰지 않고 있다.
- 다들 너무나 바쁘다.

- 일을 잘 할 수 있는 예산이 없다.
- 여성들이 직장 생활을 함에 따라 훌륭한 교사들이 줄고 있다.
- 요즘 아이들은 너무나 거칠고 버릇이 없어서 아무것도 배우려들지 않는다.
- 사람들은 교회에 가끔 한 번씩 참석할 뿐이다.
- 교회 교육이 풍기는 인상에 문제가 있다. 우리는 이런 인상을 쇄신하기 위한 캠페인을 벌일 필요가 있다. "주일학교가 좋아요." 라는 스티커를 만들어 차에 붙이고 다니면 어떨까?

> # I ♥ SUNDAY SCHOOL

사실, 교회 교육이 사람들에게 좋은 인상을 주지 못하고 있다는 것은 맞는 말이다. 그리고 가슴 아프게도 그런 인상은 상당히 정확한 것이다. 그리고 미소를 짓고 있는 스티커를 붙이고 다닌다고 해서 상황이 달라지는 것은 아니다. 오래되고 낡은 자동차 배터리에 새로운 상표를 갖다 붙인다고 해서 시동이 잘 걸리는 것은 아니다.

실제 문제는 교회 교육이 어떤 인상을 주고 있느냐 하는 데 있지 않다. 그리고 위에 열거한 대답들도 실제로 문제가 되는 것은 아니다. 진짜 문제는 보다 근본적인 것에 있다.

우리의 문제는 :
>우리가 길을 잃었다는 것이다.
>우리는 우리가 하고 있는 일을
>왜 하고 있는지 모르고 있다.

잘못된 기준

우리는 같은 일을 반복하는 데 너무나 몰두해 있기 때문에 목표를 바라보지 못하고 있다. 교회 교육의 가장 중요한 목표가 무시되어 왔기 때문에 아무도 멈추어 서서 평가하는 시간을 가지려 하지 않았다. 그 결과 교회 교육의 목표와 기준이 잘못 설정되어지기 일쑤다. 예를 들어 보자.

- "아이들이 매주 잘 출석하고 있다." 아이들이 의자를 채우고 있는 것이 순전히 기독교 교육의 결과로 인한 것인가? 혹 주일학교가 부모들이 일요일 아침 다른 곳에 가면서 아이들을 떼어 놓기에 좋은 곳이기 때문에 그런 것은 아닌가? 출석율이 높다는 것은 좋은 일이다. 사실 출석은 교육이 이루어지기 위한 기본적 요건이다. 그러나 출석 그 자체가 아이들이 배우고 있다는 사실을 보증해 주지는 않는다. 아이들의 출석이 우리의 목표는 아니다.

- "우리반 아이들은 조용히 말을 잘 듣는다." 아이들이 교실 내에서 조용하고 수동적인 것은 일반적으로 별로 배우는 것이 없다는 것을 암시해 주는 표시가 된다. 조용히 앉아서 교사가 전해주는 지식을 수동적으로 받아들이는 아이들은 교사로 하여금 자신이 좋은 교사라는 뿌듯함을 느끼게 해 줄 수는 있겠지만, 그들이 정말 무언가 배우고 있다고 확신할 수 있는가? 말을 잘 듣고 조용하게 만드는 것이 교육의 목표는 아니다.

- "우리 아이들은 담당 사역자를 정말 좋아한다." 이것은 긍정적인 요소로 작용할 수 있다. 목회자가 단지 찬사를 받는 정도를 넘어서서 아이들에게 진정 받아들여지고 있다면 그들이 배워야 할 것을 잘 받아

들이는 데 도움이 될 것이다. 그러나 사역자가 환영을 받는 것이 우리 교육의 목표는 아니다.

● "우리는 신학적으로 바른 교육 자료를 사용하고 있다." 건전한 신학은 좋은 것이다. 그러나 좋은 약도 누군가가 그것을 먹고 병이 나을 때 비로소 가치가 있는 것이다. 우리의 노력은 신학적으로 건전해야 할 뿐 아니라 실제로 삶을 변화시키는 교육을 위해 투자되어야 한다. 신학적으로 옳은 교과 과정을 가지는 것이 우리의 목표는 아니다.

● "교단에서 발행하는 교재를 사용해야 교단 재정에 조금이라도 도움이 된다." 교단을 생각하는 마음은 훌륭하지만 뭔가 순서가 뒤바뀌었다고 생각하지는 않는가? 교단의 수익금과 아이들 교육중 어느것이 우선해야 하는가? 교재 판매의 수익금을 통한 교단의 재정 확보는 우리의 목표가 아니다.

● "우리 교사들은 사용하는 교재에 대해 아무런 불평이 없다." 이것이 목표인가? 만일 청소를 하고 난 바로 직후에도 교회의 바닥에 얼룩이 져 있다고 생각해 보라. 그래서 청소를 담당한 사람에게 왜 그런지 물었을 때 그가 어깨를 한번 으쓱이고는 "글쎄요. 지금 쓰고 있는 이 세제는 제 맘에 드는 것인데요." 라고 대답한다면 당신은 만족할 수 있겠는가? 그렇지 않을 것이다. 당신이 바라는 것은 깨끗한 마루 바닥이다. 교사들의 묵인이 목표는 아니다.

● "우리는 아이들에게 많은 프로그램을 제공한다." 아이들이 숙제 종이에 붙일 색종이를 오려내고 있는가? 아니면 성경에 나오는 단어 맞추기 퍼즐에 푹 빠져 있는가? 시간을 채우는 것이 우리의 목표인가 아니면 그들의 삶에 변화를 가져다 줄 수 있는 것들을 배우도록 격려하는 것인가? 아이들을 바쁘게 하는 것이 우리의 목표는 아니다.

- "우리는 성경을 잘 가르치는 것을 중요하게 생각한다." 그러나 성경이 잘 배워지고 있는지에 관심을 기울이고 있는가? 선거에 출마한 정치인이 열변을 토하지만 표를 얻지 못한다면 무슨 소용이 있겠는가? 가르치는 것 자체가 목표는 아니다.
- "성경 퀴즈에 나가면 우리는 언제나 우승을 한다." 성경에 나타난 사실을 암기하는 것은 퀴즈 대회에서 우승을 가져다 줄 수 있을지도 모른다. 그러나 예수님께서 제자들에게 성경퀴즈에 나가서 우승하는 법을 가르쳐주신 적이 있을까? 사실을 암기하는 것이 교육의 목표는 아니다.
- "우리는 우리 교단의 역사와 기초가 되는 것들을 가르친다." 배우는 사람들이 더 중요한 것을 놓치지만 않는다면 그런 것들을 가르치는 것이 나쁜 것은 아니다. 만일 한 보이 스카웃 소년이 보이 스카웃이 시작된 연도와 창시자의 이름, 그리고 어디서 시작되었는지에 대해서는 잘 알고 있지만 실제 삶을 위해 알고 있어야 할 것들을 배우지 못한다면 그것이 무슨 소용이 있겠는가? 종파에 대한 역사적인 지식이 교육의 목표는 아니다.
- "우리 아이들은 상을 많이 받는다." 많은 교회들은 아이들이 교회 출석을 잘하고 친구를 데려오며, 숙제를 잘 하고, 성경 구절을 암송하도록 하기 위해 상을 주고 있다. 그러나 이것은 아이들에게 배우는 과정보다는 점수에 신경을 쓰도록 만드는 것이다. 스티커나 달란트 같은 뇌물을 받게 하는 것이 교육의 목표는 아니다.
- "우리 목사는 설교를 잘 한다." 좋은 설교를 하는 것은 중요하다. 맛있는 요리를 만드는 방법을 글로 쓰는 것은 칭찬할 만한 일이다. 그러나 누군가가 그 요리 설명서를 가져다 좋은 요리를 만들지 않는다면

아무리 잘 쓰여진 것이라 해도 정말 성공적이라고 할 수는 없다. 설교를 잘하는 것이 목표는 아니다.

위에 설명한 것들은 잘못된 목표를 가진 교회의 모습을 보여준다. 만일 교회를 맡고 있는 사람이 목표를 잃고 헤메고 돌아 다닌다면 수많은 어린이와 청년 그리고 성인은 영적인 영양실조에 걸리고 말 것이다. 물론 이것은 의도적인 기근은 아닐 것이다. 그리스도의 몸은 가장 좋은 의도를 가지고 있다. 그러나 시간, 전통, 분주함들 때문에 우리의 감각이 무디어지고 판단력이 흐려진 것이다.

교회만이 이렇게 목표를 상실한 채 진창에 빠져있는 것은 아니다. 오늘날 혼동된 목표는 상당히 보편적인 현상이 되고 있다. 한 음식점을 예로 들어 생각해 보겠다. 언젠가 함께 일하는 사람 18명과 사역을 마치고 축하연 겸 점심 식사를 하러 갔다. 그런데 그 식당의 서비스는 형편 없었다. 우리는 점심시간을 한 시간 정도로 예상했었는데 두 시간이 걸렸다. 그래서 오후에 우리가 해야 할 일에 차질이 생겼고 우리는 주인에게 따졌다. 그러나 식당 주인은 아무런 보상도 해 줄 수 없다고 했으며 전혀 미안해 하지도 않았다. 그리고 18명이나 되는 고객 모두 기분이 상했다는 것을 알면서도 전혀 상관하지 않았다.

그 식당 주인은 자신의 목표를 잃고 있었다. 고객들로부터 돈을 받는 것 그 자체만을 목표로 삼고 있었다. 그러나 음식점의 진정한 목표는 지속적으로 이익을 올릴 수 있는 사업을 하는 것이 되어야 한다. 그 주인은 18명의 음식값은 받을 수 있었지만, 18명의 장래의 고객을 쫓아낸 것이다.

학교에서 상실된 교육 목표

미국의 학교들도 목표를 상실한 예가 된다. 학교들은 획일화된 교육과정, 정형화된 시험과 빈칸 채우기 등 공장을 운영하는 방식과 똑같은 교육에서 벗어날 줄을 모른다. 아이들이 실제 세상에서 살아갈 수 있도록 준비시키고 평생 배우는 자세를 가지고 살아가도록 격려해야 하는 교육의 진정한 목표를 잃어버렸다.

> "결국 근본적인 문제가 있는 것이다. 비슷한 나이 또래의 아이들 20명 가량을
> 작은 방에서 책상 앞에 묶어 두고 말을 잘 듣도록 하고 있다.
> 이런 교육 현장은 마치 아이들에 대해 연구하여 대다수 아이들은
> 별로 할 의향이 없는 것으로 밝혀진 사실에 대해 모든 아이들이
> 그렇게 해야 한다고 주장했던, 지금은 역사 속으로 사라져 버린
> 한 비밀 위원회의 모습과 흡사하다."
> ─트레이시 키더(Tracy Kidder), 기자[1]

어떤 학교들은 기본으로 돌아가자는 명목하에 오히려 기본을 넘어서는 권리를 마구 휘두르고 있다. 오하이오에 있는 한 학교에서는 교사들이 독서라는 한 영역에서만 '학생 과제' 230 가지를 나누어 주었다. 이 230개의 목표 중에 아이들에게 책을 사랑하는 것을 가르쳐 줄 만한 것은 하나도 없었다.[2]

공 교육이라 불리우는 이 값비싼 티켓을 사야 하는 고객들과 상담해 본 사람이 있는가? 우리의 아이들이 이 급변하는 사회 속에서 자기의 삶을 적절하게 향상시킬 수 있는 기술과 경험을 가지고 졸업하고 있는

가? 아니면 단지 시험을 앞두고 어떻게 벼락공부를 해야 하는지를 배울 뿐인가?

우리 사회는 학생들이 밭에서 일할 수 있도록 여름철에는 방학을 하는, 농경 사회를 중심으로 한 오래된 학교 제도를 그대로 유지하고 있다. 그러면서도 사실 농사에 대한 가장 기본적인 것도 이해를 못하고 있다. 사실 가장 중요한 때는 추수하는 시기다. 그리고 농부가 믿음을 가지고 모든 과정 - 밭을 갈고, 씨를 뿌리고, 비료를 주고, 잡초를 뽑아 주고, 추수하는 - 을 밟지 않으면 수확을 거둘 수 없다. 이것은 시간과 정성을 필요로 한다. 농부들은 벼락치기는 통하지 않는다는 사실을 잘 알고 있다. 만일 필요한 과정에 주의를 기울이지 않고 일주일 안에 씨를 뿌리고 추수하려고 서두른다면 혹독하고 배고픈 겨울을 나야 한다.

그러나 우리의 교육 체제는 아이들에게 벼락치기가 통한다는 것을 가르쳐 왔다. 중요한 것은 시험 점수였다. 숫자와 이름들을 잠깐 머리 속에 집어넣고, 선다형 문제에서 가장 좋은 답을 추측해서 고르는 것을 배우면서 교육제도를 약삭빠르게 이용하도록 가르치고 있다. 배우는 것보다는 점수에 만족하게 만들고 있는 것이다.

> "학생들은 자신들의 능력보다 낮은 따분한 교과서를 기초로 한
> 시험을 치러야 하고 연습장에 옮겨쓰기 같은 것들을 하도록 조정되고 있다.
> 학교 행정 담당자는 학생들에게 높은 점수를 요구하는데
> 그렇게 해야 그의 학교가 - 실제로 그가 - 좋은 평가를 받을 수 있기 때문이다.
> 아이들이 수업시간에 열중할 수 있고 마음 놓고 활동할 수 있는 공간이
> 점점 줄어 들고 있다."
> —초등학교 교사[3]

다음은 우리의 교육 제도에 대해 가장 슬픈 상황을 보여주는 비판으로써, 1991년 뉴욕 주에서 올해의 교사 상을 수상한 존 테일러 개토(John Taylor Gatto)씨의 말이다.

"나는 내가 정말 무엇을 가르쳐 왔는가를 서서히 이해하게 되었다. 혼란스런 교과 과정, 비교 의식, 불공평, 무례함, 버릇없음, 남에 대한 무시, 질에 대한 무관심, 지나친 의존심 등이었다. 나는 내가 살고 싶지 않은 세상에 아이들이 어떻게 적응해야 하는지를 가르치고 있다. 교사로서 내가 아이들에게 하는 지시는 그들 자신의 길을 찾도록 돕는 것이 아니라 동물을 훈련시키는 제도에 아이들이 익숙해지도록 만드는 것이다."[4]

"우리의 교육은 내가 교육을 해온 지난 24년 동안 특별히 달라진 것이 없다.
우리는 어디선가 교육이 추구하는 아이디어와 꿈을 잃어버렸다.
그리고 모든 교육제도는 시대에 뒤떨어져 있다."
―디나 우즈(Deanna Woods), 오레곤 주 포트랜드에 있는 한 고등학교 교사.[5]

조지 우드(George H. Wood)씨는 자기의 저서 효과적인 학교(Schools That Works)에서 다음과 같이 요약하고 있다. "지난 수십 년간 미국인들은 큰 것이 좋은 것이며 방송 보도는 지식이라고 생각해 왔다. 그리고 학교는 행정적으로나 교육적인 면에서 공장처럼 운영되어야 한다고 생각해 왔다. 그리고 학교가 운영되고 있는 방식을 보이는 그대로 아무 생각없이 받아들여 왔다. 이것은 마치 학교라는 조직과 형태를 우리가 감히 이의를 제기해서는 안 돼는 어떤 신성한 것으로 여기는 우를 범하는 것이다. 그러나 더 중요한 것은 학교 자체가 아니라 학

교에서 무엇을 산출해 내느냐는 것이다.[6]

학교는 이제 자신의 목표를 잃었다. 그들은 추수가 실제로 중요한 목표가 되어야 한다는 것을 잊어버렸다. 오래된 트랙터를 몰고 왔다 갔다 하는 것이 농사의 목표라고 생각하는 잘못에 빠져있다. 그리고 추수에 대해서는 관심을 잃어버렸다. 그런데 불행하게도 교회가 같은 땅을 갈고 있다.

목표를 향해 곧장 달려라

바울 사도는 빌립보 교회의 성도들에게 다음과 같이 말했다. "내가 이미 얻었다 함도 아니요 온전히 이루었다 함도 아니라. 오직 내가 그리스도 예수께 잡힌 바 된 것 그것을 잡으려고 좇아가노라. 형제들아 나는 아직 내가 잡은 줄로 여기지 아니하고 오직 한 일 즉 뒤에 있는 것은 잊어버리고 앞에 있는 것을 잡으려고 푯대를 향하여 그리스도 예수 안에서 하나님이 위에서 부르신 부름의 상을 위하여 좇아가노라."(빌 3:12-14).

"당신이 가야 할 곳이 어디인지 알고 있다면
그 곳에 도달하게 될 가능성은 훨씬 많다."

—무명

아래 그림을 잘 살펴보라. 무엇이 보이는가?

위의 그림은 오른 쪽을 보면 토끼 같고 왼쪽을 보면 오리 같이 보일 것이다. 어느 쪽에 초점을 맞추느냐에 따라 목 아래 몸통 부분을 상상할 수 있다. 그러나 두 마리의 다른 동물을 동시에 볼 수도 있을까? 상당히 어려울 것이다. 우리에게는 한 가지를 선호하는 경향이 있다.

우리의 관심은 교회에 있다. 우리는 어디에 초점을 맞추어야 할 것인가? 분명하게 설정된 목표가 없으면 그저 횡설수설하다가 결코 '상을 얻지' 못하게 되고 말 것이다. 그러나 만일 우리의 교육 목표가 모든 사람들에게 분명하게 받아들여질 수 있는 것이라면 우리는 주님의 능력으로 삶을 변화시켜 나갈 수 있을 것이다.

이제 무엇을 우리의 목표로 삼아야 할 것인가? 사람들과 하나님의 말씀을 보도록 하자.

오늘날의 청소년들과 아이들 그리고 어른들은 매우 기본적인 교육적 필요를 안고 교회를 찾아 온다. 그들은 복음에 굶주려 있다

조사 연구원이 실시한 연구에 따르면 교회에 다니는 청소년들의

11%만이 신앙적으로 잘 정립되어 있다. 어른들의 경우도 약 32%에 불과하고, 기독교 교육을 담당하고 있는 교사들의 경우도 39%에 달할 뿐이다.[7]

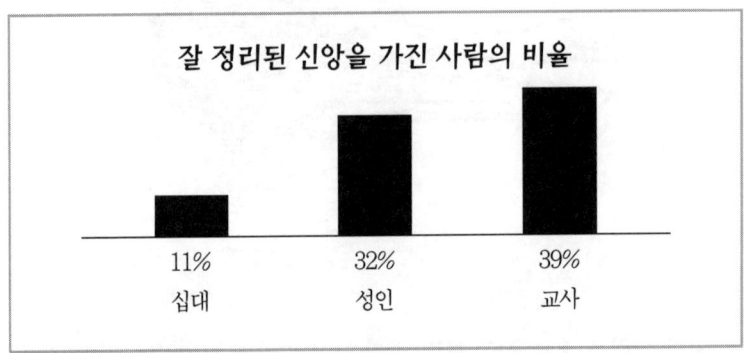

또 같은 조사는 청장년들이 교회에서 가장 배우고 싶어하는 것들이 어떤 것인지를 보여주고 있다. 청소년들과 어른들 모두 신앙에 대한 기본적인 문제들에 대해 가장 높은 관심을 보이고 있다.

성인들이 배우고 싶어하는 것들
1. 성경.
2. 예수님과의 개인적인 교제.
3. 사랑과 관심을 표현하는 기술의 개발.

10대 청소년들이 배우고 싶어하는 것들
1. 어떻게 친구를 사귀고 또 친구가 될 수 있는지.
2. 예수 그리스도를 알고 사랑하는 법.
3. 하나님이 어떤 분이신지.[8]

예수님께서 주신 두 개의 가장 큰 명령이 우리의 교육 목표를 설정하는 데 도움을 줄 것이다 : "네 마음을 다하고 목숨을 다하고 뜻을 다하여 주 너의 하나님을 사랑하라" 그리고 "네 이웃을 네 몸과 같이 사랑하라"(마 22:37-39).

> **배우고 있다는 사실을 드러내 주는 증거**
> 선한 사마리아인에 관한 비유를 학생들이 잘 배웠다는 것을 가장 잘 보여주는 것은 다음 중 어떤 것인가?
> A. 본문 전체를 한자도 틀리지 않고 다 외운다.
> B. 비유를 자기 말로 다시 표현할 수 있다.
> C. '선한 사마리아인' 과 같은 행동을 한 사람의 예를 들 수 있다.
> D. 에이즈에 걸렸다는 소문 때문에 왕따를 당한 학생을 찾아가 같이 점심을 먹는다.

우리의 목표

우리 저자는 교회 교육의 목적을 "예수님을 알고 사랑하고 순종하는 것"으로 정했다. 이것은 우리의 생각과 감정과 행동 모두를 포함하며 결과 중심적이며 산출 중심적이다. 이것은 기독교는 삶의 방식이라는 것을 다시금 일깨워 준다. 그리고 학생들이 배운 것을 자기의 실제 생활 속에서, 그리고 변화된 삶 속에서 실천하게 될 때 교육자로서 성공한 것이다.

조아니의 삶은 잘 설정된 목표를 따라 변화된 좋은 예가 될 것이다. 그녀는 어린 시절 남부 다코타(South Dakota)의 시골에서 키이스 존슨(Keith Johnson)목사님이 시무하던 작은 교회에 다녔다. 이 시골 목사님은 자신의 목표가 무엇인지를 알고 있었다. 마을의 청소년들 중 조아니만이 교회에 출석한 적도 있지만 목사님은 청년 사역 프로그램을 포기하지 않고 계속했다. 많은 사람들은 참석자가 한 사람일 경우 미리 준비한 청소년 활동 프로그램을 취소하는 것이 보통이지만 존슨 목사님은 자신의 목표가 참석자의 수가 아니라는 것을 분명히 알고 있었다. 그의 목표는 영적 성장이었다. 이러한 그의 진정한 목표를 이루려는 지치지 않는 열정은 한 소녀로 하여금 자신의 삶을 전임 사역자로 헌신하는 열매를 맺게 되었다.

우리가 이런 결과를 가져올 수 있다면 이 장의 초두에 언급한 많은 문제들은 저절로 해결될 것이다. 요즘의 교사나 학부모는 어떻다느니 하면서 불평하고 있는가? 자녀들의 삶 속에 나타나는 영적인 성장이 순전히 교회 교육의 결과라는 것을 인식하게 된다면 그 아이들의 부모는 교회 교육을 돕기 위해 자신들의 귀한 시간을 드려 자원해 섬기기를 원하게 될 것이다. 만일 성인들을 위한 교회 교육 프로그램들이 그들의 삶에 영향을 미친다면 그 교육에 참여하는 사람은 차고 넘치게 될 것이다. 현재 주일에 교회에 출석하는 사람들의 약 23% 정도만이 주중의 교육 프로그램에 참석하고 있는 실정이다.[9]

이제 당신의 목표는 무엇인가? 간결한 목표가 바로 떠오르지 않는다면 지금 바로 하나를 설정하라. 그리고 그것에 거스르는 것들이 무엇인지를 생각해 보라. 그리고 목표를 달성하기 위해 투자할 수 있는 소중한 시간을 허비하게 만드는 모든 신념이나 접근 방법들을 떨쳐 버릴 준비를 하라.

다음 항목은 교회 교육의 목표를 설정하고 실천에 옮기는데 도움이 될 것이다.

목표
"너는 마음을 다하고 성품을 다하고 힘을 다하여 네 하나님 여호와를 사랑하라."
–신명기 6:5

각장 뒷부분의 실천 편에는 방금 배운 원리들을 당신 교회에 적용하도록 돕는 아주 실제적인 방안들이 제시되고 있다.

이제 당신은 변화를 시도해야 한다고 생각하고 있을 것이다. 그러나 어디부터 어떻게 시작해야 할 것인가? 여기서는 교회 교육을 위한 비전을 세우는 일에 도움이 되는 단계별 목표설정 계획을 제공한다. 이것은 앞으로 이 책에서 설명하게 될 원리들과 계속 연관된다.
시작할 준비가 되었는가? 그럼 목표를 향해 준비, 땅!

목표 설정에 관하여

1. 교육에 관심이 있는 사람들을 모으라.

핵심 구성원이 될 수 있는 다양한 사람들을 선택하라. 분명하게 드러나는 사람도 있고 그렇지 않은 사람도 있을 것이다. 구성원은 3명으로부터 10명이나 그 이상에 이르기까지 다양할 수 있다. 사람이 많으면 많을수록 시간이 많이 걸린다는 사실만을 염두에 두고 있으면 된다. 사람의 수가 적으면 적을수록 일의 진행이 빠를 것이다.

분명하게 드러나는 사람들에게 다음의 직분을 맡도록 권유하라.
- 주일학교 교사
- 장년부 교사
- 교회 봉사위원(주차 안내 등)
- 교육 위원회 구성원들 (주일 학교 부장 혹은 교육 담당자)

분명하게 드러나지 않는 사람들도 기억하라.
- 관심을 보이는 부모들
- 십대 청소년들

- 청년들
- 학교 교사들
- 어린이들(그들의 의견을 듣고자 한다면)

모든 사람은 학교나 교회에서의 교육에 어느 정도의 기본적인 경험이 있다는 것을 기억하는 것이 중요하다. 우리들 대부분은 교실에서 '가르침을 받았고' 과거의 경험을 통한 소중한 통찰들을 갖고 있다.

기억해야 할 것 : 적절한 교회의 절차를 밟아 일하라. 교회의 지도자들을 참여시켜라. 변화를 시도하는 일을 추진하다가 '책임자'와의 연락 문제로 벽에 부딪히는 것보다 더 답답한 일은 없을 것이다.

2. 서로의 관심을 불러 일으키고 공동의 목표를 설정하기 위해 함께 모이라. 이 일은 신나는 일이다. 아래의 안건으로 약 두시간 반 정도의 모임을 가져라. 다루어야 할 내용이 많기 때문에 시간 관리를 잘 하는 것이 필요하다.

목표 설정을 위한 모임의 안건

시작하기

- 사람들을 반갑게 맞이하고, 교회 교육에 관심을 가지고 알아보기 위해 시간을 내준 것에 대한 감사를 표현하라.
- 교육의 목표를 설정하기 위해 함께 일하는 동안 지혜를 주시고 인도해 달라고 기도하라.
- 먼저 당신이 교회 교육에 관심을 가지게 된 이유를 설명하라. 이

책에서 특별히 당신에게 도전이 되었고 모임을 계획하게 된 동기를 부여한 핵심사항을 한두 개 간단하게 나누라.

■ 각자 자기 소개를 하면서 교회와 주일 학교에서 경험한 것들 중 기억나는 것들에 대해 이야기하도록 하라.

■ 자신이 다니는 교회 교육의 중심 주제들을 소개하라. 7쪽에 있는 저자와 카트리나와의 대화를 자원하는 두 사람이 재현하도록 하라.

■ 6명 이상이 모였을 경우는 그룹을 나누어 다음 질문들을 토의하라.

● 두 사람의 대화를 듣고 느낀 점은 무엇인가?

● 당신이 생각하던 청소년들의 대답과 카트리나의 대답이 어떤 점에서 비슷하고 어떤 점에서 다른가?

● 왜 카트리나는 그런 대답을 했다고 생각하는가?

■ 그룹을 나눈 경우는 다시 모여서 그룹에서 이야기한 것을 발표하도록 하라.

■ 종이를 5장 준비하여 9쪽의 '침몰하는 배'에서 이야기한 5가지 항목을 한 장에 하나씩 적어 벽에 붙여 읽어보게 한다. 자기를 가장 놀라게 한 항목이 적힌 종이 앞에 서게 한 다음 왜 그것을 선택했는지 설명하도록 한다.

■ 네 개의 그룹으로 나눈 후(사람 수가 적으면 한 그룹에 한 명이어도 된다.) 10쪽에 있는 '경고의 소리'에서 인용한 4개의 문구를 각 그룹에 하나씩 나누어 주라. 각 그룹은 자신들에게 주어진 인용문을 읽고 왜 사람들이 그런 말을 했을지 그 이유를 생각해 보도록 하라. 각자 교회에서 개인적으로 경험한 것을 통해 추가하고 싶은 다른 경고들이 있는지 물어보라.

방향 찾기

■ 성경책을 바닥에 쌓아두고 "이 성경책으로 아무거나 해 보세요." 라고 말하라. 어안이 벙벙해져 질문하는 사람이 있을 것이다. "이 성경책들로 아무거나 해 보세요."라고 말하는 것 외에는 아무 말도 하지 말라. 그리고 사람들의 반응을 보고 "무엇이든지" 하게 하라. 몇 분이 지난 후 둘씩 짝을 지어 다음의 질문에 토의하게 하라.

● 성경으로 아무거나 하라는 지시를 받았을 때 어떻게 느꼈는가? (예: 당황했다 / 혼란스러웠다 / 도전적이었다.)

● 이 경험과 교회 교육에서 경험하는 것과 어떻게 비슷한가? (예: "뭔가 해야 한다는건 알겠는데 무엇을 해야 할지 모르겠다."; "성경을 가르쳐야 한다는 것은 아는데 어떻게 시작해야 할지 모르겠다.")

■ 사람들의 대답을 정리하면서 이제 왜 교회 교육에 있어서 무언가 새로운 시도가 필요한지를 설명하도록 하라. 당신이 원하면 이 책의 머리말을 요약해 설명하라. 왜 목표를 설정하는 것이 중요한지를 이야기하라. 예를 들어 목표를 알지 못하면 "성경으로 아무거나 하라"고 했을 때 느꼈던 그런 당황스러움과 혼동을 경험하게 될 것이라는 이야기를 할 수 있을 것이다.

■ 그 다음, 성경을 가지고 무엇인가를 하라. 각 사람에게 한 권씩 나누어주고 다음 성경 구절들을 찾게 하라. 시편 19:7; 119:33-35; 요한복음 3:16-17; 14:6; 골로새서 1:28; 4:2-4; 디모데후서 3:15-17; 야고보서 1:18; 베드로전서 2:2. 두 명씩 짝을 지어 자신이 찾은 성경 구절이 교회 교육에 대해 무엇을 말하고 있는지 서로 설명하도록 하라. 자신들이 생각한 것을 그룹에서 발표하도록 하라.

■ 5분에서 10분 정도 휴식 시간을 가지라.

■ 두 사람씩 짝을 짓게 하고 종이와 연필을 나누어 준 다음 교회 교육의 목적에 대해 생각나는 것들을 적어보도록 하라. 여러가지로 생각해 내도록 격려하고 그 어떤 것에 대해서도 비판하지 말라.

■ 그룹으로 모여 그들이 의논한 것을 전지에 기록하라. 계속해서 그들이 생각해 낸 것을 더하게 하고 할 수 있는 많은 가능성들이 있음을 볼 수 있게 하라. 모든 것을 다 기록하라.

■ 그들의 아이디어들은 모두 다 상당히 중요한 것들이지만 구체적이고 분명한 방향성을 가지는 것이 중요하다는 것을 설명하라. 그룹의 목표에 초점을 맞추면서 지름이 약 2cm 가량의 크기로 된 빨강, 노랑, 초록의 스티커를(문방구에서 살 수 있을 것이다) 나누어 주고 스티커는 신호등을 의미한다는 것을 설명하라.

인도자 요령

스티커를 구하기 힘들면 같은 색의 크레용이나 색연필 등을 사용해도 된다.

● 녹색은 '가시오'를 뜻한다 - 매우 중요함.
● 노랑색은 '주의'를 뜻한다 - 중요하긴 하지만 지금 현재 그렇게 중요한 것은 아님.
● 빨강색은 '서시오'를 뜻한다 - 지금 당장 중요한 것이 아니다.

기록된 리스트의 숫자에 따라 각 사람에게 적당한 수의 스티커를 나누어 주라. 예를 들어 약 30개의 리스트가 나왔다면 한 사람 당 색깔

별로 5개씩 스티커를 나누어 주라.

- 각자 자기의 '신호등 투표'를 하도록 하라.(각 사람이 동등한 권리를 가지고 리스트의 우선 순위를 결정하는 데 참여하도록 하라. 어른들도 재미있어 한다.)

- 다 끝난 다음 물러서서 리스트를 살펴 보라. 리스트를 보고 느낀 점과 나타난 유형에 대해 말하도록 하라. 그리고 교회의 교육 목표를 설정하는 데 어떤 방향을 제시해 주고 있는지를 살펴보라.

- 어떤 것이 교회 교육의 목적이 되어야 하는지를 하나의 문장으로 표현하기 위해 함께 생각하라. 이 일은 쉬운 일이 아니다. 그러므로 함께 다음 문장을 완성할 수 있도록 사람들을 격려하라. "우리 교회의 교육 목표는 … 이다"

목표를 간결하게 표현해야 하는 이유를 설명하라. 사람들이 외우기 쉽고 계속해서 사용될 수 있기 위해서다. 너무 많은 교회들이 장식문구로 나열된 긴 문장으로 자신들의 비전을 표현하고 있어서, 그 비전을 기억하는 사람도, 다시 그 문장을 언급하는 사람도 없게 된다. 반면에 목표를 나타내는 문구가 효과적으로 사용되기 위해서는 모든 사람들이 쉽게 기억하고 말할 수 있도록 간단해야 한다. 사람들이 그 목표를 또는 그 목표에 관하여 자주 이야기하면 그것이 그들의 관심사가 된다. 그렇게 되면 교회의 목표는 교회가 바른 방향으로 나아가게 하는데 편리하고 효과적인 도구가 될 수 있다. 교육에 관계된 결정을 내려야 할 때마다 처음으로 돌아가 "이것은 우리의 목적을 달성하는 데 도움이 되는 것인가?"라고 질문해 볼 수 있다.

마무리하기

■ 모든 사람이 다 볼 수 있도록 목표를 큰 글씨로 쓰라. 다 같이 반복해서 복창하라.(예를 들어 한 사람이 "우리의 목표는?"라고 선창하면 사람들이 다 같이 대답한다. 그리고 다시 같은 질문을 하고 대답하는 식으로 할 수 있을 것이다.) 모임의 목적을 달성할 수 있게 된 것에 대해 박수를 치고 축하하라.

■ 다음은 교회 교육에 대한 관심과 목표를 사람들에게 어떻게 알릴 것인지에 대해 결정해야 할 것이다. 이 일에 책임을 지고 계속해서 일하기 원하는 사람이 있는지를 물어보라. 그리고 그 일을 어떻게 할 것인지를 물어보라. 예를 들어 다음과 같은 제안을 함으로 사람들의 생각을 자극할 수 있을 것이다.

- 목표를 홍보하기 위한 대책 위원회 구성
- 문제 해결을 위한 연구 팀 구성 – 이 책이 연구를 위한 기초 자료가 될 수 있을 것이다.
- 현재 교회에서 진행되고 있는 일들을 돌아보고 개선 방안을 모색하기 위한 촉진제 역할을 할 수 있는 모임의 구성

■ 원하는 사람들과 그들이 하고자 하는 일을 모은다. 장래에 함께 일하기를 원하는 사람들의 이름도 생각해 보도록 한다.

■ 모두 손을 잡고 한 문장씩 기도함으로 모임을 마친다. 각 사람은 "주님, 이제 저희가 분명한 목적을 설정했습니다. 우리가 …할 수 있도록 도와 주시기 원합니다."라고 기도하라.

3. 결정된 일들을 계속 추진하라.

목표를 설정하기 위한 이 모든 노력을 하고 난 다음 그것으로 끝나

지 않도록 하라. 이 일은 시작에 불과하다. 교회에서 사람들이 별로 배우지 못하고 있는 상황을 당신이 바꿀 수 있게 될 것이다.

> **사람들에게 목표를 알리기 위해 할 수 있는 일**
>
> 교회의 비전을 인식하도록 하라. 다음의 아이디어들을 활용하라.
> - 교회 안내판에 교육 프로그램과 함께 교육 목표를 게시하라.
> - 교회의 벽면에 목표가 눈에 확 들어오도록 컬러로 꾸민 홍보물을 부착하라.
> - 매 모임에서 상의될 주제 위에 교육 목표도 함께 들어가도록 하라.
> - 교사들을 위한 교재에 교육 목표를 스티커로 만들어 붙여라.
> - 교회 지도자들과 교사들, 부모들이 달 수 있는 재미난 뱃지를 만들어 이용하라.
> - 연간 보고에 교육의 목표를 포함하여 성도들에게 방향을 제시하라.
> - 컴퓨터를 이용해 교육 목표를 여러 장 출력하여 각 교실에 부착하라.
> - 교회 교육 프로그램을 소개하는 계획표에 교육 목표를 포함시키라.
> - 교회 안내 책자에도 포함시켜 새로 교회에 나오는 사람들이 볼 수 있도록 하라.

2 가르침보다는 배움에 초점을 맞추라

설교는 약 30분 정도였다. 그 가르침은 분명했고 신학적으로 볼 때 한군데도 틀린 데가 없었다. 설교자는 문법적으로 정확하고 세련된 단어를 사용했고 그가 한 말은 모두 옳았다. 그는 꼭 필요한 내용을 가르쳤다.

그러나 중요한 것은 배운 사람이 있는가이다. 다음날 밤 구역 모임에서 "어제 설교의 주요 내용이 무엇이었는가?"라는 질문을 받았을 때 50명 중 겨우 두 사람만이 알고 있었다.

가르침과 배움은 동의어가 아니다. 교재를 출판하는 사람들은 한 트럭이나 되는 책들을 싣고 다니면서 교수법을 판매한다고 한다. 다음은 한 유명 기독교 출판사에서 나온 5, 6학년용 교재의 일부이다.

죄책감을 기쁨으로 바꾸는 법

죄책감
죄책감을 가지고 회개할 때 하나님께서 우리를 (　　) 하신다. (용서)
용서받은 사람은 하나님께 나아갈 수 있는 (　　)를 갖게 된다. (용기)
용기있는 사람은 큰 승리를 거두고 (　　)을 맛보게 된다. (기쁨)
기쁨

어떤 사람은 이런 훈련을 교육이라고 할지도 모른다. 그러나 이것을 학습이라고 할 수 있을까? 이런 과정을 거친 5,6학년 아이들이 진정으로 죄책감을 기쁨으로 바꾸는 법을 배웠다고 할 수 있겠는가?

가르침과 배움은 동의어가 아니다. 이것 역시 기독교 교육에만 적용되는 것은 아니다. 학교에서는 많은 것을 가르치고 있다. 그러나 우리 아이들이 그렇게 많이 배우고 있는가? 국립 교육 발전 평가원(National Assessment of Educational Progress)은 조사를 통해 수학 교육이 형편없는 수학 학습 결과를 낳고 있다는 사실을 발견했다. 예를 들어 고등학교 졸업생 중 44%만 점심을 사먹기 위해 3달러를 내고 두 가지 음식을 시킨 후 얼마의 거스름 돈을 받아야 하는지를 계산해 낼 수 있을 뿐이라고 한다.[1]

미 연방 교사회(American Federation of Teachers)의 의장인 알버트 쉥커(Albert Shanker)씨는 17세 청년들의 12%만이 6개의 분수를 그 크기에 따라 순서대로 나열할 수 있고, 4%만이 버스 시간 운행표를 알아볼 수 있다는 사실을 밝혔다. 그는 전통적인 교육 방식을 통해 효과적으로 배울 수 있는 학생들은 20-25%에 불과하다고 말했다.[2]

그런데도 우리는 학교에서나 교회에서나 여전히 전통적인 방법을 사용하고 있다. 왜일까? 아마도 '전통적인'이라는 단어가 모든 것을 설명해 주고 있는 것이 아닐까 싶다. 학습에 대해 재검토하지 않고 맹목적으로 계속 가르치는 이유는 우리가 바로 그렇게 교육받았기 때문이다. 당신도 알다시피 학교에서 배우는 것은 학습 내용이라기 보다는 학습방법론에 지나지 않는다. 우리는 모두 학교에서 어떻게 보고 들어야 하는지를 알고 있다. 선생님들은 진부한 연습 문제들을 내주고 학생들 앞에 우뚝 선 채로 지식을 나누어 주고 있다.

이것이 우리들 대부분이 생각하는 교육이다. 그러나 그것은 배우는 것은 아니다. 교육의 재구성을 위한 국가 연합회(National Alliance for Redesigning Education)의 책임을 맡고 있는 린 스토다드(Lynn Stoddard)씨는 교육의 재구성(Redesigning Education)이라는 제목을 가진 자신의 저서에 다음과 같이 쓰고 있다.

> "우리는 '지식을 나누어 주는' 전통적인 역할로부터
> 학생들이 성장하도록 도와주는 멘토, 모본,
> 경험의 편성자 역할로 전환해야만 한다."[3]

위험한 가설

우리는 교회 안에서 가르친다는 것에 너무나 오랫동안 부대껴왔기 때문에 그 효과를 평가하기 위해 멈추어 보질 않았다. "우리가 가르치기만 하면 우리의 양떼들은 배운다"라고 단순하게 생각해 왔는데 사실 이것은 위험한 가설이다.

최근에 우리는 인근 초등학교와 중학교 주변을 돌아다니며 학교에서 쏟아져 나오는 학생들에게 교회와 주일학교에서 경험한 것에 대해 물어 보았다. 다행스럽게도 대부분의 아이들은 교회에 나가고 있었다. 그러나 불행하게도 주일학교에서 배운 것을 기억하고 있는 아이는 거의 찾아볼 수 없었다.

미국의 그룹출판사에서 초등학교 5-6학년을 대상으로 실시한 설문조사에 따르면 54%의 학생들이 그 주에 교회 학교에서 배운 것을 한 가지도 기억해 내지 못하였다.

프랭크 스미드(Frank Smith) 교수는 「지성에 대한 모독(Insult to Intelligence)」이라는 자신의 저서에서 다음과 같이 말하고 있다. "가르치면 사람들은 배우고, 배우게 되는 것은 가르친 것의 결과라고 일반적으로 생각하고 있다. 이런 가정이 안고 있는 문제는, 배우는 일에 실패한 것에 대한 책임이 학생들에게 돌아가게 된다는 것이다. 이런 생각은 교사들 자신은 가르치고 있다고 생각하지만 사실은 가르치지 않고 있을 수도 있다는 것을 인정하지 않는다. 교사나 프로그램이 '책을 읽는 기술'을 가르치는 동안에 학생은 '책을 읽는 것은 따분하다' 혹은 '나는 둔하다' 라는 것을 배우고 있을 수도 있다.[4]

보이지 않는 교과 과정

만일 우리가 교회에서 가르치고 있다고 생각하는 것이 실제로 가르치는 것이 아니라면 우리는 무엇을 가르치고 있는 것인가? 몇가지 가능성에 대해 생각해 보자.

우리가 가르치는 것	학생들이 배우게 되는 것
하나님의 말씀을 강하게 심어주기 위한 긴 설교	"만일 하나님이 이 목사님처럼 따분하고 쪼잔하다면, 난 아니야!."
하나님의 영원한 진리를 가르치는 어렵고 난해한 표현	"하나님과 성경은 어렵고 진리를 감추려고 한다."
하나님의 영광을 드러내는 미사여구를 사용한 기도	"나는 하나님이 사용하는 저 이상한 언어를 절대로 배우지 못할 것이다."
하나님을 기쁘시게 하는 학생은 가만히 앉아서 조용히 선생님의 말씀을 듣는다.	"교회는 다른 사람들이 생각하고 일하는 동안 할 일 없이 앉아 있는 곳이다."

　짜여진 교육 환경 속에서 실제로 사람들이 배우는 것을 "보이지 않는 교과 과정"이라고 부른다. 오하이오 대학의 조지 우드(George Wood) 교수는 "날마다 그리고 해가 바뀌어도, 학생들이 학교에서 할 수 있는 가장 중요한 것은 조용히 앉아서 선생님 말씀 잘 듣고, 들은 것을 그대로 반복하는 것이라고 가르치는 동안 아이들은 평생 따라 다니게 될 사고와 행동의 유형을 배운다. 우리는 매일의 생활 속에서 경험하는 소극적인 시민 정신이나 지적인 침체의 시작은 바로 소극적인 교실에서다." 라고 말한다.[5]

좋은 내용을 배움

　좋은 내용을 가르치는 것만으로는 충분하지 않다. 더 나아가 학생들이 좋은 것을 배우고 있다는 것을 확인해야 한다. 그것을 어떻게 확인할 것인가?

첫째, 우리가 어떻게 배웠는지를 무시해야만 한다. 우리는 우리를 가르쳤던 선생님과 함께 단조로운 교실의 작은 책상에 조용히 앉아 빈 칸 채우기와 시험지로 시간을 채웠다. 우리는 다른 학생들과 함께 공부하는 시간을 거의 갖지 못했고, 선생님이 원하는 사실들을 암기했지 결코 우리가 알고 싶은 것을 알아보려고 하지 못했다. 이런 교육 환경을 맹목적으로 그냥 받아들여서는 안된다.

둘째, 교사로서 가르치는 내용을 알고 있다는 것만으로는 충분하지 않다는 것을 인식해야만 한다. 어떻게 해야 학생들이 배운 내용을 생활 속에서 적용할 수 있는지를 알아야만 한다. 기독교 대학이나 신학원은 학생들이 앞으로 섬기게 될 교회에서 바른 교육을 할 수 있도록 아이들을 효과적으로 도와주는 방법보다는 논리와 신학의 미묘한 차이를 가르치는 데 많은 시간을 사용하고 있다. 우리가 가진 지식이 하나님께서 만나게 하신 주위 사람들의 삶에 영향을 미칠 수 없다면 무슨 소용이 있겠는가?

우리의 선생님이신 예수님은 사람들이 잘 배울 수 있도록 도와주는 방법에 대한 단서를 보여주신다.

예수님의 교육 기법

1. 학습자가 처한 상황에서 시작하라.

예수님은 배, 물고기, 양, 물, 술, 빵, 무화과 나무, 씨, 곡식 등 배우는 사람들이 잘 알고 있는 물건이나 주제를 사용하셨다. 즉 그들이 처해 있는 상황에서 시작하셨다. 주님은 배우는 사람들이 이미 알고 있는 것을 바탕으로 할 때 효과적인 학습이 가능하다는 것을 아셨다.

우리도 주님의 본을 따를 수 있다. 초등학교 3학년 학생들에게 익숙한 것이 무엇인가? 장난감! 주님께서 하셨듯이 우리는 그들에게 익숙한 장난감을 도구로 아이들의 상황에 맞게 배우는 것을 도와 줄 수 있다. 아이들이 좋아하는 물건들이 준비된 분반 공부는 아이들의 배움에 좋은 토양을 제공해 준다.

성인들을 위한 성경 공부 모임이나 설교를 듣는 어른들에게 익숙한 것은 어떤 것들인가? 자동차 열쇠, 서류 가방, 앞치마, 통장, 신문 등이 될 수 있을 것이다. 이런 것들을 사용해 어른들이 자신이 처한 상황에 맞게 배울 수 있도록 도와주라. 이런 물건들을 교회로 가져와 시청각 자료로 사용하라.

배우는 사람이 처한 상황으로부터 시작하는 것은 가르침이 아니라 배움을 강조한다.

2. 학습자가 진리를 발견하도록 하라.

예수님은 베드로가 믿음에 대해 배울 수 있도록 물 위로 걸어오라고 하셨다(마 14:25-33). 베드로는 자기의 경험을 통하여 진리를 발견했다. 예수님은 믿음에 대한 강의를 통해 하실 수도 있었겠지만 베드로가 스스로 발견하기를 원하셨다. 예수님은 물에 빠져가는 베드로의 손을 잡아 올리신 후 그에게 "왜 의심하였느냐?"라고 물으셨다. '의심하지 말라'고 말씀하실 수도 있었겠지만 베드로가 스스로 깨닫기 원하셨기 때문에 예수님은 질문을 하셨다.

우리도 이와 같은 방법을 사용할 수 있다. 사람들은 스스로 대답을 발견하게 될 때 가장 확실히 배운다. 이런 과정에서 교사는 정답을 제시해 주는 자리에서 떠나 방법을 알려주고 도와주는 촉매제 역할을 하게 된다.

가르침에 더 관심을 둔다면 하나님의 창조의 능력과 영광이 자연 속에 어떻게 드러나고 있는지를 교실에서 강의할 수 있다. 그러나 학생들의 배움에 더 관심을 가진다면 그들을 밖으로 데리고 나가 그들 스스로 하나님의 솜씨를 발견하도록 할 것이다.

스스로 진리를 발견하도록 돕는 과정은 가르침이 아니라 배움을 강조한다.

3. 배울 수 있는 순간들을 잘 활용하라.

간음하다 붙잡힌 여인(요 8:1-11), 호수에 몰아친 폭풍(눅 8:22-25), 회당에 들어온 중풍 병자(마 12:9-13) 등 예수님은 사람들이 배울 준비가 되어 있는 때를 아셨다. 주님은 주변에서 벌어지는 일들 속에서 가르쳐야 할 것들을 이끌어내는 데 주저하지 않으셨다. 바리새인들이 기계적으로 가르친 것과는 달리 예수님은 가르치는 것과 배우는 것은 다를 수 있다는 것을 아셨다. 사람들의 관심이 집중되는 일이 벌어지고 있을 때 예수님은 그들이 배울 준비가 되어 있다는 것을 아셨고 그 기회를 활용하셨다.

교회 안에서도 이런 순간들을 활용할 수 있다. 사람들이 별로 관심이 없고 따분함을 느낄 때는 별로 배울 수 없다는 것을 인정하는 것에서 시작할 수 있다. 그들이 무언가에 매료되면 이미 그들은 배우고 있는 것이다. 교사로서 우리의 역할은 학생들이 현 상황에서 우리가 물려받은 기독교 진리에 관심을 집중시킬 수 있도록 돕는 것이다.

예를 들어, 주근깨 투성이 남자 아이인 바비가 작고 귀여운 여자 아이인 사라가 앉아 있는 의자를 밀쳐버린다면 그 때가 바로 아이들이 배울 수 있는 순간이 된다. 공과 책에 신경쓰지 말라. 하던 공작놀이도 중단하라. 마루 바닥에 나동그라진 꼬마 여자 아이에게 모든 아이들의 시선이 집중될 것이다. 그 아이의 잘 다려진 치마가 얼굴 위로 젖혀지고 장난꾸러기들은 놀려대며 깔깔거릴 것이다. 이 때 아이들은 배울 준비가 된다. 그들과 함께 그 상황을 같이 해결해 나가도록 하라. 사라의 기분이 어떤지를 물어보라. 다른 아이들에게는 사라와 같은 피해자가 된 적이 있었는지, 그리고 그때 어떻게 느꼈는가를 물어보라. 왜 다른 사람이 곤란한 처지에 놓여 있을 때 사람들은 그들을 놀려댈까? 사라는 바비를 용서할까? 용서한다면 그 이유는 무엇이며, 용서하지 않는다면 그 이유는 또 무엇일까?

아이들은 이런 경험은 쉽게 잊어버리지 않는다. 그리고 그 경험을 통해 배운 것들도 쉽게 잊어버리지 않을 것이다.

배울 수 있는 순간을 활용하는 것은 가르침이 아니라 배움을 강조한다.

4. 학습자가 배운 것을 실천할 수 있는 기회를 제공해 주라.

예수님은 부자 청년을 가르치신 후 자기의 모든 재산을 팔라고 말씀하셨다(막 10:17-21). 예수님은 배신에 대해 가르치신 후 베드로와 가룟 유다 그리고 나머지 제자에게 충성심을 실천할 수 있는 계기를 만들어 주셨다(마 26:31-49). 그때의 실패는 그들의 기억 속에 깊은 교훈을 새겨놓았다.

실제로 적용되어지지 않은 교훈은 오래 남아 있지 않는다. 자전거

타는 것에 대한 강의를 들었지만 실제로 타보지 않으면 영영 자전거를 탈 수 없다. 텃밭 가꾸기에 대한 책을 읽을 수는 있지만 땅을 파고 씨를 뿌리지 않으면 채소를 거두어 먹을 수가 없다. 분반 공부 시간에 '종'이라는 단어에 대한 설명을 들을 수는 있지만 남을 섬기는 일을 하지 않는다면 결코 예수 그리스도의 종이 될 수 없다.

어떻게 하나님께서 우리 삶 속에서 일하시는지 성경 공부나 설교를 통해 가르친 것을 그들이 실천하도록 만들어야 한다. 바로 그 자리에서 옆자리에 앉아 있는 사람들과 최근에 하나님께서 그들을 위해 무엇을 하셨는지를 서로 이야기하도록 시간을 줄 수 있을 것이다. 그러면 모든 사람들이 그 자리에서 실천하게 되며 그것을 통해 진정한 학습이 이루어진다.

배운 것을 실천하도록 하는 것은 가르침이 아니라 배움을 강조한다.

학습효과에 대한 확인

안타깝게도 오늘날 대부분의 교회들은 배움보다는 가르침에 더 많은 시간을 투자하고 있다. 그럴만한 보편적인 이유가 있을 것이다. 모든 사람들은 가르치면 배울 것이라는 생각들을 하고 있다. 그래서 정말 사람들이 배우고 있는지를 아무도 확인해 보려고 하지 않는다.

전혀 시도가 없던 것은 아니다. 교사들은 학생들에게 성경구절을 외우게 하려고 연습을 시키고 다그친 다음 빈칸 채우기 시험을 통해 교사들이 원하는 답을 얻어내려고 한다. 그러나 이것은 바로 학교가 실패한 방법이다. 이 방법은 학생들이 배운 내용을 이해했는지, 매일의 생활 속에서 어떻게 적용하고 있는지에 대해서는 아무 말이 없다.

만일 우리가 사람들이 배우고 있는 것을 실제로 확인하기 위해 시간을 투자한다면 즉각 가르침보다는 배움을 강조하게 될 것이다.

만일 목사들이 주차장에 서서 예배를 드리러 오는 사람들에게 지난 주 설교 내용이 무엇이었는지를 물어본다면 설교하는 방법을 바꿔야 한다는 것을 금방 깨닫게 될 것이다. 여러 교회를 돌아보고 수없이 많은 설교를 들어보았는데 그 어떤 설교자도 자기의 설교를 통해 청중이 배우고 있는지를 확인하려고 하지 않았다. "지난 주 설교 중에서 기억 나는 것이 무엇입니까? 중심 내용은 무엇이었나요? 설교를 듣고 생활에 어떤 변화가 있었는지 얘기해 주시겠습니까?"라고 묻는 교역자는 아무도 없었다.

이러한 확인에 대한 반감은 모든 교회에 걸쳐 매우 일반적이다. 우리는 청소년 사역자들이 신학교에서 배운 것이 자기 사역에 거의 도움이 되지 못한다고 불평하는 것을 여러 해 동안 들어왔다. 우리는 이런 학교들이 졸업생들을 대상으로 교육이 얼마나 효과적으로 이루어지고 있는지를 측정해 보았는지 알아보았다. 그리고 사역 중인 졸업생들과 연락을 하고 있는지, 신학교의 교과 과정이 실제 사역을 준비하는데 얼마나 도움이 되었는지, 학습 효과를 높이기 위해 졸업생들로부터 제안을 받고 있는지 등을 알아보았으나 이런 확인을 하는 학교는 거의 없었다.

고객 만족도 설문 조사라든가 고객 반응을 위한 무료 전화 서비스들은 사업계에서는 거의 기본적인 것이다. 식당에서 조차도 "오늘 식사는 어떻셨는지요?"라고 고객의 반응을 물어본다. 그러나 교회에서는 평가 받기를 거절하고 있다.

왜 그런가? 우리 교회에서 사역했던 한 목회자의 대답은 이 문제를 설명하는 데 좋은 실마리를 제공해 주었다. 교회의 장기 계획 위원회에서 모든 교인을 대상으로 설문조사를 하자고 제안했을 때 담임 목사는 그 아이디어를 묵살해 버렸다. 그는 "나는 설문 조사를 좋아하지 않아요. 설문 조사는 사람들에게 불평할 기회만을 줄 뿐이예요."라고 말했다. 우리는 우리가 듣게 될 것들을 두려워하기 때문에 확인하는 일을 하지 못한다.

그러나 사람들이 그리스도를 따르는 제자가 되도록 도와주길 원한다면 무슨 일이 일어나고 있는지 확인해야 한다. 그저 교육이 이루어지고 있다는 것으로 만족하지 말고 실제로 사람들이 배우고 있는지를 확인해야만 한다. 이제 학습이 이루어지고 있는지를 확인하는데 도움이 되는 방법들을 소개하도록 하겠다.

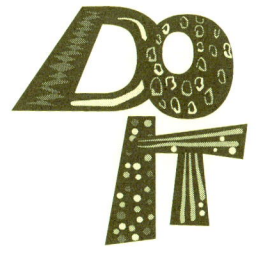
'가르치는 것'과 '배우는 것'의 차이에 대해 토의하라. 다른 사람들과 함께 다음의 방법을 사용해 새로운 사실을 폭로하는 정보를 알아내라. 그 결과에 따라 교사들이 어떻게 자신들의 역할에 새롭게 접근할 수 있는지 알아보게 하라.

사실을 폭로하는 정보

● 사람들에게 무엇을 배웠는지 물어 보라.

우리는 종종 피교육자들에게 우리가 제공하는 교육을 통해 무엇을 배웠는지 물어보는 것을 잊어 버린다. 그래서 기독교 신앙에 관해 아이들과, 청년들, 성인들이 무엇을 이해하고 있는지를 알아보기 위해 정보를 수집하는 방법을 소개하고자 한다.

● 설문 조사

성경 공부 시간이나 예배 시간에 나누어 줄 수 있는 설문 조사지를 만들라. 조사 내용은 간단해야 하고, 남이 볼 수 없게 해야 한다. 아니면 교회 소식지와 같은 교회 우편물을 이용해 질문을 하고 응답을 보낼 수 있도록 백지를 동봉하라. 52, 53쪽에 있는 설문 내용을 참조하라. 설문 조사는 아주 간단할 수도 있다. 예를 들어 설교가 끝난 후 손바닥만한 카드를 나누어 주고 '오늘의 설교를 통해 배운 것'이라든가 혹은 '이 설교를 듣고 고쳐야겠다고 생각하는 것' 등의 질문에 대해 한가지씩 적게 하는 것이다. 또 지난 주 설교 중 기억하고 있는 것을 적게 할 수도 있을 것이다.

성경 공부 모임에서도 같은 방법을 사용할 수 있다. 예를 들어 "우리가 공부한 것 중 가장 기억에 남는 내용은 어떤 것인가? 그 이유는?" 이라든가 혹은 "우리가 지난 주에 배운 것을 생활 속에서 어떻게 적용

설문 조사

여러분들의 참여를 원합니다! 잠시 시간을 내서 아래의 질문들에 응답해 주시면 감사하겠습니다. 응답에 대한 비밀은 반드시 지켜 드립니다. 기억나는 것만을 써 주시기 바랍니다. 응답하시기 위해 성경이나 다른 책은 사용하지 마십시오. 답이 생각나지 않으면 "모르겠음"이라고 쓰시면 됩니다.

다 작성하신 다음 함께 드린 봉투에 넣어 봉해 주십시오. 아무도 누가 대답한 것인지 알지 못할 것입니다. 솔직하게 대답해 주시기 바랍니다.

1. 당신이 가장 최근에 참석했던 주일 성경 공부 모임을 기억해 보십시오. 그때 무엇을 배웠습니까?
2. 주일 성경 공부 모임과 예배를 어떻게 생각하십니까?
3. 사람이 죽은 후 천국에 가기 위해 어떻게 해야 합니까?
4. 예수님은 누구입니까?
5. 왜 예수님은 죽어야 했습니까?
6. 예수님이 죽어 장사된 후 그 분에게 어떤 일이 일어났습니까?
7. 하나님께서 더 이상 당신을 사랑하지 못하도록 막기 위해 당신이 할 수 있는 일은 무엇입니까?
8. 성령님은 누구입니까?
9. 하나님에 대해 설명해 보십시오.
10. 지난 일주일 동안 혼자 성경을 읽은 적이 있습니까? ■예 ■아니요

했는가?" 등의 질문을 할 수 있을 것이다.

● 인터뷰

사람들과 인터뷰한 내용을 녹음해서 교사들과 교회의 지도자들과

---

11. 지난 일주일 동안 혼자 기도하는 시간을 가진 적이 있습니까? ■예 ■아니요
12. 지난 일주일 동안 식사기도 외에 가족이 함께 기도한 적이 있습니까? ■예 ■아니요
13. 지난 일주일 동안 가족이 함께 성경을 읽었습니까? ■예 ■아니요
14. 친구들과는 얼마나 자주 하나님에 관한 이야기를 나눕니까?
    ■ 거의 하지 않는다   ■ 가끔씩 한다   ■ 자주 하는 편이다
15. 당신과 예수님과의 관계를 가장 잘 설명하고 있는 것은 다음 중 어떤 것입니까?
    ■ 나는 예수님과 거의 아무 관계없이 생활한다.
    ■ 잘 모르겠다.
    ■ 나는 그리스도께 헌신된 삶을 살고 있다.
16. 교회에서 배운 것들에 대해 생각해 보십시오. 그것들이 당신의 일상 생활 속에서 당신의 말과 행동에 어느 정도 영향을 미치고 있습니까?
    ■ 자주 ― 매주
    ■ 가끔씩 ― 한 달에 한두 번 정도
    ■ 드물게 ― 일 년에 한두 번 정도
    ■ 없음 ― 내 생활과 관계가 없다.
17. 왜 교회의 성경 공부 모임에 가십니까?
    ■ 가고 싶어서
    ■ 같이 가자고 하는 사람이 있어서
    ■ 기타 _____

설문에 응답해 주신 것을 진심으로 감사드립니다.
저에게 돌려 주시기 바랍니다.:

나눈다면 이 방법은 상당한 충격을 불러 일으킬 수 있을 것이다. 비디오가 더 낫지만 카세트도 가능하다. 인터뷰는 글을 읽고 쓸 수 없는 어린이들의 학습 정도를 알아보는 데 효과적이다. (종종 어린 아이들은 배운 것을 표현할 수 있다고 생각하지 않는 사람들도 있다. 그러나 그렇지 않다. 어떤 경우는 아이들의 의견이 가장 정확할 수도 있다.)

● 개인적인 만남

이 책을 교회 식구들이나 친구들과 개인적인 대화를 나누기 위한 발판으로 사용하라. 사람들에게 교회에서 배운 것을 이야기해 달라고 부탁하라. 사람들에게 솔직한 느낌을 말해 줄 것을 부탁할 때 그들의 솔직한 대답을 듣게 되면 정말 놀라지 않을 수 없을 것이다.

당신 교회의 교육이 어떻게 되어가고 있는지를 확인하기 위해 수집한 정보를 이용하라. 그 결과를 발표하고 교사와 교육 위원회 위원들의 반응을 일으킬 수 있는 촉매제로 사용하라. 설정된 교회의 교육 목표를 달성하는 데 상당히 도움이 될 것이다. 효과가 없다면 바로 행동으로 옮겨라.

● 교육에 대한 분석

교사들은 수업이 시작되고 마칠 때까지 일어난 모든 일들, 예를 들어 학생들이 처음 교실에 들어와서 받는 인상, 교실의 정리 정돈 상태, 수업 방법과 진행(활동, 설명, 필기, 암송 연습, 간식)등에 대해 서로 의논하고 토론하는 시간을 가지게 하라.

전지를 준비하여 반으로 접고 왼쪽 면에는 "우리가 가르치고 있다고 생각하는 것"이라는 제목을 붙이고 오른쪽 면에는 "사람들이 배우게 되는 것"이라는 제목을 달라.

조심스럽게 그리고 열린 마음으로 수업 전체를 잘 분석해 보라. 학생들이 무슨 생각을 하고 어떤 느낌을 받았을지를 생각해 보라. 매 시간에 대해 학생들에게 긍정적이었는지 부정적이었는지에 따라 각 항목에 (+) 와 (-)로 표시하라. 이 과의 앞 부분 43쪽에 있는 리스트를 참조하라.

각 항목에 대한 작업이 끝나면 토의하는 시간을 가져라 : 왜 이런 연습이 어렵게 느껴지는가? (+)가 표시된 항목과 (-) 가 표시된 항목에 대해 당신이 의외라고 생각하는 것은 무엇인가? 우리 교회에서 두드러지게 나타나는 '보이지 않는 교과 과정'은 무엇인가? 강점을 드러내고 있는 영역은 어디인가? 약한 부분은? 관심의 초점이 가르침에서 배움으로 옮겨지게 하려면 어떤 것이 변화되어야 하는가?

교회 주차장에서 예배를 드리러 오는 사람들에게 지난 주 설교나 성경 공부 모임에서 배운 것 중 어떤 것을 기억하고 있는지 물어보라. 아니면 예배를 마친 뒤 그날 설교의 중심 내용이 무엇이었는지를 물어보라.

교회 교육에 대해 사람들이 어떻게 생각하고 있는지를 물어보는 것도 도움이 될 것이다. 가장 최근에 설교나 성경 공부 모임을 통해 배운 것들을 기억해 보게 하라. 그 때 배운 것은 무엇인가? 교회와 성경 공부 모임에 관해 가장 잘 기억하고 있는 것은 무엇인가? 배운 것 때문에 삶이 어떻게 달라졌는가?

아래의 네모 안에 있는 질문들을 예로 사용하라. 52, 53쪽에 있는 설문 내용을 활용할 수도 좋다.

인터뷰를 위한 질문

- 지난 주 설교(혹은 주일 학교 분반 공부, 청년회, 장년 성경 공부반) 중에서 어떤 것을 기억할 수 있는가?
- 중심 내용은 무엇이었는가?
- 그 내용이 당신과 무슨 상관이 있는가?
- 설교나 성경 공부 모임을 통해 배운 것을 통하여 당신의 삶의 어떤 부분이 달라졌는가?
- 하나님에 대해 매일 생각하는가?
- 교회에서 가르치는 것 중 어떤 것이 당신에게 가장 밀접한 관계가 있는가? 그 이유는?
- 교회 교육에 있어서 달라졌으면 하는 것 한 가지가 있다면 어떤 것인가?

학습자 중심의 교사 훈련

예수님의 교육 방법을 생각해 보라. 예수님께서 어떻게 가르치셨는가를 알아보기 위해 어른들을 대상으로 하는 성경 공부 모임을 시작하라. 44-48쪽에 있는 "예수님의 교육 기법"을 배울 수 있도록 다음의 교사 훈련 과정을 사용하라.

교사 훈련 1 :
학습자가 처한 상황에서 시작하라.

■ 교사들이 자기에게 익숙한 물건들 중 '던질 수 있는' 물건을 하나씩 고르게 하라. 예를 들어 자동차 열쇠, 신발, 모자, 지갑 등이 될 것이다. 그

룹을 만들되 한 그룹에 6명이 넘지 않도록 하라. 그룹원들은 동그랗게 서고 한 사람(가르쳐본 경험이 가장 많은 사람이 좋겠다)을 가운데 서게 한 다음 사람들이 가진 물건을 다 그 사람에게 주도록 하라. 가운데 선 사람이 모인 물건 중 하나를 원 반대편 사람에게(옆사람이 아니고, 물건이 원의 중심을 지나게) 던지고 그것을 받은 사람은 또 반대편 사람에게 던져서 그 물건이 원래 주인에게 다시 돌아갈 때까지 계속 던진다. 일단 던지는 유형이(각 사람은 늘 같은 사람에게 던지고 같은 사람에게서 받는다) 결정되면 다른 물건도 던진다. 모든 물건이 공중에 떠다니게 될 때까지 계속하라. 한동안 상당히 혼란스럽고 요란한 상황이 벌어질 것이다. 잠시 후에 행동을 멈추고 다음과 같은 질문을 하라.

- 이 활동을 하면서 어떻게 느꼈는가? (헷갈렸다 / 도전이 되었다 / 협동심을 생각했다.)
- 자기의 바쁜 일정과 비교해 볼 때 어떤 점이 비슷한가? (너무 많은 일들을 한꺼번에 해야 한다 / 계획을 잘 짜면 도움이 된다 / 모든 사람들이 책임의식을 가지고 함께 일하는 것이 필요하다.)
- 이 물건들은 당신을 바쁘게 만드는 것과 어떤 면에서 관계가 있는가? (자동차 열쇠는 내가 얼마나 바쁘게 아이들을 이리 저리 데려다 주어야 하는지를 보여 준다 / 신발은 이 일 저 일로 뛰어 다니는 모습을 보여 준다.)
- 예수님은 당신의 일정에 대해 어떻게 말씀하실 것이라 생각하는가? (급하게 서두르지 말라 / 가장 중요한 것을 선택하고 다른 것들을 포기하라 / 다른 사람들의 도움을 받으라.)

방금 한 물건 던지기를 잘 분석해 보고 사람들의 바쁜 일정과 연관지어 생각해 보라. 이 놀이의 어떤 점이 즐거운가? 이 놀이가 어떤 면에서 사람들의 생활과 관계 있는가?

예수님의 교수법을 생각해 보라. 주님은 듣는 사람들이 자기 주변의 삶과 관련된 것들에 주의를 끌게 하면서 그들에게 접근했다. 44쪽에 있는 '예수님의 교육 기법 1'을 읽거나 아니면 다른 말로 표현해 보라. 그런 다음 이 놀이에서 사람들에게 익숙한 물건들을 사용해서 주의를 끈 것과 비교해 보라.

■ 네 개의 그룹을 만들고 각 그룹에 네 개의 연령 그룹(유치원생, 초등학생, 청소년, 성인)중 한 가지를 배정하라. 그리고 각 그룹 별로 자기 그룹에 속한 사람들에게 익숙한 것들이 무엇인지 생각해 보도록 하라. 예를 들어 동물 인형, 야구 방망이, 워크맨, 컴퓨터 등이 나열될 수 있을 것이다. 각 그룹별로 자신들이 열거한 물건이 어떤 것들인지를 발표하게 하라.

■ 각 그룹에 다음 성경 구절들을 하나씩 나누어 주라 : 마태복음 5-7장, 마태복음 13장, 마태복음 18장, 마태복음 25장. 각 그룹에게 예수님께서 어떻게 사람들의 삶 속에서 아주 평범한 물건들과 이야기들을 사용하여 가르치셨는지를 찾아 기록한 다음 발표하게 하라. 이 일을 통해 교사들을 놀라게 한 것은 무엇인지를 토의하게 하라.

■ 실제 교실에서 이 방법을 어떻게 사용할 수 있는지를 알아 보자. 두 사람씩 짝을 짓게 하고 자기들이 처음 시간에 생각해 낸 물건들 중 공통된 것 하나를 고르게 한다. 그 물건이나 상황을 중심으로 한 영적 진리를 가르치기 위한 이야기나 활동을 구상하는 시간을 갖도록 하라. 시간이 허락되면 그들이 구상한 것을 발표하게 하라. 그렇지 않으면 적

어도 그들이 무엇을 할 것인지를 이야기해 보도록 하라.

마무리하기 ■ 교사들에게 자신들의 교육 방법을 평가해 보게 하라. 그들이 가르칠 내용 안으로 학생들에게 친숙한 물건과 상황들을 끌어 넣을 수 있는 방법을 한 가지씩 생각해 보게 하라. 다시 두 사람씩 짝을 지어 앞으로 무엇을 어떻게 가르칠 것인지에 대해 의견을 나누고 서로를 위해 기도하고 마치도록 하라.

교사 훈련 2 :
학습자가 진리를 발견하도록 하라.

■ 이 훈련을 시작하기 전에 다음의 성경 구절을 하나씩 기록한 쪽지를 준비하라 : 마가복음 1:21-28(귀신을 쫓아 내심으로 사람들을 놀라게 하신 예수님), 마가복음 2:1-12(중풍병자를 고치시고, 죄를 사하는 것과 비교해 어느 것이 쉽겠느냐고 질문하신 예수님), 마가복음 4:35-41(풍랑을 잔잔케 하시고 놀란 제자들을 안심시키신 예수님), 마가복음 8:14-21(거짓 가르침을 경고하신 예수님과 이해하지 못하는 제자들). 재미있게 하기 위해 달걀 모양으로 된 프라스틱 통 속에 이 구절들이 적힌 쪽지를 집어 넣거나 아니면 쪽지를 말아서 리본으로 묶어 보라. 뭔가를 '발견하는' 분위기를 부각시키기 위해 모임 장소에 숨겨둔다. 쪽지는 두 사람에 하나씩 비율로 만든다.

■ 두 사람씩 짝을 짓게 하라. 한 사람은 눈을 가리고 다른 사람은 그의 팔을 낀다. 눈을 가리지 않은 사람은 '목소리'가 되고 눈을 가린 사람은 '손'이 되게 하라. 두 사람이 힘을 합하여 방 안에 숨겨둔 '감추어진 보화'를 찾게 하라.(숨겨둔 보화가 무엇인지는 그들에게 말하지 말라.) 찾은 사람들은 리더 앞으로 와서 보고할 때까지 그 상태를 유지하게 하라.

■ 보물을 모두 찾은 후 다 함께 모여 다음의 질문에 대해 토의하라.
● 보물 찾기를 하는 동안 어떤 느낌을 받았는가?
● 신체에 제약을 가한 것이 감정에 어떠한 영향을 미쳤는가?
● 보물을 찾았을 때의 느낌을 이야기해 보라.
● 이 경험이 하나님의 말씀을 찾는 것과 어떤 점에서 유사한가?
● 발견하는 과정이 학습에 있어서 왜 중요한지 설명하라.

■ 짝이 된 두 사람이 자기들이 발견한 보물을 읽고 사람들을 위해 내용을 행동으로 표현해 보게 하라.(성경 구절을 읽어주고 같은 구절을 찾은 사람들을 한 곳에 모이게 할 수 있을 것이다.)

■ 성경 이야기를 발표하고 각 구절에 대해 다음 질문을 하라.
● 이야기에 등장하는 인물들에 대해 발견한 것 혹은 새롭게 이해하게 된 것은 무엇인가?
● 예수님께서는 사람들이 스스로 진리를 발견할 수 있도록 어떤 방법을 사용하셨나? 예수님께서 이러한 방법을 사용하셨다는 것을 보여주는 또 다른 성경 구절들은 어떤 것들인가?

■ 이 훈련 과정을 통해 특별히 새롭게 깨닫게 된 것을 나누게 하라. 그리고 실제로 가르칠 때 이 원리를 적용할 수 있는 구체적인 방법을 활용할 수 있도록 서로를 위해 기도하고 모임을 마치라.

교사 훈련 3
배울 수 있는 순간들을 잘 활용하라.

■ 모임을 시작하기 전에 몇 사람은 모임을 방해하는 역할을 하도록 미리 계획하라. 예를 들어 한 사람이 당신이 말하는 것을 막고 "우린 지금 시간만 낭비하고 있어요."라고 말하게 할 수 있을 것이다. 아니면 어떤 사람이 쓰러지는 시늉을 하게 할 수도 있을 것이다. 배울 수 있는 순간을 포착하라는 것을 설명하기 위해 그런 순간을 만드는 것이다. 당신을 방해하는 사람과 나눌 그럴듯한 대사를 만들라.

■ 모인 사람들을 환영하는 인사말을 하고 46쪽에 있는 '예수님의 교육 기법 3'을 읽거나 설명하라. 배울 수 있는 순간이란 어떤 때인지 정의를 내려보라.

■ 4명이 한 조가 되게 하여 각 조에 낭독, 기록, 격려, 발표 역할을 하는 사람을 정하라. 낭독자가 주어진 이야기를 읽고 기록자는 사람들의 대답을 기록하게 하라. 격려자는 모든 사람들이 참여하도록 돕게 하고 발표자는 그들이 생각해 낸 것을 발표하는 일을 맡게 하라. 다음 성경 구절들을 각 조에 나누어 주라. 누가복음 7:36-50 (눈

물과 향유로 예수님의 발을 씻은 여인). 누가복음 8:22-25(풍랑을 잔잔케 하신 예수님), 누가복음 9:46-48(누가 가장 큰 자인가로 다투는 제자들). 누가복음 18:35-43(눈 먼자의 눈을 뜨게 하신 예수님). 누가복음 22:14-20(예수님을 기억케 하기 위한 만찬).

■ 다음 질문을 토의하고 전체 모임에서 발표하게 하라.
● 이야기의 배경과 상황을 묘사하라.
● 예수님은 어떻게 그런 상황을 '가르침의 기회' 로 사용하셨는가?
● 그 당시 그 곳에 있었던 사람들은 무슨 생각을 하며 또 어떻게 느꼈을 것이라 생각하는가?
● 가르침을 권위있게 만드는 것은 무엇인가?

■ 이 질문들에 대한 토의를 하는 동안 미리 준비한 방해꾼에게 신호를 보내 사람들이 적당하게 자극을 받을 때까지 계속 방해하게 하라. 적절한 때에 멈추고 방해 받았을 때 어떤 느낌을 받았는지 물어보라. 실제 아이들을 가르치고 있을 때 방해 받으면서 느끼는 느낌과 어떻게 다른지 비교해 보게 하라.

마무리하기

■ 교실에서, 교회에서, 동네에서, 학교에서, 직장에서, 집에서 혹은 온세상에서 일어날 수 있는 예상하지 못했던 사건들을 각 그룹이 생각해 보도록 하라. 그런 일들이 일어났을 때 가르칠 수 있는 순간들을 어떻게 포착할 수 있는지에 대해 같이 이야기해 보도록 하라. 예를 들면 훈련 부족, 다른 사람을 놀리는 사람, 자살, 실직한 사람, 교회 부엌을 어지럽힌 청소년들을 호통치는 사람, 잘 어울리지 못하는 사람 등이 될 것이다.

■ 사람들의 삶 속에서 일어나는 것을 가르침으로 이끌 수 있는 아이디어들을 서로 나누고 그것들을 전지에 기록하게 하라. 다 기록한 후 그것을 마루 바닥에 놓고 사람들을 그 주위에 둥그렇게 서게 하라. 그리고 한 사람이 그 목록의 하나씩을 뜯어서 실제로 학생들을 가르칠 때 가르칠 수 있는 순간을 포착할 수 있는 능력을 가질 수 있도록 기도하게 하라. 이 기도를 '뜯어내는 기도'라고 부르라.

교사 훈련 4 :
학습자가 배운 것을 실천할 수 있는 기회를 제공해 주라.

■ 이 훈련을 통해 학생들이 자기의 믿음을 행동으로 바로 실천할 수 있도록 도우려면 어떻게 할 것인지를 교사들에게 보여 주도록 하라. 기도로 시작하고 요한복음 1:1-5을 읽으라. 하나님의 말씀이 왜 예수 그리스도를 통해 이 땅에 생명으로 나타나야 했는지를 설명하라. 삶을 변화시키고 사람들이 복음으로 살 수 있도록 돕는 것이 바로 교육의 진수다. 다음에 소개하는 훈련은 교실에서 어떻게 바로 성경을 읽고 실천할 수 있는지를 보여 줄 것이다.

■ 한 사람이 빌립보서 2:4을 읽게 하라. 그 말씀을 행동으로 옮기게 하라. 두 사람씩 짝을 지어 다음 질문을 토의하게 하라.
● 당신의 이름은 무엇이며 가장 좋아하는 어린

시절의 기억은 무엇인가?
  ● 지금 당신의 삶 속에서 가장 큰 기쁨을 주는 것은 무엇인가?
  ● 지금 당신에게 가장 부담이 되는 일은 무엇인가?
  ● 지금 당신의 짝이 어떻게 당신을 도와 줄 수 있다고 생각하는가?
  빌립보서 2:4절을 다시 읽고 그 말씀을 교실에서 행동에 옮길 수 있는 새로운 방법들을 토의하라.

  ■ 한 사람이 고린도후서 4:5을 읽게 하라. 우리는 학생들에게 예수님에 대해 그리고 자기의 믿음에 대해 다른 사람에게 이야기하라고 말한다. 그러나 우리는 어떻게 하고 있는가? 다시 자기 짝과 함께 하나님께서 어떻게 각자의 삶 속에서 일하셨는지를 서로 이야기하게 하라.
  촛불을 켜고 고린도후서 4:5을 읽으라. 사람들에게 교사로서의 빛을 발하는 것에 대해 감사를 표현하게 하라.

  ■ 에베소서 1:15-19절을 읽으라. 기도 그룹을 만들고 각 그룹 별로 교회 이곳 저곳, 예를 들어 교실, 예배당, 식당, 유치원, 사무실 등을 두 곳 이상 찾아가서 그 곳에서 일하고 있는 사람들을 위해서 기도하게 하라. 돌아오는 시간을 미리 정해두는 것을 잊지 말라. 교회를 위해 실제로 기도했을 때 느낀 소감을 서로 나누게 하라.

  ■ 빌립보서 2:5-8절을 읽으라. 그들이 종과 같이 될 수 있는 기회를 가지게 될 것이라고 말하라. 유리창 닦는 세정제와 걸레를 나누어 주고 주차장으로 가서 10분 동안 가능한 많이 차 유리를 닦고 돌아오게 하라. 사람들이 어떻게 행동하는지를 보라. 불만스러워 하는가? 재미있는 일이라고 생각하는가? 옷이 더러워진다고 불평하는가? 사람들이 돌아오면 보고를 받으라.

  ■ 이제 목표를 설정할 때다. 하나님의 말씀에 근거해 행동할 때가

그렇지 않은 때와 어떤 차이가 있는지를 토의하라. 참가자들이 자기의 신앙을 실천하기 위해 할 수 있는 것은 어떤 것인가? 교사들이 가르치면서 실제로 '실천' 할 수 있는 구체적인 방법을 생각해 보게 하라.

한 사람이 빌립보서 3:12-14절을 읽게 하라. 각 교사로 하여금 학생들이 믿음을 실천할 수 있도록 돕는 일에 헌신하는 목표를 적고 발표하게 하라.

축하하기

■ 모임을 끝내면서 하나님께 감사를 드리라. 6개 조를 짜고(한 사람이 한 조가 될 수도 있다) 각 조에게 다음의 성경 구절을 나누어 주고 읽게 하라. 그런 다음 어떻게 다른 그룹과 함께 감사를 드릴지 생각하도록 시간을 주라. 시편 92:1-2; 92:3; 92:4-5; 92:7-8; 92:12-14; 92:15. 주어진 성경 구절에 따라 각 조별로 감사를 드리게 하고 감사와 찬양의 노래로 모임을 마쳐라.

기본에 충실하라

비행 훈련 중이던 조종 훈련생은 육지가 갑자기 치솟아 올라오는 것 같아서 비행기의 조종간을 움켜 잡았다. 옆에 앉아 있던 비행 교관은 고도가 대기 온도에 미치는 영향에 대해 태연하게 이야기하고 있었다. "1000 피트 하강할 때마다 대기 온도가 약 3.5도씩 높아지는군."

훈련생은 겁에 질렸다. 그는 대기 온도 변화에 대한 이야기는 더 이상 듣고 싶지 않았다. 그는 어떻게 착륙해야 하는지를 알고 싶었다.

교관은 많은 것을 알고 있었다. 그러나 그는 종종 훈련생이 비행에 관한 아주 기본적인 것도 아직 잘 모르고 있다는 사실을 잊어버리고 좀 더 흥미로운 비행을 그리며 다소 들떠 있었다.

우리 교사들도 이 교관과 같은 유혹에 빠지게 된다. 많은 것들을 가르치느라 신앙에 관한 기본적인 것을 가르치는 일에 소홀하게 된다. 우리는 훈련 조종사에게 어떻게 착륙해야 하는지를 가르쳐야 한다는 것을 잊고 있는 것이다.

사람들은 기본적인 것에 대해 알고 있는가? 조사된 통계 자료를 보도록 하자.

- 교회에 다니는 초등학교 5-6 학년 학생들 중 72%는 세례가 무엇을 의미하는지 모르고 있다. 40%는 예수님의 죽음이 의미하는 바가 무엇인지를 알지 못하고 있다. 그리고 9%만이 성령님이 누구인지를 알고 있다. 13%의 학생들만 예수님의 가장 큰 두 계명을 알고 있다.[1]
- 교회에 다니고 있는 성인들 중 62%는 그리스도인이나 모슬렘, 불교신자 그밖에 모든 사람들은 같은 하나님께 기도한다고 생각한다.[2]
- 교회에 다니는 청소년의 46%와 성인 67%는 구원이 선물로 주어지는 것이지 우리 힘으로 얻는 것이 아니라는 사실을 이해하지 못하고 있다.[3]

오늘날 교회에 다니는 사람들 중 너무나 많은 사람들이 기독교 신앙의 가장 기본적인 내용도 이해하지 못하고 있다. 교육자로서 우리는 이 일에 책임을 느껴야만 할 것이다. 다른 사람들에게 책임을 돌리려 하는 일을 멈추게 될 때 교회 안에서 효과적인 학습이 이루어지도록 노력할 수 있을 것이다. 그래야 사람들이 우리 신앙의 본질들을 이해하고 그에 합당한 삶을 살 수 있게 될 것이다.

교회에 다니는 청년들의 49%만이 자기의 신앙을 매일의 삶 속에서 적용할 수 있도록 교회가 좋은 교육을 제공해 주고 있다고 말한다.[4] 우리 모두는 이런 통계에 대해 책임을 느껴야 한다. 성인들의 28%만이 지역 교회가 자기들의 생활에 밀접한 관계를 맺고 있다고 생각하고 있다는 사실에 대해 우리는 우리 자신을 돌아보아야 한다.[5]

우리의 교과 과정은 어떤 면에서 배우는 사람들이 분명히 배워야 할 것들을 배울 수 없도록 구성되어 있다. 어떻게 이런 일이 벌어지게 되었는가? 어디서 길을 잘못 들게 된 것인가? 이에 대해 우리는 3가지의 근본적인 문제가 있음을 보게 되었다.

1. 우리는 사람들이 기본적인 것들에 대해 알고 이해하고 있을 것이라고 가정하는데 사실은 그렇지 않다.
2. 우리는 "많은 것이 좋은 것이다"라는 접근 방식을 교육에 도입해 왔다.
3. 우리는 사람들에게 가장 중요한 것을 이야기해 주지 못했다.

이 세 영역에 대해 좀 더 자세히 살펴 보도록 하자.

아무 것도 가정하지 말라

신앙에 대한 기본적인 것들이 때로 우리에게 너무 쉬워 보인다. 교육자로서 우리는 더욱 흥미로운 것에 열정을 가지게 된다. 이것은 우리가 단순한 복음의 메시지에 식상해 버린 것과 같다. 사람들은 기본적인 것에 대해 아는 바가 없는데 우리는 어리석게도 그들이 알고 있다고 믿고 있다.

구원이 우리 신앙의 가장 기초적이고 본질적인 개념이라는 것에 대부분의 사람들은 동의할 것이다.

우리가 조사한 바에 따르면 초등학교 5-6학년 학생들은 영생을 얻기 위해 매우 흥미로운 계획을 가지고 있음을 볼 수 있다. 5학년인 한 여학생은 "착한 마음으로 하나님의 법을 따르는 사람은 천국에 갈 수 있어요." 라고 말했다. 그러나 하나님의 법이 무엇이냐고 물었을 때 그 아이는 대답하지 못했다.

> 주일학교에 다니고 있는 초등학교 5-6 학년 학생들 중 61%가
> 예수님과의 관계에 대해 잘 알지 못하고 있다.[6]

    최근에 중학교 학생들을 교회에 모아 놓고 용서라는 주제로 합숙 훈련을 했다. 우리는 학생들에게 보편적인 죄에 대해 열거해 보도록 했다. 그 목록에 대해 죄라고 말하는 아이들이 몇몇 있었다. 그러나 다른 아이들은 그런 것들이 반드시 죄인 것은 아니라고 주장했다. 그들은 "상황에 따라 다르다"라고 외쳤다. 우리는 기본적인 십계명을 다루고 있었지만 아이들은 그 계명을 어기는 것을 죄라고 인정하려 하지 않았다.
    그 수업은 우리가 생각했던 것보다 상당히 오랜 시간이 걸렸다. 우리는 기본적인 신앙 개념을 아이들이 알고 있을 것이라고 가정하고 있었던 것이다. 그것은 우리의 잘못이었다.
    그날 저녁 우리는 우리 아이들이 가지고 있는 왜곡된 신앙이 겉으로 드러나는 것을 보게 되었다. 그들은 밤에 몇가지 규칙들을 지키기로 약속을 했다. 그 규칙들 중의 하나는 아무도 숙소로 사용하는 교육관을 벗어나서는 안 된다는 것이었다. 우리는 그 경계를 표시하기 위해 종이로 된 테이프를 사용했다. 그런데 규칙을 지키기로 약속하고 한 한시간쯤 지난 후 몇몇 아이들이 그 테이프를 끊고 교회 건물의 다른 편으로 뛰어들어 갔다.
    우리는 이 규칙 위반에 대해 토의하기 위해 학생들을 모두 불러 모

았다. 규칙을 어긴 학생들을 포함해 모든 사람들이 그 경계가 침범을 당했다는 것에 동의했다. 그래서 우리는 "모든 사람이 동의한 규칙을 어긴 것에 대해 우리는 어떻게 해야 할 것인가?" 라고 물었다. 그들의 대답은 "경계선을 없애라"였다. 그들이 앞에서 보였던 죄를 죄로 인정하지 않았던 문제가 즉각적으로 규칙을 어기는 행동으로 나타난 것이다. 하나님의 본질에 대한 아이들의 무지는 그들의 생각과 의사 결정을 좌우하고 있었다.

아이들이 근본적인 것을 알고 있다고 가정할 수 없는 것과 마찬가지로 어른들도 알고 있다고 가정해서는 안 된다. 하루는 어른들을 위한 주일 성경 공부 모임에 참석하는 사람이 적은 것을 알고는 그 시간에 복도에서 서성거리고 있는 사람들과 이야기를 나누었다. "왜 들어가서 성경 공부에 참석하지 않으십니까?" 라고 물었을 때 우리가 들은 공통적인 대답은 "내게는 관심이 없어요." 라든가 "거기서 입을 열었다가 바보가 될까 두려워요." 혹은 "지난 번에 참석했는데 목사가 내게 성경 구절을 읽어보라고 했어요. 그런데 난 그 성경 구절이 어디 처박혀 있는지 몰라서 얼마나 혼이 났다구요. 난 완전히 멍청이가 된 것 같았어요." 등이었다.

기본적인 것에 대해 알고 있는 사람들을 위해 따로 성경 공부를 하는 것은 좋은 일이다. 그러나 우리는 대부분의 사람들을 위해 기본적인 것들을 늘 강조해야 한다. 어떤 교회들은 환경 보호, 정치문제, 교단의 역사와 같은 문제들을 다루는 반은 운영하면서도 '예수님에 대한 소개', '성경의 기초적 가르침', '그리스도인의 직장 생활' 등과 같은 주제들은 무시하고 있는 것을 보았다.

아이건 어른이건 사람들은 성경을 잘 알지 못하며 신앙이 약하다는 것을 보여준다. 그 이유는 사실은 그렇지 않은데도 우리는 그들이 성경을 잘 알고 이해하며 삶에 적용하고 있을 것이라고 생각하기 때문이다.

적은 것이 많은 것이다

많으면 많을수록 좋다고 생각할 때 우리는 또 하나의 큰 실수를 하는 것이다. 너무나 많은 것을 사람들의 머리 속에 주입시키려고 하기 때문에 그들은 어떤 것이 근본적인 것이며 어떤 것이 그렇지 않다는 것에 대해 감을 잡지 못한다. 실제로 너무 많은 공이 날라오면 헷갈려서 받았던 공도 다 떨어뜨리고 만다.

사실 우리는 좋은 의도를 가지고 그렇게 한다. 나누고 싶은 것이나 사람들에게 가르쳐야 할 것이 너무 많다. 시간은 별로 없는데 사람들에게 다 전해 주고 싶다. 만일 우리가 알고 있는 것을 다 알려주지 않으면 사람들은 빈손으로 실망해서 돌아가게 될 수도 있기 때문에 염려스럽다.

우리는 학교에서 하고 있는 이와 같은 실수를 교회에서도 똑같이 반복하고 있다. 좋은 의도를 가진 사람들이 아이들에게 더 많은 연습과 더 많은 숙제와 더 많은 시험이 필요하다고 소리 높여 주장하고 있다. 아이들에게 더 많은 정보를 제공하면 아이들은 더 많은 것을 배우게 될 것이라는 가정 하에서 이런 주장을 하는 것이다. 그러나 그것이 옳다는 증거는 없다. 오하이오 대학의 교육학 교수인 조지 우드(George Wood)는 "정보를 접하는 것과 그것을 배우는 것은 같지 않다. 또한 그것을 유지하는 것은 또 다르다. 학생들에게 많은 양을 다루도록 하는 것은 실제로 그들이 아무것도 깊이 있게 다루지 못하게 만드는 것이다. 그렇게 되면 가벼운 퀴즈 게임은 잘 하겠지만 소란스러운 이웃과 시민으로 성장하게 될 것이다." 라고 말한다.[7]

일본 학생들이 미국 학생들보다 더 많은 것을 배우고 더 잘하고 있다는 것은 이미 잘 알려진 사실이다. 이것은 일본 사람들은 "적은 것이 많은 것이다"라는 것을 이해하고 있기 때문이다. 미국의 초등학교 2학년 학생이 두세 페이지의 산수 문제를 푸는 데는 보통 30분 가량이 걸린다. 그러나 일본에서는 같은 시간에 그저 두세 문제만을 풀면서 그 문제 해결에 필요한 추론 과정을 하나하나 분석하면서 보낸다.[8]

일본의 초등학교 일학년들에게 읽기를 가르치는 것을 살펴 본 미국인 조사자들은 252자로 된 이야기 속에 나타나고 있는 하나의 사건을 설명하는 29개의 단어에 40분을 소요하고 있음을 관찰하였다. 그리고 그 학급은 한 달에 평균 2개의 이야기만을 다루었다.[9]

"적은 것이 많은 것이다.
많은 양을 다루는 것보다 적은 양이라도 깊이있게 다루는 것이 중요하다."
— 테드 사이저(Ted Sizer), 학교 연합회 회장

미국의 몇몇 학교들은 적은 것이 많은 것이라는 사실을 점차로 인식하기 시작했다. 4학년 학생들을 가르치고 있는 오하이오 주의 아메스빌 초등학교의 교사인 미크 컴밍스(Mick Cummings)씨는 "나는 책에 있는 모든 것을 다 가르쳐야 한다고 생각하지는 않는다. 책 한권을 처음부터 끝까지 훑어봤다고 해서 아이들이 배워야 할 것을 다 배웠다고 볼 수는 없는 것이다. 중요한 몇 가지를 잘 가르치고 아이들이 그런 것

들을 정말 잘 배우고 자기 것으로 소화하게 만드는 것이 중요하다. 아이들은 어떻게 배우고, 어떻게 찾아 내는지, 그리고 일반적인 개념은 무엇인지를 배운다. 이렇게 하는 것이 아이들에게 좋은 점수를 받고 높은 시험 성적을 받을 수 있게는 해 줄 것이다. 그러나 그것이 중요한 것은 아니다. 중요한 것은 아이들이 배운 것을 자기 것으로 만들 수 있느냐는 것이다."[10]고 말했다. 아이들은 평생 자기를 따라 다니게 될 것을 배우고 있다는 것을 우리는 기억해야 할 것이다."

성경을 충분히 가르치지 못하는 것이 아닌가?

우리는 어린이용 성경 공부 교재를 만들 때 '한 과에 한 가지씩만' 가르치는 방식을 사용한다. 종종 어린이들은 성경에 나오는 짧은 이야기 하나를 공부하면서 한 시간을 보낸다. 그래서 어떤 사람들은 "그렇게 해서는 성경을 다 가르칠 수 없다."고 반박한다. 이렇게 말하는 사람들은 아이들이 주어진 시간에 무조건 많은 성경 구절들을 접하기만 해도 배우게 될 것이라고 믿고 있다.

그러나 접하는 것과 이해하는 것이 같은 것은 아니다. 우리는 교육의 목표를 기억해야만 한다. 우리의 교육 목표는 아이들에게 성경을 무조건 많이 알도록 하는 것인가? 아니면 아이들이 성경의 진리를 알고 자신들의 삶에 적용할 수 있도록 돕는 것인가?

예수님은 결코 배우는 사람들을 독촉하지 않으셨다. 그들이 소화할 수 있는 것 이상을 주입시키려고 하지 않으셨고 "많은 것이 좋은 것이다"라는 원리를 결코 따르지 않으셨다. 실제로 주님은 다음과 같이 말씀하셨다.

> "내가 아직도 너희에게 이를 것이 많으나 지금은 너희가 감당치 못하리라"
> —요 16:12

오늘날 교회는 예수님의 방법을 너무 많이 무시하고 있다. 성경 공부와 성경 지식을 영적 성숙을 측정하는 잣대로 삼고 있다. 사람들의 신앙을 그들이 매주 읽는 성경의 양이나 아니면 암송 구절의 수에 따라 평가한다. 학생들이 하박국이나 나훔의 역사적 배경에 대해 잘 알고 있으면 좋아라 한다. 그러나 정작 중요한 것은 놓치고 있다. 하나님께서 성경 자체를 숭배하도록 하셨는가? 성경 지식을 쌓는 것이 우리의 궁극적 목표인가? 우리는 다시 교육의 목적을 기억해야 한다. 우리는 교육을 통해 사람들이 퀴즈 대회에서 우승할 수 있도록 이끌고 있는가, 아니면 그들을 하나님께 가까이 나아가게 하고 그들의 삶의 방식을 변화시키려고 노력하고 있는가?

사람들의 집중력이 소화할 수 있는 이상의 많은 정보를 주입하여 학습의 양을 늘리려고 해서는 안된다. 한 과에 너무 많은 내용을 집어 넣는 것은 긴 영화를 빠른 속도로 돌리는 것과 같다. 그럴 경우 짧은 시간 내에 많은 것을 보고 지나갈 수는 있겠지만 별 영향을 미치지는 못할 것이다. 사람들은 단 하나의 성경적인 교훈도 얻지 못하고 집으로 가게 될 것이다. 배우는 사람들과 함께 보내는 시간은 빠른 속도로 돌리는 영화를 보기에는 너무 짧고 너무 귀하다.

많은 주일학교 교사들은 주어진 공과 시간에 다루어야 할 공과 내용을 다 마치는 것을 목표로 삼고 있다. 그래서 급하게 진도 나가기에 바쁘며 실제 학생들이 갖고 있는 관심과 질문에 대해서는 묵살을 해버린다. 지금까지 교사들에게 모든 것을 다 다루는 것보다 학생들이 조금이라도 무엇인가를 배우게 해 주는 것이 더 중요하다는 것을 말해 준 사람이 아무도 없었다.

학생들과 모일 때 그들이 중요한 것 한가지만 배울 수 있도록 돕는다면 상당히 성공하고 있는 것이다. 사람들이 마음에 간직하고 행동으로 옮길 수 있는 어떤 것을 전해주는 것은 쉬운 일이 아니다. 30분에서 한 시간 정도에 여러가지 심오한 내용을 가르치려고 하는 것은 환상의 나라로 여행을 하려는 것과 같다.

여기서도 농사 짓는 비유가 적용될 수 있다. 좁은 땅에 많은 씨를 뿌린다고 해서 많은 수확을 거두는 것은 아니다. 오히려 씨가 싹을 트고 숨을 쉬고 자라는 데 필요한 공간을 가질 수 있도록 뿌려야 한다. 너무 빽빽하면 솎아 주고 가장 좋은 것이 자랄 수 있도록 해 주어야 한다. 그러면 풍성한 추수를 하게 될 것이다.

적은 것이 많은 것이다.

중요한 것을 말하라

우리 학생들이 가장 기본적인 것을 모르고 있는 또 하나의 이유는 우리가 그것을 이야기하지 않는다는 것에 있다.

현대인들은 아이나 어른이나 모두 빠르게 움직이는 복잡한 세상에서 살고 있다. 지나칠 정도로 많은 새로운 정보 속에 묻혀 살아간다. 모든 것을 가르칠 시간이 없다. 또 배울 시간도 없다. 성실하게 주일 학교에 출석하는 한 사람을 위해 순수하게 교육에 투자되는 시간은, 출석하고 모이는 시간 등을 제외하고 일년에 평균 17시간 뿐이라고 한다.

우리는 낭비할 시간이 없다. 배우는 사람들에게 뭔가를 열심히 떠들면서 가장 기본적인 것들에 대해 이야기해 주지 않는다는 것은 공정한 일도 아니며 현명한 일도 아니다.

예수님은 바리새인들에게 어떤 계명이 가장 중요한지를 알려 주셨다(마 22:34-40). 왜 우리는 배우는 사람들에게 그들이 배워야 할 가장 중요한 것이 무엇인지를 말해 주지 않는가? 어쩌면 우리가 학교에서 좋지 않은 습관을 배워온 때문이 아닌가 싶다.

학생들의 경쟁심을 길러 주는 학교 체제는 정말 중요한 것은 배우지 못하도록 가르쳤다. 당신은 더 이상 기억하지 못하는 시시한 것들을 확인하기 위해 얼마나 많은 시험을 쳐야 했었는가? 점수 따기는 쉽다. 교육자인 아더 코스타(Arther Costa) 박사는 이렇게 말한다. "교육적으로 중요하지만 측정하기 어려운 것은 교육적으로 중요하지 않지만 측정하기 쉬운 것으로 대체되었다. 그래서 우리는 배울 필요가 없는 것들을 얼마나 잘 가르치고 있는지를 측정하고 있다."[11]

우리 모두가 학교에서 배운 부정적인 것이 또 하나 있다. 학교에 다니는 동안 우리는 엄청나게 많고 긴 수업을 듣고 앉아 있었다. "이 모든 것 중에서 우리가 기억해야 할 중요한 것은 어떤 건가요?" 라고 질문하는 학생을 얼마나 만나 본 적이 있는가?

그럴 때 교사는 어떻게 대답하는가? "몽땅 다."

선생님들은 자기가 말하는 모든 것, 칠판에 쓰는 모든 것, 교과서에 쓰여 있는 모든 것을 다 학생들이 받아들이고 소화해서 영원히 기억하기를 기대한다. 그래서 학생들은 엄청나게 많은 시간을 중요하지도 않은 사소한 것들에 쏟아 붓는다. 혹시 시험에 나올지도 모른다는 생각을 하면서 말이다. 이 얼마나 큰 낭비인가!

　WTB(Walk Through the Bible) 사역을 이끌고 있는 브루스 윌킨슨(Bruce Wilkinson)은 교사의 역할은 학생들이 주어진 자료를 살펴보고 "이것이 정말 중요한 것이다."라고 말할 수 있도록 돕는 것이라고 말한다. 그가 대학 교수로 있을 때 맡았던 학생들이 다른 학생들보다 시험에서 좋은 성적을 거두었기 때문에 학교 당국으로부터 어려움을 겪어야 했다. 그의 학생들이 좋은 성적을 거둘 수 있었던 것은 그가 학생들이 알아야 할 중요한 것을 말해 주었기 때문이었다.

　교회의 모든 성도들이 꼭 알고 있어야만 하는 가장 기본적인 것들에 대한 목록을 가지고 있는가? 그것을 나이별로 맞게 구분해 두었는가? 그것을 배우는 사람들에게 자주 알려주고 있는가? 절대적으로 중요한 것들에 대해 이야기 하는 시간을 모임에서 충분히 할애하고 있는가? 배우는 사람들은 어떤 주제에 얼마나 많은 시간이 주어지느냐에 따라 그 주제에 대한 가치를 인식하게 된다.

　우리가 가장 중요한 것들을 이야기하지 않기 때문에 사람들은 무엇이 가장 중요한 것인지를 알지 못하고 있다.

　비행기는 굉음을 내며 하강하고 있다. 학생들이 배우고 있는 조종실의 계기판은 돌아가고 있다. 지금이 바로 그들에게 가장 중요한 것 - 어떻게 착륙할 것인가 - 를 배울 수 있도록 도와주어야 한다. 우리는 기본적인 것에 집중해야 한다.

효과적인 학습을 위해서는 무엇을 꼭 가르쳐야 하는지 반드시 알아야 한다. 기본적인 기독교 신앙에 대해서는 모두 동의하지만 각 교회가 강조하는 내용은 다를 수 있다. 문제는 우리가 기본적인 신앙과 그렇지 않은 것을 뒤섞어 놓으면 사람들이 배우는 데 방해가 된다는 것이다. 사람들이 반드시 배워야 할 것들을 분명히 하기 위해서는 먼저 일반적으로 받아들여지고 있는 전제가 무엇인지 확인하고 그에 대한 정보를 수집하여야 한다. 그런 다음 교사들로 하여금 중요한 것에 노력을 집중하게 하라. 다음의 아이디어들이 도움이 될 것이다.

본질적인 것들을 정확하게 짚어 주라

1. 그 어떤 가정도 하지 말라.

기독교 신앙에 대해 사람들은 어떻게 이해하고 있는지를 알아보라. 성경 공부 모임에서, 설교를 통해서, 비공식적인 만남이나 혹은 설문조사들을 통해서 정보들을 수집하라. 다음의 질문들에 익명으로 대답해 주기를 부탁하라.

- 기독교 신앙에 관련해 내가 좀 더 알고 싶은 부분은….
- 우리 교회에서 가르치는 내용 중 내가 좀더 알고 싶은 부분은 …
- 성경에 대해서 내가 좀 더 알고 싶은 부분은 …
- 교회에서 우리는 왜 …을 하는가?
- 교회에서 우리는 왜 …을 하지 않는가?
- 나는 언제나 하나님은 왜 …하시는지 의문이다.
- 나는 내 삶의 …부분에 하나님께서 어떻게 개입하시는지 모르겠다.

- 예수님에 관해서 나는 늘 …에 대해 묻고 싶었다.
- 성령님에 관해서 나는 …을 잘 이해하지 못하겠다.
- 만일 교회가 …을 해 준다면 교회에서 배우는 것이 내게 좀 더 의미 있을 것이라고 생각한다.

사람들의 대답을 모아 아이디어 묶음집을 만들라. 주일 학교, 성경 공부 모임 혹은 설교 시간이나 신학교들에 이것들을 발표하라.

2. 당신의 전제를 확인하라.

우리는 너무 자주 우리가 알고 있는 것은 다른 사람들도 알고 있을 것이라고 생각한다. 이러한 생각이 옳은지 확인해 보기 위해 일반 성도들이나 혹은 성경 공부 모임에 나오는 사람들이 분명히 알고 있을 것이라고 생각하는 것 5가지 내지 10개를 골라 목록을 만들라. 당신의 생각에 자극을 주기 위해 "하나님은 나를 사랑하신다", "나는 예수님을 나의 주와 구세주로 믿는다", "하나님은 나의 모든 죄를 용서하신다", "나는 지금 당장 죽으면 천국에 갈 수 있다"는 내용을 포함시키라.

각 항목에 대한 사람들의 반응을 다음과 같이 하게 하라.
- 분명하게 확신하는 경우에는 느낌표(!)를 하라.
- 알고 있는 경우에는 마침표(.)를 하라.
- 확신할 수 없는 경우는 물음표(?)를 하라.

결과표를 만들고 이 자료를 앞으로 교육 훈련 프로그램을 짤 때 참고하도록 하라.

3. 교회에서 배워야 할 중요한 것을 분명하게 정하라.

신앙에 관한 본질적인 것들, 즉 기본적인 것들의 목록을 만들라. 사람들에게 그 중요도에 따라 순서를 정하거나 아니면 꼭 배워야 할 것 5가지를 표시하게 하라.

예를 들어, 다음과 같은 12개의 항목들을 생각해 볼 수 있을 것이다.(물론 이것들은 시작에 불과하다.)

___ 하나님   ___ 죄
___ 성경   ___ 교회
___ 예수님   ___ 기도
___ 성령님   ___ 증거
___ 창조   ___ 봉사와 전도활동
___ 인간의 본성   ___ 내세의 삶

또 다음과 같이 다른 방법으로 접근해 볼 수도 있을 것이다. 이밖에 당신이 생각하는 것을 추가하라.

___ 전능하신 하나님
___ 하늘과 땅을 지으신 창조주 하나님
___ 예수 그리스도
___ 예수님의 탄생
___ 예수님의 생애와 사역
___ 예수님의 고난과 죽음
___ 천국과 지옥
___ 예수님의 부활
___ 마지막 날의 심판
___ 성령님
___ 교회

___ 성도의 교제
___ 죄의 용서
___ 구원
___ 영원한 생명
___ 성례

아니면 교회가 어떻게 조직되어 있는지를 알아보라. 모든 위원회와 기관들을 적어보라 (예를 들어, 예배, 봉사, 청지기, 교제, 전도, 봉사, 교육, 사회 참여 등). 이런 것들이 각각 기독교 신앙의 근본적인 것들을 반영하고 있는가? 사람들에게 당신의 교회가 지향하는 것은 무엇이며 어떻게 그것을 실천할지 분석해 보게 하라.

4. 누가 무엇을 언제 배우는가?

일단 강조해야 할 기본적인 것들이 선택되면 나이별로(어린이, 청소년, 성인 등) 점검표를 만들고 각 그룹에서 배워야 할 기본적인 항목들을 세분해서 표시하라. 어떤 항목들은 두 개 이상의 그룹에 필요할 수도 있다. 중요하다고 생각하는 것을 각각의 그룹에서 다룰 수 있도록 하라. 이 목록을 교과 과정을 평가하는 도구로 사용하라. 그리고 교사와 부모들이 볼 수 있도록 인쇄해 배포하라. 그리고 계획을 세울 때 참고하고, 2-3년에 한 번씩 재평가하라.

5. 교사들을 보유하라.

교사들이 교사용 자료에 나와 있는 모든 내용을 다 마칠 필요는 없다는 것을 알려주고 부담감을 덜도록 해 주라. 성경의 진리를 가르치는 일에 '적은 것이 많은 것'이 되는 이유를 설명해 주라. 그들에게 72쪽에 있는 '적은 것이 많은 것이다'와 '성경을 충분히 가르치지 못하는 것은 아닌가?'를 읽게 하라. 세 명씩 조를 만들어 아래의 질문들을 토의하라. (토의가 끝난 후 전체 모임에서 발표하게 하라.)

● '적은 것이 많은 것'이라는 개념을 당신이 배운 것에 적용했을 때 어떤 경험을 했는지 이야기 해 보라.

● 분반 공부의 성패를 어떻게 측정하는가?

● 교사용 교재에 있는 모든 내용을 다 다루어야 한다는 부담감을 느끼고 있는가? 왜 그런가?

● '적은 것이 많은 것'이라는 생각을 받아들이기 어려운 이유는 무엇인가?

● 요점을 이해하기 위해 시간이 걸리는 것과 수업을 진행하기 위해 시간을 끄는 것의 차이를 어떻게 알 수 있는가?

● 이해하는 일에 시간을 집중할 때 얻는 유익은 무엇인가? 또 잃게 되는 것은 무엇인가?

꼭 가르쳐야 할 중요한 것 한 가지가 무엇인지 각자 생각하게 하라. 그런 다음 한 조에 4명이 넘지 않도록 조를 짠 다음 그것을 가르치기 위한 다양한 방법들을 서로 찾아보게 하라.(예를 들어, 드라마, 연극, 음악, 그림, 율동, 인형극, 이야기, 그밖의 봉사 활동 등).

서로의 아이디어들을 나누게 한 다음 기도짝을 만들어 가르치는 현장에서 '적은 것이 많은 것'이라는 개념을 집중할 수 있도록 격려하라.

4
기계적인 암기보다는
이해를 강조하라

 주일학교 분반 공부 시간에 머리를 긁적이면서 다음 구절을 생각해 내려고 애쓰며 선생님 앞에 서 있는 9살된 남자 아이가 있다. 다른 아이들도 인상을 쓰고 있는 선생님 앞에 역시 서게 될 것이라는 것을 알고 있기 때문에 긴장한 채 불안해 하고 있다.

 선생님은 안경 너머로 눈을 가늘게 뜨고 "일주일이나 시간을 주지 않았니? 로버트. 디도서 2:13-14절을 외워 보도록 하렴." 하고 말했다.

 로버트는 외우기 시작했다. "복스러운 소망과 우리의 크신 하나님 … 음 -, 우리를 깨끗케 하시려고 구속하셨음이라."

 "아니야. 외우지 않았구나. 넌 뱃지를 받을 수가 없겠어. 프리실라, 넌 로버트보다 잘 할 수 있을 거라고 믿는다."라고 선생님이 말했다.

"네, 선생님." 프리실라가 일어서서 외우기 시작했다. "복스러운 소망과 우리의 크신 하나님 구주 예수 그리스도의 영광이 나타나심을 기다리게 하셨으니 그가 우리를 대신하여 자신을 주심은 모든 불법에서 우리를 구속하시고 우리를 깨끗하게 하사 선한 일에 열심하는 친 백성이 되게 하려 하심이니라. 디도서 2장 13-14절 말씀. 아멘."

"참 잘했다. 넌 정말 주님의 특별한 사랑을 받는 아이구나."라고 말하며 그 소녀의 옷에 특이하게 생긴 뱃지를 달아주었다. 프리실라는 로버트와 뱃지를 받지 못한 아이들을 바라보며 자랑스럽게 미소를 지었다.

프리실라는 그 성경 구절의 의미를 이해했기 때문에 그렇게 정확하게 외울 수 있었던 것인가? 한달 후에도 그렇게 외울 수 있을까? 이 연습을 통해 로버트가 실제로 배운 것은 무엇일까? 이 공과 시간이 아이들에게 장기적으로 미치는 효과는 무엇일까?

교회에서의 특별한 자리

어린이들의 기계적인 성구 암송은 교회 안에서 특별한 자리를 차지해 왔다. 이것 역시 교회 안에 별 생각없이 받아들여진 교육의 목표 중 하나가 되어 왔다.

어떤 구절을 암송할지는 대부분의 주일학교용 성경 공부 교재에 포함되어져 있다. 암송 구절을 확인하거나 또 두어 번 반복하지 않고 분반 공부를 시작하거나 마친다는 것은 대부분의 교사들에게 생각조차 할 수 없는 일이다. 아이들에게 줄 사탕이나 과자도 순전히 성경 구절을 암송한 아이들에게 상으로 주기 위한 것일 경우가 대부분이다. 그리고 암송 결과를 나타내는 성적표는 종종 교실 눈에 잘 띄는 곳에 붙어 있다.

한번은 교사들에게 "성구 암송 연습이 없는 분반 공부에 대해 생각해 보셨습니까?"라고 물었을 때 그 중 한 교사는 "물론 그런 생각은 안 해 봤어요. 교사가 하는 일이 뭐겠어요?" 라고 대답했다.

아이들에게 성경 구절을 암송시키는 것 그 자체가 거룩하며 종교적인 일이 되어왔다. 너무나 오랫동안 해 온 일이라 그 일의 정당성이나 대가에 대해 감히 묻는 사람조차 없다.

그러나 모험적인 저자로서 우리는 당신에게 성구암송이라는 이 오래된 습관을 다시 한번 생각해 보라고 권하고 싶다. 성경 암송을 통해 우리가 얻기 원하는 것을 얻고 있는가? 그 일에 시간을 투자하는 것이 가치있는 일인가? 그것보다 좋은 것은 없는가?

학교에서는 어떤가?

우리는 학교에서 상당한 양의 기계적인 암기를 해왔다. 그리고 그 경험은 우리가 지금 교육에 대해 어떻게 생각하는가를 결정해 주는 것이 되었다. 그래서 우리는 어떤 틀 안에 갇혀있게 되었고 수십 년 간 이어온 관습에 의해 오늘날의 교사와 학교 당국은 동시대의 어린이들을 위해 학교를 어떻게 만들어 갈지 결정짓고 있다. 그 결과 수백만의 학생들이 역사적인 사건들의 이름과 연대, 구구단, 문학 작품들을 암기하도록 강요받고 있다.

오늘날 학교 성적은 단기간의 암기 능력에 따라 결정된다. 전형적인 시험은 사지 선다형, 빈칸 채우기, 혹은 그밖에 점수 매기기 편한 방법들 같은, 사실을 기억해 내는 방식에 의지하고 있다. 이런 교육 구조의 비밀을 알아 낸 '성공적인' 아이들은 어떻게 당일치기 해야 하는지를 알고 있다. 그들은 농사의 법칙이 학교 공부에는 적용되지 않는다는 것을 알고 있다. 벼락치기가 효과가 있는 것이다. 그리고 좋은 점수는 특정한 숫자와 단어들을 잠깐 동안 기억해 낼 수 있는 아이들에게 돌아간다.

"이것은 피상적이고 수동적인, TV 시대를 사는 아이들을 위한 테스트다." 라고 RAND 회사의 교육 책임자인 린다 달링-해몬드(Linda Darling-Hammond)는 말한다.[1] 그녀의 회사를 포함한 수많은 회사들이 요즘 입사하는 사원들의 교육의 질에 대해 많은 염려를 하고 있다. 많은 회사들은 사원들이 이미 학교에서 배웠어야 할 간단한 기술들을 다시 훈련시키기 위해 값비싼 훈련 프로그램들을 도입하고 있다. 미국 기업들은 대부분 공립 중학교 과정을 마친 사원들의 보충 교육비로 해마다 2백 50십억 달러를 사용하고 있다.[2]

결국 교육 전문가들은 기계적인 암기를 강조해 온 이 오래된 교육 방식에 대해 면밀한 조사를 통해 이의를 제기하고 있다. 그들이 발견한 것은 다음과 같다.

> "학생들이 시험에 합격하기 위해 자신들이 이해하지 못하는 내용을 기계적으로 암기하는 방식에 의존한다면 그들은 암기한 것을 곧 잊게 된다."
> —제인 힐리(Jane Healy), 위기에 처한 사람들(Endangered Minds)[3]

"전통적인 주입식 교육 방식을 통한 학습의 목적은
대부분 시험을 통과하기 위한 것이다.
그러므로 시험이 끝나자마자 그들이 가지고 있는 정보는
두뇌 속의 '닫힌 파일' 속에 묻혀지는데
그것은 이미 그 목적을 이루었기 때문이다."
―린 스토다드(Lynn Stoddard), 교육의 재구성(Redesigning Education)[4]

"교과서를 쓰는 사람들은
아이들이 스스로 자기의 지식을 적극적으로 형성할 수 없다고 생각한다.
그래서 이해를 필요로 하는 내용보다는
암기를 요구하는 내용을 교과서에 더 많이 수록하고 있다."
―해롤드 스티븐슨(Harold Stevenson)과 제임스 스티글러(James Stigler),
교육의 틈(The Learning Gap)[5]

"기계적인 암기는 시, 구구단, 역사기록들을 포함해
우리가 이해하지 못하는 것을 배우기 위해 시도하는 가장 형편없는 전략이다.
기계적인 반복을 통한 학습은 가장 어렵고 가장 무의미하다.
이해하지 않고 암기만 하는 학생들은 자신들이 잘못을 범하고 있다는 것을
의식하지 못한 채 지울 수 없는 실수를 저지르고 있는 것이다."
―프랭크 스미스(Frank Smith), 지성에 대한 모독(Insult to Intelligence)[6]

미국에서 가장 효과적인 교육을 하고 있는 학교들은 기계적인 암기식 교육보다는 이해 위주의 교육을 강조하고 있다. 그리고 그런 학교의 학생들은 더 많은 것을 배우고 있으며 자기의 지식을 실제 삶에 활용하고 있다.

은혜로 주어지는 것을 받기 위해
노력해야 하는가?

　성경 암송 프로그램에 열정을 가진 사람들은 성경 암송에 상당한 시간을 투자해야 한다고 주장한다. 그리고 인생의 중요한 시기에 그들이 암송했던 성경 구절들이 되살아났던 경험담을 이야기한다. 중요한 것들을 기억한다는 것은 좋은 일이다. 그러나 어떻게 그 기억이 형성되는가? 그리고 이해하는 것의 중요성은 얼마나 강조되고 있는가?

　하나님의 말씀에 능력이 있다는 사실에 이의를 제기하는 크리스천 교육자는 한 사람도 없을 것이다. 그러나 하나님의 말씀이 그의 백성들에 의해 어떻게 취급되고 있는지에 대해서는 반론이 많다.

　많은 교사들은 학생들이 성경을 이해하는 것보다는 그저 되뇌이는 것에 훨씬 더 많은 관심을 가지고 있는 것처럼 보인다. 이해하지도 못하는 것을 암기할 수 있다는 사실이 어떤 면에서는 상당히 신비한 일로 생각되는 것 같다. 그래서 하나님의 말씀을 이해하는 데 투자되어야 할 더 많은 시간이 낯설고 복잡해 보이는 옛날 말들을 아이들이 되뇌이게 하는 데 할애되고 있다.

　우리 옆집에 살고 있는 줄리(Julie)는 두 아이를 근처 교회의 여름 성경학교에 데리고 갔다. 첫날 8살된 아들이 울면서 집으로 돌아왔다. 성경을 암송하고 받은 리본을 자랑스럽게 달고 있는 친구들 속에서 그 아이는 외톨이가 된 듯했다. "어떤 애들은 리본을 너무 많이 달아서 꼭 새 같았어요."라고 줄리는 말했다.

　"모든 프로그램이 암송을 중심으로 엮어져 있었어요. 한 여자 아이는 156구절을 줄줄 외었어요." 하고 그녀는 또 말했다. 줄리의 아이들도 처음에는 따라 하려고 했었다. "너희가 그 은혜를 인하여 믿음으로 말미암아 구원을 얻었나니 이것이 너희에게서 난 것이 아니요 하나님의 선물이라(엡 2:8)."이라는 문구가 새겨진 파란색 예쁜 리본이 정말 받고 싶었다. 두 아이들은 리본에 새겨진 성경 구절을 외우며 서로 확인해 주면서 밤 늦게까지 연습을 했다. 그런데 다음 날 교회에 가서 한두 자를 빼먹고 외웠다. 그러자 선생님은 그 예쁜 '은혜의 리본'을 받으려면 더 노력해야 한다고 아이들에게 말해 주었다. 그녀는 자신이 하고 있는 일이 은혜로 받는 구원이라는 내용과 얼마나 상반되는지에 대해서는 전혀 생각지도 않고 있었다.

아이들은 포기해 버렸다. "아이들은 그 여름 성경학교에 다시 가고 싶어하지 않았어요. 그리고 지금은 그때 외웠던 구절들을 하나도 기억하지 못하는 것 같아요. 선생님들은 시간을 내서 아이들이 그 구절들을 이해할 수 있도록 도와주지 않았어요. 그냥 시간만 낭비하고 아이들을 교회에서 떠나게 만들고 있다고 생각해요."라고 줄리는 말했다.

안타깝게도 이 이야기는 이 가정만의 경험이 아니다.

우리가 알고 있는 기자인 스티브(Steve)는 자신이 10살이었을 때 참석했던 교회 어린이 프로그램을 기억하고 있다. "암송에 대한 부담이 너무 커서 꼭 지글지글 타는 것 같았어요. 그리고 항상 뒤처졌던 기억이 나요. 그래서 몇 달 다니다 그만 두었어요. 나중엔 그 교회 옆을 지나칠 때마다 기분이 좋지 않았어요. 그 교회는 옆에도 가기 싫더군요."

또 다른 친구인 제니퍼(Jennifer)는 어렸을 때 가졌던 비슷한 경험을 기억하고 있다. "친구랑 같이 교회에 갔어요. 모든 것이 너무나 잘 짜여져 있어서 저는 불편하게 느껴졌어요. 제가 잘 어울리지 않는 것

같아서요. 저는 처음 갔기 때문에 지난 번 암송 구절을 모르고 있었어요. 그래서 저는 그 구절을 알고 있는 아이들하고 떨어지게 됐지요. 그 후로 전 그 교회에 다시 가지 않았어요."라고 말했다.

또 한 친구인 브렌다(Brenda)는 20세 때 참석했던 수련회에 대한 아주 좋지 않은 기억을 갖고 있다. 그녀와 다른 세 명은 빌립보서의 한 부분을 외우도록 되어 있었다. 그들은 일주일간 그것을 외웠고 리더 앞에서 각자 맡은 부분을 암송했다. 브렌다는 두 자를 빼 먹었고 그들은 상품으로 주어졌던 수련회 티셔츠를 받지 못하고 말았다. 그녀가 지금 기억하는 것은 자기가 울었다는 것이고, 기억하지 못하는 것은 그 때 외웠던 빌립보서 구절이다.

물론 성경 암송이 가져다 주는 좋은 결과에 대한 이야기들이 많이 있을 것이다. 그러나 우리가 인터뷰한 학생들은 교회에서 암송하는 것에 대해 그리 긍정적으로 생각하지 않고 있었다. 대부분의 학생들에게 그것은 단조로운 고역이다.

그러나 어떤 사람들은 "아이들은 이 닦는 것도 싫어하지요. 그렇지만 그것이 아이들에게 유익하기 때문에 억지로라도 시키잖아요. 나중에 고마워할 거에요."라고 말하며 우리 생각에 반대한다. 기계적인 암송이 구강 관리와 같이 필요한 것인가? 좀 더 자세히 살펴 보자.

기계적인 암기가 왜 강조되어 왔는가?

성경 암송을 주장하는 사람들은 왜 교회가 암기 방식을 추구해야 하는지에 대한 몇 가지 이유를 말하고 있다.

1. 성경이 그렇게 말하고 있다.

이 때 가장 자주 언급되는 구절은 시편 119:11인데 이 구절은 다음과 같이 말하고 있다.

"내가 주께 범죄치 아니하려 하여 주의 말씀을 내 마음에 두었나이다."

이 구절은 행동에 옮겨야 할 직접적인 이유를 제공해 주고 있기 때문에 도움이 된다. 다윗은 죄를 짓지 않으려고 하나님의 말씀을 마음에 두었다. 죄를 피하는 것이 목표였다. "말씀을 마음에 두었다"라는 말이 의미하는 바는 무엇인가? 암기하는 것인가? 이해하는 것인가? 죄를 짓지 않기 위해서는 어느 것이 더 중요한가? 한자 한자 외우는 것인가, 아니면 이해하는 것인가? 이어지는 다음 구절들이 실마리를 제공한다. 27절에서는 "나로 주의 법도의 길을 깨닫게 하소서. 그리하시면 내가 주의 기사를 묵상하리이다." 라고 말한다. 그리고 125절은 "나는 주의 종이오니 깨닫게 하사 주의 증거를 알게 하소서"라고 되어 있다. 이해는 순종을 일으킨다.

그리고 '말씀'이라는 단어는 무엇을 의미하는가? 요한복음은 이에 대한 가장 강력한 정의를 내리고 있다.

"태초에 말씀이 계시니라. 이 말씀이 하나님과 함께 계셨으니
이 말씀은 곧 하나님이시라.
말씀이 육신이 되어 우리 가운데 거하시매…."
—요 1:1, 14

'말씀'에 대한 이와 같은 정의를 가지고 시편 119:11절을 다시 읽어보라. 우리가 살아 계신 그리스도를 마음에 둘 때 하나님께 얼마나 더 잘 순종할 수 있을 것인가?

앵무새도 요한복음 3:16절을 외워 암송할 수는 있을 것이다. 그러나 오직 하나님의 자녀들만이 예수님을 알고 이해하며 그 마음 속에 둘 수 있다.

본문이 증거하는 것 외에도 성경 암송에 대한 가장 좋은 예는 예수님의 생애와 가르침에서 찾아볼 수 있을 것이다. 주님은 기억하고 있는 성경구절을 인용하셨고 성경 구절을 사용해 가르치셨다. 이것은 성경을 암송할 가치가 있다는 것을 우리에게 보여 준다. 우리는 주님께서 성경을 사용하신 것으로부터 몇 가지 교훈을 얻을 수 있다.

● 주님은 언제나 배우는 사람들이 이해하는 것을 돕고 현재의 상황이나 가르침을 드러내기 위해 성경을 사용하셨다. 성경을 암송하기 위해 성경을 암송하지는 않으셨다. 주님의 목표는 이해시키는 것이었다.

● 주님은 글을 모르거나 성경에 대해 잘 알지 못하는 많은 사람들을 위해 성경을 이야기해 주셨다. 주님은 사람들이 하나님의 말씀을 이해하기를 원하셨다.

● 교사로서 주님은 성경을 아셨다. 그러나 학생들에게 성경을 외우도록 연습시키시지는 않으셨다. 그 대신 사람들이 하나님의 말씀을 생각하고 이해하도록 하는 데 귀한 시간을 사용하셨다.

2. 위기 상황을 예비하기 위한 것이다.

스탈월츠(Stalwarts)씨는 성경이 없을 때 성구 암송이 도움이 된다고 주장한다. 그는 성경 암송을 돕기 위한 소책자에서 이렇게 말하고 있다. "군인들은 아주 짧은 시간에 어두운 방에서 보지 않고도 M-16 소총을 해체하고 다시 조립할 수 있어야 한다. 우리는 군인들이 소총에 대해 알고 있는 것보다 하나님의 말씀에 대해 훨씬 더 잘 알고 있어야 한다."

그렇다면 군인들은 그가 소총에 대해 잘 알고 구조를 이해하고 있기 때문에 분해하고 다시 조립할 수 있는 것인가, 아니면 사용설명서를 달달 외우고 있기 때문에 할 수 있는 것인가?

최근까지 교사들은 공산당원들이 집으로 쳐들어와 성경을 모두 빼앗아갈 수도 있다는 얘기를 아이들에게 해주곤 했다. 그런 일이 실제로 생기게 될 경우 그동안 머리 속에 외워 둔 성경 구절만이 남아있게 된다는 것을 이야기 하고자 하는 것이다. 암기가 그들의 유일한 소망이었다. 그런데 냉전 상태가 무너지게 되자 암기를 위한 동기를 부여해 줄 수 있는 도구가 사라져 버렸다.

그러나 이런 우스꽝스러운 얘기가 아니더라도 하나님의 말씀을 기억하는 것은 실제로 우리가 필요로 할 때 위로와 방향 제시를 해 줄 수 있다.

3. 학생들의 진보를 측정하기 위한 것이다.

많은 교사들은 아이들의 학습 결과를 측정하기 위해 암송 연습에 관심을 갖는다. 사실 영적인 성장을 측정한다는 것은 어려운 일인 데 반해 기계적인 암기는 평가하기가 쉽다. 훈련시킨 앵무새가 말하는 것을 듣고 있는 것처럼 아이들이 암송하는 것을 들어보라. 앵무새거나 아이거나 그들이 암송하는 것을 들을 때 교사는 기분이 좋을 수 있다.

유명한 한 강사가 청년들을 일깨우기 위해 여러 곳을 여행하였다.

그는 젊은이들이 형편없다고 생각하고 있었다. 그가 자기의 생각을 드러내기 전 청년 청중들에게 "난 내가 오스카 상을 수상한 사람이기를 바라지" 라는 잘 알려진 광고 음악을 부르도록 했다. 청중들은 같은 리듬이 길게 반복되는 그 노래를 함께 불렀다. 그러자 그는 "세상의 노래는 그렇게 잘 알면서 하나님의 말씀은 모른다."고 호통을 쳤다. 가사와 리듬을 외우는 것이 그가 사용하는 잣대였다.

똑똑한 아이들은 그의 장광설을 듣고 나서 그를 한쪽으로 불러서 자기들이 이해하고 있는 하나님 말씀을 나눌 뿐 아니라 자신들의 신앙을 담은 리듬을 불러 주기도 한다. 그들은 그보다 훨씬 더 많은 크리스천 음악을 알고 있다.

성경 암송은 그 사람의 신앙을 측정하는 믿을 만한 기준이 되지 못한다. 기계적인 암송은 어떤 사람들에게는 다른 사람들보다 쉬운 일이다. 반면에 그런 방식으로 머리를 사용하지 않는 사람들에게 단순히 암기한다는 것은 정말 힘든 일이다. 한자 한자 외우는 것은 낮은 사고력을 요구하는 기술이다. 이것은 영적인 잣대가 될 수 없다. 많은 성숙한 크리스천들 중에 성경 구절을 한자 한자 외우지 못하는 사람들도 많이 있다. 그러나 그들은 하나님의 말씀을 놀랍게 이해하고 있으며 그 말씀을 따라 살고 있다.

기계적인 암기가 실패할 때

성구 암송을 옹호하는 사람들은 자기가 외운 성경 구절을 통해 얻은 유익을 우리에게 보여줄 수 있고 또 우리도 그것을 인정한다. 그러나 모든 유익에는 치러야 할 대가가 있다. 그리고 여기에 문제의 본질이 있다. 우리는 성구 암송을 통해 얻게 될 결과를 위해 어떤 대가를 지불할 수 있을까?

우리 아이들에게 매일 또는 매주 성경을 외우는 연습을 하게 할 때 어떤 대가를 치러야 하는지, 몇 가지 가격표에 대해 살펴보도록 하자.

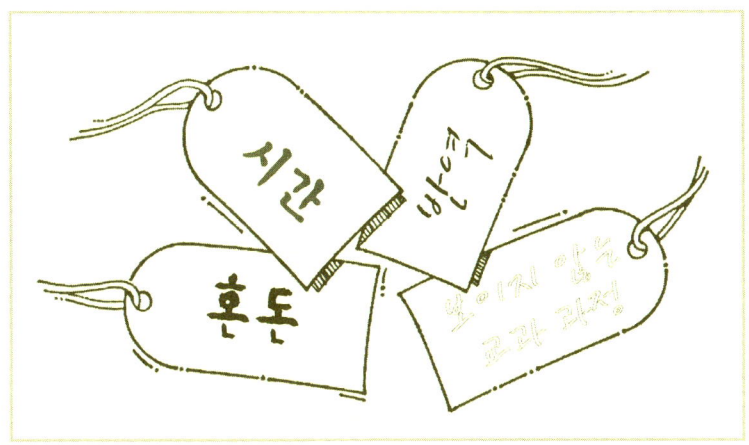

●시간 : 교회에서 교사들이 아이들과 함께 보내는 시간은 매우 제한되어 있다. 앞 장에서 우리는 한 어린이가 주일 학교에서 성경 공부만을 위해 보내는 시간은 일년에 겨우 17시간 뿐인 것을 살펴 보았다. 우리는 가르치고 싶은 모든 것을 가르칠 수 있는 여유를 갖지 못하고 있다. 최고의 환경 속에서 가장 좋은 교안을 가지고, 가장 우수한 학생들을 가르치는 가장 뛰어난 교사도 실제로 가르쳐야 할 모든 것을 다 가르치지는 못한다.

그러므로 우리는 중요한 것을 선택하지 않을 수 없다.

제한되어 있고 되살릴 수 없는 시간이라 불리우는 자원으로 우리는 무엇을 할 것인가? 만일 교사로서 아이들이 하나님의 말씀을 이해하고 적용하도록 도와주는 일과 아이들에게 성경 구절을 암송하게 하는 일 중에 하나를 선택해야 한다면 전체적인 교육 목표를 달성하기 위해 어떤 것을 택할 것인가?

"둘 다 할 수 있다." 라고 말할 지도 모르겠다. 그러나 조사에 의하면 교회에 다니는 아이들도 하나님의 말씀을 이해하는 일에 비참할 정도의 영양 실조 상태에 빠져있다.

하나님의 말씀을 이해하기 위한 시간을 빼앗는 것이 우리가 지불해야 할 대가라면 그것이 과연 가치있는 일인가?

●반발 : 학생들이 성경 구절을 외워 오면 교사들은 자랑스럽게 미소짓는다. 그리고 '착한' 아이들은 칭찬을 듣고 사탕이나 스티커로 보상받는다. 그러나 다른 아이들 - 기계적인 암기에 어려움을 느끼거나 그런 부담을 싫어하는 아이들에게는 무슨 일이 벌어지는가?

우리가 보았듯이 그들은 교회를 떠난다. 그렇지 않았더라면 하나님을 알게 되었을 많은 아이들은 교회를 떠나 다시는 돌아오지 않는다. 어떤 사람들은 교회 근처에는 가려고도 하지 않게 된다.

물론 20년전 주일 학교에서 외웠던 성경 구절을 아직도 기억하고 있는 어른들의 예를 들 수도 있을 것이다. 그러나 그런 흔하지 않는 예들이 등을 돌리는 수많은 아이들을 대신할 만한 가치가 있는가? 우리는 이런 대가를 지불할 수 있는 것인가?

●혼돈 : 이해하는 것보다 암기하는 것을 더 강조하게 되면 오해를 불러 일으킨다. 많은 아이들이 매주 암송 구절을 되뇌이지만 그들이 외우는 것에 대해서는 아는 바가 없다. 또 어떤 아이들은 여기서 한마디

저기서 한마디씩 선택한 후 위험한 가설을 만들어 낸다.

우리가 인터뷰한 초등학교 5학년 남학생은 최근에 외운 성경 구절을 다음과 같이 해석했다. "무엇을 훔치면 그 벌로 손을 잘라야 한다." 몇 년 전에 우리 동네에서 이 구절을 인용한 어떤 소년이 이 말을 그대로 실행했다.

이해하지 못한 문구를 문자적으로 암기하는 것은 위험할 수 있다. 생각없이 암기하는 것은 사람들로 하여금 자신들의 행동에 대해 무심코 심각한 실수를 저지르게 할 수 있다.

더구나 이 문제는 이해하기 어려운 번역본을 사용할 경우 더 심각한 결과를 낳게 된다. 그리고 성경 암송을 철저하게 주장하는 사람들은 개역성경을 사용할 것을 고집하는 듯하다(역주: 원문은 King James Version). 그 이유는 무엇인가? '보수적이다' 라는 것이 그들의 대답이다. 그러나 연대가 오래되고 문체가 옛날 문체라고 보수적인 것은 아니다. 요즘 성경을 번역하는 사람들 중 보수적인 사람들은 옛날에 성경을 번역했던 사람 못지 않게 보수적일 수 있다. 그러나 그들은 선배들에 비해 더 많은 교육을 받았고 더 많은 자료를 통하여 더 정확한 번역을 하고 있다. 오래된 것이 좋은 것이라는 생각은 동양의 가치관일 뿐이며 그것은 대부분 반기독교적이다.

하나님을 알고 사랑하는 것이 우리의 목표라면 어린이들을 의도적으로 혼동케하는 것이 어떻게 정당화될 수 있는가? 하나님은 우리 아이들이 어려운 단어로 성경을 암기하기를 원하신다고 생각하는가?

이해하지 못하는 성경 암기는 혼란을 초래한다. 우리는 이런 대가를 지불할 수 있는 것인가?

●보이지 않는 교과 과정 : 우리는 제2장에서 가르침과 배움의 차이에 대해 생각해 보았다. 종종 사람들이 배우는 것은 우리가 가르치고 있다고 생각하는 것과는 전혀 다르다. 그들은 '보이지 않는 교과 과정'이라 불리우는 미묘한 다른 것들을 배운다. 암기하는 것에 관련된 보이지 않는 교과 과정은 어떤 것인가?

선생님이 강조하는 구절을 계속해서 반복하는 것은 위험한 메시지를 전달할 수 있다. 학생들은 기독교를 어떤 특정한 주문에 신비적인 힘을 부여하는 힌두교 같은 종교와 동일시할 수 있다.

학생들은 또 하나님의 말씀을 실천하는 것보다 앵무새가 되는 것이 더 중요하다는 것을 배울 수도 있다. 어떤 행동에 대한 교사들의 강조나 그 행동에 투자하는 시간의 양은 그 행동에 부여된 가치 정도를 학생들에게 말해 준다. 학생들은 말씀을 주신 하나님의 목적이 우리가 그 말씀을 따라 사는 것이라기보다 그것을 앵무새처럼 읊조리기 위한 것이라고 생각할 수도 있다.

성경 구절을 암송한 대가로 사탕이나 스티커 같은 것을 받을 때 아이들은 어떤 것을 배우게 될 것인가? 성경은 우리 삶을 위한 설계도가 아니라 일시적인 만족을 가져다 주는 쿠폰책이라고 생각할 수도 있을 것이다.

또 사리 판단이 빠른 아이들은 성구 암송은 어른들에게는 필요없고 아이들에게만 적용되는 것이라고 생각하게 될 것이다. 그래서 그들은 하나님 말씀은 어른이 되면 상관 없어지게 될 것이라고 배우게 된다.

물론 모든 아이들이 다 숨겨진 메시지의 영향을 받는 것은 아니다. 그러나 어떤 아이들에게는 깊은 인상으로 남게 된다. 우리는 이런 보이지 않는 교과 과정이 아이들의 삶에 영향을 미치는 것에 대한 대가를 지불할 수 있는 것인가?

암기하기 전에 먼저 이해하게 하라

　성구 암송은 그 역할이 있다. 우리가 우려하는 것은 교사들이 이해보다 암송을 더 강조하고 있다는 점이다.

　이해하는 것이 열쇠가 된다. 성경책은 하나님과 하나님의 뜻을 이해하기 위해 하나님이 주신 도구다. 번역된 성경은 어떻게 보면 히브리어와 헬라어에 대한 번역자의 이해다. 만일 내용을 이해하는 것보다 문자적으로 외우는 것이 더 중요하다고 믿는다면 헬라어나 히브리어로 성경을 외우는 것이 어떻겠는가? 왜 원어 성경에 대해 어떤 몇 사람이 이해한 것을 신뢰하는가?

　번역자들은 종이 위에 쓰여진 생소한 표기보다는 이해하는 것이 중요하다는 것을 인식하고 있다. 그래서 그들은 번역을 한다. 변하지 않는 영원한 하나님의 말씀에 대한 번역은 오늘날에도 진행되고 있다. 그리고 번역하는 사람들은 우리와 함께 살고 있다. 그들은 교사들이며, 청년회 리더들이며 목사와 부모들이다. 교사와 부모의 역할은 사람들이 이해할 수 있도록 하나님의 말씀을 번역하는 것이다. 진정한 번역자는 사람이 아니라 말씀을 쓰신 성령님이심을 잊지 말라.

　이해하는 것이 열쇠가 된다. 그리고 하나님의 말씀을 이해하면 그 말씀은 훨씬 더 잘 기억된다.

　　　　　"강요받아 얻어진 지식은 마음에 아무것도 남기지 못한다."
　　　　　　　　　　　　―플라톤

당신이 지금 현재 기억하고 있는 정보들에 대해 잠시 생각해 보라. 전화 번호, 주소, 잘 알려진 구절들, 불고기 재료, 사람들이나 장소의 이름, 상품이름 등등. 이런 정보들을 기억하고 있으면 편리하다.

당신은 어떻게 이런 편리한 말과 숫자들을 배우게 되었는가? 먼저 이해했을 것이다. 누군가와 통화하고 싶으면 특정한 전화번호를 돌리면 된다는 것을 이해했고, 불고기 맛을 안 다음에는 요리책을 뒤져 찾지 않아도 만들어 먹을 수 있게 되었다. 좋아하는 승용차가 눈에 띄면 그 승용차의 이름은 저절로 당신의 머리속으로 들어온다. 이렇게 당신이 이해한 것은 당신으로 하여금 기억하게 만들었다. 당신이 외우고 있는 것은 고되고 힘들게 일해서 된 것이 아니다. 상당히 자연스럽게 된 것이다.

당신의 암기는 벼락치기로 된 것이 아니기 때문에 잊혀지지 않고 남게 된다. 그리고 실제 삶 속에서 의미있게 사용되기 때문에 기억 속에 남아 있는 것이다.

하나님 말씀도 이런 비슷한 방식으로 배울 수 있을 것인가? 물론이다. 로마서 8:28과 같은 구절을 고르라. "우리가 알거니와 하나님을 사랑하는 자 곧 그 뜻대로 부르심을 입은 자들에게는 모든 것이 합력하여 선을 이루느니라." 이 구절을 이해하려면 자세하게 살펴보아야 한다. 그리고 신학적으로 조심스럽게 연구하는 것도 필요하다. 이 구절은 하나님께서 좋지 않은 일이 먼저 일어나게 하신 후 그 상황을 바꾸어 우리를 구하신다는 것을 말하고 있는 것인가? 아니면 하나님께서는 자연스럽게 우리를 둘러싸고 있는 환경에 간섭하셔서 선한 것을 생겨나게 하신다는 것인가?

노련한 교사는 이 구절을 연구하고 학생들이 그들 자신의 삶의 경험을 통해 깨달아 갈 수 있도록 도와 줄 것이다. 그리고 어떻게 하나님께서 자신의 어려운 상황 속에 개입하셔서 새롭게 하셨는가를 보여줄 수 있을 것이다. 그러면 학생들은 자신들의 주변에서 매일 매일 일어나는 일들을 새로운 시각으로 바라보기 시작한다. 그리고 하나님께서 일하시는 것을 본다. 이제 로마서 8:28은 특별한 의미를 지니게 된다. 그들은 자기에게 무슨 일이 일어나도 하나님이 함께 하시며 평화와 선을 이루신다는, 그리스도 안에서의 자유를 경험하기 시작한다.

이제 그들은 로마서 8:28이 자기의 삶에 의미를 주기 때문에, 그리고 그 의미를 이해하고 사용하기 때문에 그 말씀을 기억하게 된다.

이 책의 나머지 대부분은 배우는 사람들의 이해를 돕는 전략들을 보여준다. 하나님의 말씀을 이해하는 것은 사람들로 하여금 예수님을 알고 사랑하며 순종하게 도와줄 것이다.

> "우리가 배우는 것을 분석하고 그 유형들을 알아내고
> 우리가 이미 알고 있는 지식과 연관시킬 때 가장 잘 기억할 수 있다는 것을
> 연구 조사는 거듭 보여 주고 있다. 다시 말해서
> 우리가 배운 것에 대해 생각할 때 가장 잘 기억할 수 있다는 것이다."
> ― 데이비드 펄킨스(David Perkins), 뛰어난 학생들(Smart Schools)[7]

 여기서는 기계적인 암기보다는 이해하는 일에 초점을 맞추는 교사 훈련에 사용될 수 있는 몇가지 제안들을 하고자 한다. 이 제안들 가운데 학생들이 영원히 잊지 못할 배움의 경험을 통하여 하나님의 말씀을 이해하도록 돕는 아이디어들을 발견할 수 있게 되기를 바란다.

교사 훈련을 위한 간단한 제안

1. 기억 되살리기

교사들로 하여금 자신들이 학교에서나 교회에서 뭔가를 암기해야 했던 어린 시절의 경험에 대해 서로 나누게 하라.(둘 혹은 세 사람이 한 조가 될 때 가장 효과적이다.)

생각을 자극할 수 있는 다음과 같은 질문들로 토의가 진행되게 안내하라.

- 어떤 주제가 암기하기에 가장 쉬웠는가? 그리고 가장 어려웠던 것은? 그 이유는 무엇인가?
- 벼락치기로 시험 공부를 해 본 경험이 있는가? 그 때 공부한 내용은 어떤 것이었는가? 그 내용을 이해하고 있었는가?
- 어릴 때 혹은 청소년기에 성경 구절을 외우는 것과 관련된 긍정적인 혹은 부정적인 경험을 한 적이 있는가? 그 결과 어떤 생각을 하게 되었는가?
- 내용은 이해하지 못한 채 어떤 것을 암기해야 했던 적은 언제인

가? 왜 먼저 이해하는 것이 그 내용을 암기하는 데 중요한 역할을 한다고 생각하는가?

토의가 계속 진행될 수 있도록 이 장의 내용을 활용하라. 한 조가 된 사람들이 각자 이해와 암기의 비교에 관한 3개의 질문을 만들게 하라.

학생들이 하나님의 말씀을 이해하기 위해 실제로 적용하는 시간을 가질 수 있도록 계획을 세우고 기도하라.

2. 문제 파악하기

106쪽에 있는 "무엇이라고 말하고 있습니까?"를 복사해 나누어 주고 읽어보게 하라. 대부분의 사람들은 "나는 멋있는 서울의 봄을 사랑한다."라고 읽을 것이다. (실제로는 '나는 멋있는 서울의 봄 사랑한다'로 되어 있다.) 사람들에게 '을'이 빠졌다는 것을 지적해 주라. 우리는 "나는 멋있는 서울의 봄을 사랑한다"라는 표현에 너무나 익숙해 있기 때문에 다른 식으로는 생각하지 못한다. 너무 가까이에서 어떤 물체를 보게 되면 그 물체의 다른 면을 볼 수 없는 것과 같다. 교사들에게 사람들이 암송에 대해 어떻게 생각하고 있는지 물어보고 자신의 경험과 비교해 보면서 혹 그동안 하고 있는 일에 너무 몰두해 온 나머지 다른 부분을 보지 못하고 실수를 하고 있는 것은 아닌지 확인해 보도록 하라.

96쪽에 있는 "기계적인 암기가 실패하게 될 때"를 4부분으로 나누라. 그런 다음 4개의 그룹을 만들고 각 그룹에 시간, 혼돈, 반발, 보이지 않는 교과 과정의 항목을 하나씩 배정하라. 각 그룹별로 주어진 부분을 공부한 다음, 발견하고 토론한 것을 다른 그룹과 나누도록 하라. 교실에서 적용할 수 있는 성경적인 이해에 대한 새로운 방법들을 연구해 보게 하라.

무엇이라고 말하고 있습니까?

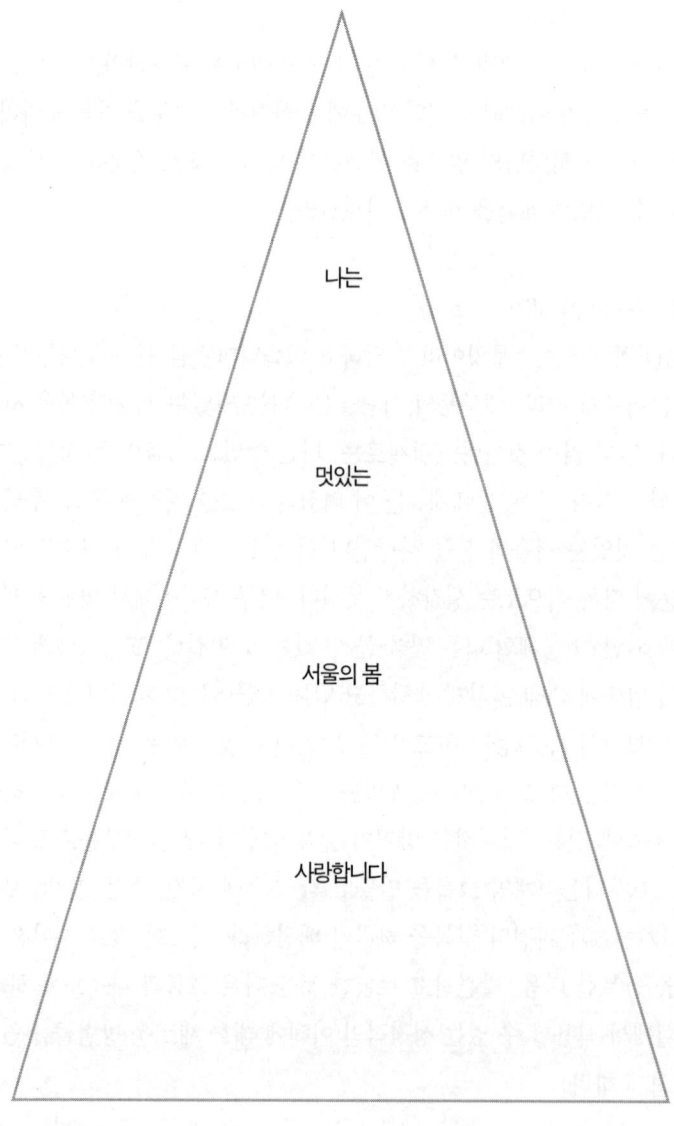

나는

멋있는

서울의 봄

사랑합니다

3. 이해를 막는 장애물 :

교회는 많은 믿지 않는 사람들은 이해하지 못하는 생소한 단어들을 사용하는 것으로 잘 알려져 있다. 교사나 부모들은 아이들이 특정 단어를 오해하고 잘못 사용하는 것에 대한 앙징맞은 이야기들을 나누며 재미있어 하기도 하지만 때로는 슬퍼하기도 한다.

교사들에게 단어를 잘못 이해한 일이 벌어졌던 경험을 이야기해 보게 하라. 재미있긴 하지만 그냥 웃어 넘기기 보다는 정확한 것을 학생들에게 알려주고 바로 이해할 수 있도록 해 주어야 한다는 것을 교사들에게 강조하라. 이해의 중요성을 강조하기 위해 다음과 같이 해 보라.

교사들에게 교회 밖에서는 사람들이 잘 사용하지 않지만 교회 안에서는 자주 사용되고 있는 단어들의 목록을 만들어 보게 하라. 예를 들어, 주님, 의, 구속, 삼위일체, 부활, 범하다, 간구하다 등등. 그 단어들을 그룹원들에게 나누어 주라. 그리고 사람들이 그 단어들을 이해할 수 있도록 돕기 위한 방법을 모색하게 하라. 혹은 그 단어들이 보다 쉽게 인식될 수 있도록 사용할 수 있는 방법들을 찾아보게 하라.

말씀을 기억하기 위한 학습 활동

기계적인 암기를 연습시키는 대신 그 시간을 활용할 수 있는 다른 수업 내용을 꾸미도록 교사들을 도우라. 다음과 같은 활동을 통해 성경 말씀에 대한 이해를 강화하게 하라. 공과 공부 시간이 아이들을 위한 학습 활동 시간이 되게 하라. 이 곳에 소개하는 3개의 활동은 초등학교 학생들을 위해 구상된 것이지만 청소년들과 어른들을 위해서도 얌념처럼 사용될 수 있을 것이다.

학습 활동 1

성경 구절 :
"임금이 대답하여 가라사대 내가 진실로 너희에게 이르노니 너희가 여기 내 형제 중에 지극히 작은 자 하나에게 한 것이 곧 내게 한 것이니라 하시고"(마 25:40).

준비물 :
빨래 줄, 빨래 집게, 종이 조각, 그리고 싸인펜을 준비하라. 아이들 손이 쉽게 닿을 수 있는 높이로 빨래 줄을 매어두라. 아이들의 기부금을 받을 수 있는 기관과 연락을 취해 두라.

활동 :
아이들 신을 방 한가운데 모으고 그 주변에 둥그렇게 앉히라. 그런 다음 아래의 질문들을 하라.
- 만일 신발이 없다면 어떨까?
- 신발을 신지 않고 가면 창피를 당하거나 어려움을 겪게 되는 곳은 어떤 곳일까?
- 신발 외에 우리가 살아가는 데 꼭 필요한 것은 어떤 것들인가?

두 명의 서기를 정하고 그들에게 종이와 싸인펜을 주라. 아이들이 살아가는 데 필요한 물건들을 말하면 그 품목들을 한 장에 하나씩 기록하게 하고 다른 아이들은 그 종이를 빨래 줄에 걸게 하라. 그리고 다음의 질문들을 하라.

- 이들 중 두세 가지가 없다면 어떻게 될까?

마태복음 25:40절을 읽고 아이들이 따라 읽게 하고 다음 질문을 하라.

- 이 성경 구절에 나오는 왕은 누구인가?
- '지극히 작은 자'는 누구인가?
- 왜 예수님께서 이 말씀을 하셨다고 생각하는가?
- 예수님은 우리가 무엇을 하기를 원하신다고 생각하는가?

이렇게 말하라 : "예수님은 우리가 가난한 사람들을 돕기 원하십니다. 오늘부터 우리의 도움을 필요로 하는 아이들을 돕기 위해 생활에 필요한 물건들을 모으는 일을 시작하려고 합니다. 지금부터 어떤 물건들을 모을지 결정하려는데 여러분들이 도움을 주면 좋겠습니다. 빨래줄에 걸려 있는 제안들을 보고 우리가 어떤 물건을 모아야 할지 투표를 하도록 하겠습니다."

아이들이 모으기 원하는 것들을 결정하기 위해 투표를 하게 하라. 그리고 그 모인 물건들을 어디에 보낼 것인지를 설명하라.

그런 다음 다음과 같이 말하라 : "두 사람씩 짝을 지은 다음 한 사람은 신발을 바라보고 다른 한 사람은 바깥 쪽을 바라보세요. 바깥 쪽을 바라보고 있는 사람이 자기 신발이 어떻게 생겼는지를 설명하면 그 짝은 가서 그 신발을 찾아 오는 거예요. 그런 다음 반대로 역할을 바꾸어서 똑같이 하세요. 어때요, 할 수 있겠죠? 그럼, 시작!"

모든 아이들이 자기 신발을 찾으면 다음 질문을 하라.

- 우리가 신발을 가져다 준 짝을 의지하듯이 우리의 도움을 필요로 하는 사람들은 어떻게 우리를 의지하는가?

마태복음 25:40절을 다시 읽으라.

마무리 :
빨래 줄에서 빨래 집게를 하나씩 가져오게 한 다음 아이들 옷에 다음 주에 가져올 품목을 적어 달도록 하라. 그리고 주보나 교회 게시판을 이용해 이 일에 교회가 함께 동참해 주도록 알릴 수도 있을 것이다.

학습 활동 2

성경 구절 :
"그의 십자가의 피로 화평을 이루사 만물 곧 땅에 있는 것들이나 하늘에 있는 것들을 그로 말미암아 자기와 화목케 되기를 기뻐하심이라" (골 1:20).

준비물 :
나무조각, 못, 망치, 카드, 연필, 묵상을 위한 음악 테이프, 녹음기를 준비하라. 약 1m 크기의 나무로 된 십자가를 만들라. 카드에 성경구절을 적고 그것을 십자가의 중앙에 못으로 박으라.

활동 :
십자가를 바닥에 눕히고 아이들을 그 주위에 둥그렇게 앉게 한 다음 아래의 질문을 하라.
● 십자가를 볼 때 무슨 생각이 떠오르는가?

● 왜 예수님은 돌아가셔야 했는가?

카드를 나누어 주고 각자 그 위에 "예수님은 (자기 이름)의 죄를 위해 돌아가셨습니다."라고 쓰게 하라. 아이들이 그것을 쓰는 동안 못과 망치를 십자가 옆에 놓으라. 한 사람씩 자신의 카드를 가지고 십자가로 가까이 가서 카드에 쓴 것을 크게 읽고 그것을 십자가에 못으로 박게 하라. 준비한 음악을 작게 틀어 주고 자신의 카드를 읽는 것 외에는 아무 말도 하지 못하게 하라.

모든 아이들이 카드를 십자가에 박은 후에 다음 질문을 하라.

● 십자가에 못을 박는 동안 어떤 느낌이 들었는가?

골로새서 1:20을 읽으라. "예수님, 제 죄를 위해 돌아가신 것을 감사드립니다."라고 간단하게 한 명씩 돌아가면서 기도하게 하라.

마무리 :

남은 못을 하나씩 학생들에게 나누어 주라. 그리고 다음과 같이 말하라 : 못을 집으로 가져가 방 안 어딘가에 갖다 놓으세요. 그리고 그것을 볼 때마다 예수님께서 여러분을 위해 돌아가실 만큼 여러분을 사랑하신 것을 기억하세요.

학습 활동 3

성경 구절 :
요나서 1-2장

준비물 :
가위, 스카치 테이프, 연필을 준비하라.

활동 :
114, 115쪽에 있는 그림을 보고 준비된 종이를 가위로 오리라. 그리고 다음 이야기를 들려 주라.

(종이를 세로로 반 접으라.)

어느 날 하나님께서 요나라는 이름을 가진 사람에게 말씀하셨어요. "요나야, 너는 지금 당장 니느웨로 가라. 그곳에는 악한 사람들이 많이 살고 있다. 그들에게 가서 악한 일을 멈추고 옳은 일을 하라고 말해라."

그러나 요나는 가지 않았어요. 여러분도 부모님이나 선생님이 시키신 일을 하지 않은 적이 있나요? 그것이 어떤 것이었지요? (아이들이 대답하게 하라.)

✂ 요나는 하나님을 피해 달아나기로 마음 먹었어요. 그래서 항구로 가서 먼 곳으로 가는 배를 탔어요. (점 A에서 점 B까지 점선을 따라 오리라)

그러나 하나님은 요나가 무엇을 하고 있는지 다 아셨어요. 그래서 강한 바람과 폭풍을 일으키셨어요. 큰 파도가 배에 부딪혔을 때 그 배에 타고 있던 선원들은 어떻게 했을까요? (아이들이 대답하게 하라.)

✂ 그 선원들은 배가 부서질 것 같아 두려워했어요. 그래서 배를 가볍게 하기 위해 물건과 가방들을 바다로 집어 던졌어요.(점 B에서

점 C까지 점선을 따라 오리라.)

✂ 이 때 선장이 요나에게 와서 "왜 이 무서운 폭풍이 온 것일까요?"라고 물으며 "당신의 하나님께 기도하세요. 우리를 도와주실지도 모르잖아요." 라고 말했어요.(C에서 D까지 오리라.)

✂ 요나는 "저는 왜 이 폭풍우가 몰아치는지 알고 있어요. 제가 하나님을 피해 도망하려고 했기 때문이에요." 라고 대답했어요. (D에서 E까지 오리라.)

✂ "그럼 어떻게 해야 하지요?" 라고 선원들이 물었어요. (E에서 F까지 오리라.)

✂ "절 바다로 집어 던지세요."라고 요나가 말했어요. (G 부분을 오려내라. 요나 그림을 펼쳐 들고 눈을 그려 넣으라. 요나의 모습만을 보여주고 이야기가 진행되는 동안 아이들의 시선이 물고기 부분에 집중되지 않도록 하라.)

그렇지만 선원들은 요나를 바다 속으로 던지고 싶지 않았어요. 그래서 배를 해변가로 저어 가려고 했지만 실패하고 말았어요. 그리고 폭풍우는 점점 더 심해졌어요. 결국 그들은 요나를 들어 바다에 던져버렸어요.

그러자 금방 폭풍우가 그쳤어요. 이제 배와 선원들은 안전하게 되었어요!

하나님께서는 요나를 위해서 큰 물고기를 준비하셔서 바다에 빠진 요나를 삼키게 하셨어요. (요나의 발과 물고기 모양의 경계를 접은 다

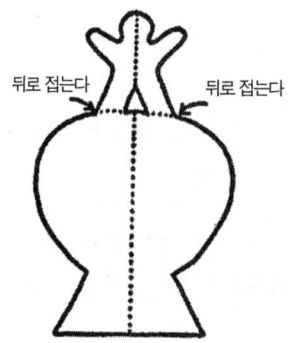

뒤로 접는다   뒤로 접는다

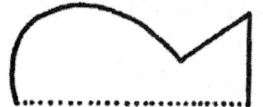

요나를 뱃속에 넣은 채로 헤엄치는 고래처럼 옆으로 세운다

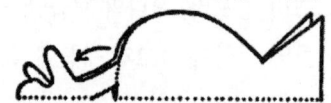

요나를 마른 땅으로 토해내듯 밖으로 꺼낸다

음 물고기 모양 부분을 다시 반으로 접으라. 그런 다음 사람을 물고기 모양에 안쪽으로 들어가 보이지 않게하여 아이들에게 보여주라.)

요나는 물고기 배 속에서 기도했어요. "하나님, 제 기도를 들어주세요. 파도가 절 삼켰지만 하나님은 절 구하실 수 있습니다. 하나님께서 원하시는 것을 하겠습니다."

그러자 하나님께서 물고기를 명령해 요나를 뱉어내게 하셨어요. 그래서 요나는 다시 육지로 돌아올 수 있게 되었어요. (물고기 모양을 들고 요나를 꺼내 물고기가 요나를 뱉어내는 것을 보여주라.)

하나님께서는 "니느웨로 가서 내가 전에 말한 것을 그 사람들에게 말하라."고 다시 말씀하셨어요.

그래서 이번에는 요나가 하나님 말씀대로 했어요.

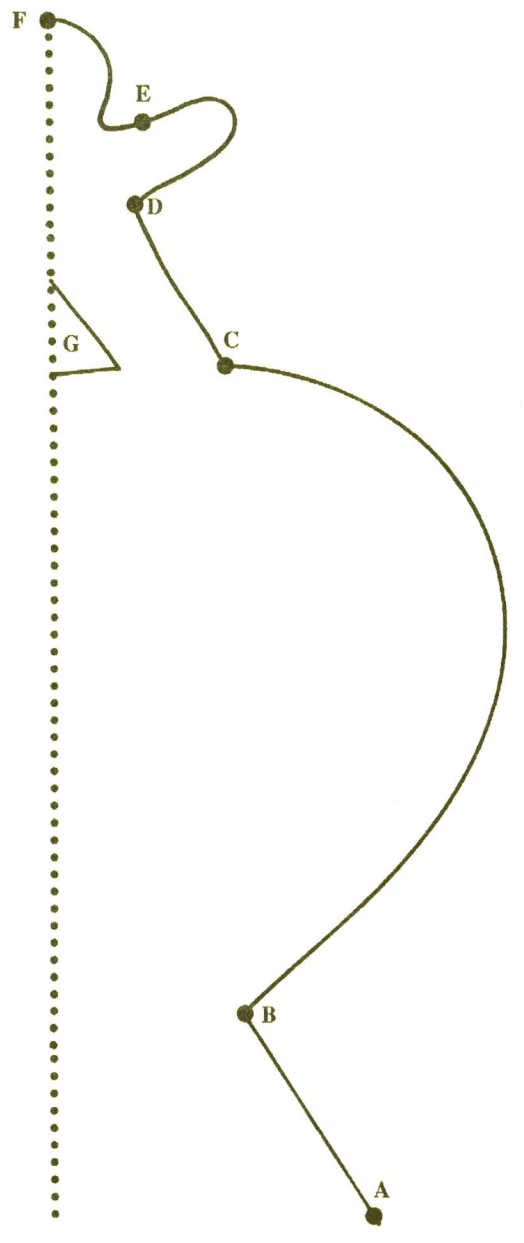

5 사람들이 생각하게 하라

요즘 학생들은 생각하는 것을 배우지 못하고 있다. 물론 그들이 이전 세대들보다 둔한 것은 절대로 아니다. 다만 머리를 사용하는 환경이 그들에게 주어지지 않을 뿐이다.

다음의 오래된 주일학교 이야기를 들어본 적이 있을 것이다.

선생님 : 자, 얘들아, 긴 꼬리를 가지고 가을이 되면 도토리를 주워 모으는 털이 복실한 동물은 뭐지?

조니 : 다람쥐 같아요. 그렇지만 정답은 예수님이겠죠.

이 이야기에서 볼 수 있듯이 우리는 아이들에게 선생님이 듣기 원한다고 생각되는 대답을 하도록 훈련시켜 왔다. 빈 칸 채우기 숙제에 익숙해져 있는 학생들과, "경상 북도의 도청 소재지는 어디죠?"라는 단답형 질문을 하는 선생님은 생각하지 않는 사람들을 길러낸다. 우리는 그동안 선생님들이 원하는 단순한 대답을 하도록 아이들을 훈련시켜 왔다.

최근에 한 연구 팀은 앨러바마 주의 버밍엄 지역에 있는 초등학교 2학년 학생들을 대상으로 조사를 했다. 이 학생들은 수학 경시 대회에서 평균보다 높은 점수를 받은 아이들이었다. 연구 팀은 이 아이들에게 다음의 문제를 풀어보도록 했다. 배 안에 26마리의 양과 10마리의 염소가 타고 있다. 선장의 나이는 몇 살인가?

90%의 학생들은 36이라고 대답했다.[1]

우리는 아이들의 사고 능력을 시들게 했고 그들의 상식을 잠들게 만들어왔다. 그 뿐 아니라 그들의 상상력을 얼어붙게 만들었다. 그들은 교과서와 선생님들이 미리 정해놓은 것을 반복하도록 조종되어 왔다. 이런 체제 속에서는 자유롭게 생각할 수 있는 여지가 주어지지 않는다. 단지 선생님이 듣고 싶어하는 것을 말하고, 끝나면 잊어 버리도록 만들고 있는 것이다.

교과서에 나오는 전형적인 문제의 예를 보라.

줄타기를 하는 사람은 줄 위에서 _____.
a. 균형을 잡는다.
b. 빵을 굽는다.
c. 소란을 피운다.
d. 소리를 친다.

b 나 c 혹은 d에 동그라미를 한 학생들은 모두 틀린 대답을 한 것이

다. 그러나 왜 그들의 대답이 틀린 것인가? b, c, d를 선택한 것에 대해 생각해 보라. 그들은 교사가 원하는 대답보다 훨씬 더 창조적인 상상을 하고 있다. 그러나 그래서는 안 된다고 배운다. 학생들은 창조적인 생각을 하고 있다는 이유 때문에 꾸중을 받게 된다.

알비트(R-BBIT)의 나라

우리 어린이들은 아주 어려서부터 생각하지 않도록 가르쳐진다. 교사들은 아무 의미없는 괄호 채우기, 단어 맞추기, 빠진 글자 넣기 퍼즐 같은 연습 방법으로 아이들에게 글 읽는 것을 도우려 해왔다. 교육 전문가인 프랭크 스미스(Frank Smith)씨는 이런 연습을 'r-bbit'이라고 불렀다. 그는 국제 읽기 연합회 대표자 회의(Internation Reading Association Convention)에 참석한 후 이 용어(알-비트로 발음한다)를 만들게 되었다. 그곳에는 "아이들이 글을 읽도록 돕기 위한" 교육용 컴퓨터 프로그램이 전시되었고, 그 컴퓨터 프로그램은 "r-bitt에서 빠진 글자를 채워 넣으라."고 지시하고 있었다.

이에 대해 그는 다음과 같이 말했다. "이 r-bbit 는 사람들이 읽고 쓰는 용어를 아이들에게 가르치는 것과는 아무 상관이 없다. 빈 칸을 채우는 것은 사람들이 실제로 밀과 글을 읽고 쓰는 방법이 아니다. 그 누구도 아이에게 '_____을 입어라. 빈칸에 넣을 단어를 알아 맞추면 게임을 하러 갈거야.'라고 말하지 않는다. r-bitt란 단어는 우리 생활과는 아무런 관계도 없으며 혼동을 일으킬 뿐이다."라고 말한다.[2]

기독교 교육도 마찬가지로 이런 실수를 따르고 있다는 사실은 참 안타까운 일이다. 대부분의 기독교 교육용 자료는 이 r-bitt와 같은 빈칸 채우기로 꽉 차 있다.

그리고 아이들에게 이런 빈칸 채우기를 하게 하면서 귀한 시간을 낭비하고 있다. 그러면서 우리는 왜 사람들이 신앙에 대한 가장 기본적인 교리에 대해서도 이해하지 못하는 것일까 의아해 한다.

퍼즐, 글자 맞추기, 빈칸 채우기, 암호로 된 성경구절 등은 생각을 자극하지 않는다. 오히려 아이들을 당황하게 만들고 혼란을 가져다 준다. 이런 의미없이 분주하기만 한 활동을 통해서는 우리 학생들이 하나님께 가까이 나아가도록 자라지 못한다. 차라리 행운의 뽑기 같은 것에서 우승하게 만들 수는 있을 것이다.

생각하는 교회

모든 교회 지도자들이 다 자기 성도들이 생각하는 사람이 되기를 원하는 것은 아니다. 그들은 자신들이 이미 사람들을 위해 생각하는 일을 하고 있다고 믿고 있으며, 이제 다른 사람들이 해야 할 일은 아무 생각 없이 그저 자기에게 순종하는 것 뿐이라고 생각한다.

그러나 조사에 의하면 생각하는 것을 장려하는 교회가 성숙한 믿음을 가진 그리스도인들을 더 많이 배출한다. 그러나 그런 교회의 수는 아주 소수다. 교회에 다니는 성인들 중 46%만이 교회가 생각하는 사람이 되도록 격려하고 있다고 말한다. 청소년들의 경우는 42%에 불과하다.[3] 그리고 초등학교 5-6학년의 경우는 35%만이 분반 공부가 자신들을 생각하게 만든다고 말한다.[4]

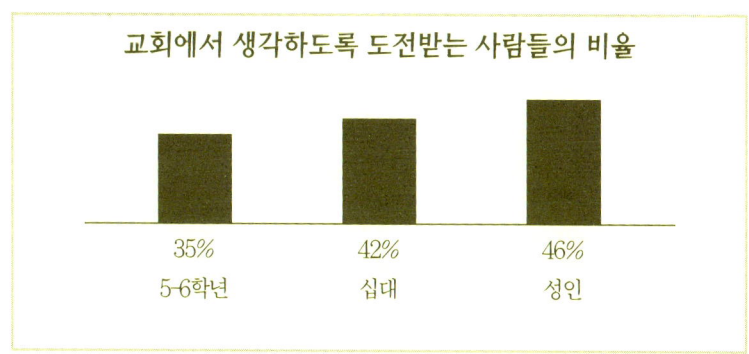

학습은 생각의 결과로 이루어진다. 생각하지 않으면 사람들의 믿음은 자라지 않는다. 기독교 교육 전문가인 하워드 헨드릭스(Howard Hendricks)씨는 "교회에 다니는 보통 사람들은 진리에 의해 자극을 받는 것이 아니라 그것에 의해 방부 처리되고 있다. 교회의 교육 프로그램은 종종 사람들의 지성을 모독하기도 한다. 교회는 사람들에게 어떻게 살아있는 하나님의 말씀을 따라 자라야 하는지를 가르치는 대신, 시들어 버린 꽃송이를 주고 있다."라고 말한다.[5]

사람들은 대답을 원한다

거의 거만하고 무례한 태도로 "요즘 사람들은 대답을 원하고 있다. 우리 제일 교회는 그 대답을 주기 위해 존재한다." 라고 광고하고 있는 교회들도 있다. 그것은 "우리는 흑백 논리의 세상에서 살고 있다. 질문을 가지고 우리 교회에 오면 우리는 잽싸게 모든 대답을 가지고 돌아갈 수 있게 해 줄 것이다."라고 말하는 것같이 보인다.

사실 사람들은 대답을 찾고 있다. 그러나 높은 자리에 있는 사람들이 하사하는 간단하고 단순한 대답을 듣고자 하는 것은 아니다. 그들은 "내가 말했기 때문에 너는 그것을 해야 한다."라고 말하는 것을 듣는 데 지쳐있다.

기독교 교육 연구소는 젊은이들은 '어떻게 도덕적인 결정을 내려야 하는지를 가르치는 것' 이 교회의 가장 중요한 일이라고 생각하고 있다는 것을 알게 되었다. 젊은이들은 우리에게 바른 결정이 적혀있는 목록을 요구하고 있지 않다는 것을 주목하라. 그들은 우리가 그들에게 그리스도인으로서 어떻게 바른 결정을 내려야 하는지 그 방법을 가르쳐 주기를 원하고 있다.

사람들은 사실 무엇을 생각해야 하는지에 대해서는 가르침을 받을 필요가 없다. 그들에게 정말 필요한 것은 그리스도인으로서 어떻게 생각해야 하는가이다.

사람들에게 무엇을 생각해야 하는지를 가르치는 교육은 사람들로 하여금 주변의 건강하지 않은 것들에 의해 쉽게 영향을 받게 만든다. 교회는 청소년들에게 나쁜 친구들의 유혹을 조심하라고 경고한다. 그러나 나쁜 친구들의 휴옥을 받는 것의 결과는 무엇인가? 그것은 다른 사람들의 의견에 의해 자신의 행동이 영향을 받는 행동 양식을 갖게 되는 것이다. 즉 스스로 생각하지 못하게 되는 것이다. 사람들에게 무엇을 생각하라고 더 많이 말하면 할수록 그들은 점점 더 스스로 생각하지 않게 된다. 가장 권위적인 교회와 가장 권위적인 부모가 친구들의 유혹에 누구보다 쉽게 굴복하는 사람들을 만들어 낸다.

우리는 사람들에게 모든 대답을 제공해 줌으로써가 아니라 그들 스스로 생각하여 대답을 찾는 것을 배우게 함으로써 그들이 자랄 수 있도록 돕는다. 사람들이 자기의 삶 속에서 하나님의 인도하심을 알아가는 과정을 배우게 될 때 그들은 자신들이 배운 것을 늘 가지고 다닐 수 있다. 가르쳐 주는 사람이 없어도 그들은 배우고 자랄 수 있다.

우리보다 효과적인 교육의 결과를 얻는 것처럼 보이는 일본에서 학생들은 생각하는 것을 배운다. 초등학교 일학년 때부터 일본 학생들에게는 산수 문제를 풀기 위해 일주일이 주어진다. 그들은 함께 문제를 풀도록 격려되며 또 각자의 방법에 대해 서로 비판하도록 한다. 교사들은 의도적으로 대답을 피한다. 학생들은 배운다. 그들은 생각하는 것을 배우는 것이다.

> "선생님이 너무 말을 많이 하는 것은
> 높은 수준의 논리적인 사고를 하는데 방해가 되는데 그 이유는
> 그것이 학생들이 스스로 생각하는 것을 막기 때문이다."
> —제인 힐리(Jane Healy), 위기에 처한 사람들(Endangered Minds)[6]

질문자 예수님

교사 중의 교사셨던 예수님은 제자들로 하여금 스스로 생각하게 하려고 작정하셨던 것을 볼 수 있다. 심지어는 오늘날 까지도 예수님의 제자들은 그분의 가르침에 대해 생각하고 고민한다. 그것이 바로 예수님이 의도하셨던 것이다.

예수님은 종종 질문에 대해 직접 대답하지 않으셨다. 한 서기관이 물었다. "내 이웃이 누구입니까?" 예수님은 이 질문에 대해 직접 대답하는 대신 선한 사마리아인 얘기를 시작하셨다(눅 10:29-37).

주님은 사람들이 생각할 수 있도록 비유를 사용하셨다. 그리고 그

이야기들의 의미를 설명해 준 적은 거의 없었다. 그분은 사람들이 스스로 생각하기를 원하셨다. 그리고 오늘날까지도 우리가 하는 정신적인 씨름은 예수님의 비유로부터 풍성한 메시지를 얻어내는 데 도움을 준다. 그리고 이런 생각하는 과정을 통하여 우리는 더 자라게 된다.

오늘날도 비유를 사용하는 설교자들이 많다. 그 비유들은 예화라고 불리운다. 그러나 그들 중에 예수님이 하셨던 것처럼 듣는 사람들의 믿음을 드러내어 주는 사람은 거의 없다. 이야기를 들려주고 사람들이 생각하도록 기다리는 대신 그 이야기를 설명해 주는 것이 일반적이다. 듣는 사람들은 생각할 능력이 없다고 생각하는 그들의 자세를 스스로 드러내 주고 있는 것이다. 예화를 들려준 뒤에 바로 그 예화가 전달하고자 하는 내용을 설명해 주는 한 아무도 생각할 필요가 없다. 굳어진 머리를 두드려 깨울 필요도 없는 것이다.

반면에 예수님은 듣는 사람들이 생각할 수 있는 능력이 있다는 것을 믿으셨고 성령께서 그들의 생각을 일깨우신다는 것을 신뢰하셨다. 예수님은 일단 씨를 뿌리면 하나님께서 나머지 일을 하실 것을 믿으셨다.

"나는 심었고 아볼로는 물을 주었으되 오직 하나님은 자라나게 하셨나니"
―사도 바울, 고린도전서 3:6

또 예수님은 질문을 통해 사람들로 하여금 생각하게 하셨음을 보여 주신다. 우리는 복음서를 읽으며 예수님께서 하신 질문들을 찾아 형광펜으로 밑줄을 그어 보았는데 나중에는 성경책이 온통 형광색으로 뒤덮인 것을 볼 수 있었다.

사람들이 질문을 가지고 예수님께 나아왔을 때 예수님은 그들에게 질문으로 응답하셨다. 어느날, 성전에서 제사장들과 장로들이 예수님께 "무슨 권위로 이런 일을 하는가? 누가 이 권위를 당신에게 주었는가?"라고 물었다.

예수님은 "나도 당신들에게 묻겠다. 만일 당신들이 대답하면 나도 무슨 권세로 이런 일을 하는지 말해 주겠다. 세례 요한이 사람들에게 세례를 준 것은 하나님께로부터 온 것인가? 아니면 사람들로부터 온 것인가? 대답해 보라."고 말씀하셨다(마 21:23-25).

그들은 생각하지 않을 수 없었다.

예수님은 사람들을 편안하게 해 주시기보다는 뒤 흔들어 놓으셨다. 주님은 우리가 좀 더 편안하도록 오신 것이 아니라 우리의 생각을 흔드셔서 우리가 배울 수 있도록 도와주시고 또 생각하게 만드시려고 오셨다.

바른 질문을 하라

우리는 지금까지 질문자이신 예수님에 대해 살펴 보았다. 학교에서나 혹은 교회에서 질문을 하는 교사들을 찾아보라. 그들은 예수님과 어떻게 다른가? 큰 차이가 있다.

대부분의 교사들은 잘못된 질문을 한다. 우리는 초등학교 일학년 분반 공부 교실을 찾아가 학생들에게 예수님의 탄생에 대해 질문하는 교사를 보았다. 그 교사는 "예수님은 어디서 탄생하셨는가?"라는 질문으로 상당한 시간을 보냈다. 몇 명의 학생들은 열심히 손을 들었다. 그리고 그 중 한 아이가 "하늘에서"라고 대답했고 다른 또 한 아이는 "병원에서"라고 대답했다. 한 여자 아이는 "지구에서"라고 대답했다.

교사는 "맞아요. 그런데 지구 어디지요?" 라고 물었다.

"예루살렘?"이라고 한 아이가 질문하듯 대답했다.

"아니예요. 베들레헴이었어요. 그런데 베들레헴 어디였을까요?" 라고 그 교사는 말했다.

질문은 이런 식으로 몇분간 더 진행되었다. 그 교사는 자신이 원하는 특정한 대답을 원하고 있었다. 그리고 학생들은 교사의 질문에 피곤해졌고 선생님의 마음을 읽는 자신들의 능력에 대한 확신을 잃어가고 있었다.

결국, 궁지에 몰린 교사가 힌트를 주며 실마리를 풀어가려 했다. "예수님은 마 - 마 - 마 - 마 ── 에서 탄생하셨어요." 그래도 아이들은 감을 잡지 못했다. 그 방에 있던 다른 교사들이 더 견디지 못하고 "예수님은 마굿간에서 태어나셨어요. 오늘도 시간이 부족하군요"라고 대답해 버렸다.

이런 질문들은 시간을 낭비하고 사고를 마비시킨다. 한두 명의 아이들이 자질구레한 사실들에 대한 대답으로 교사의 칭찬을 얻으려고 하는 반면 대부분의 아이들은 그저 별 생각없이 앉아 있다. 그리고 이런 질문이 대부분의 교회와 학교 교실을 지배하고 있다. 자질구레한 사실들이나 뻔한 진행과 결말 이상의 것을 물어보는 교사들의 질문은 1%도 안 된다는 것이 조사에 의해 밝혀졌다.[7]

성경이나 혹은 다른 교재에 나타나는 사실을 외워보라는 질문은 학생들의 기억력을 키워주는 것이지 이해력을 키워주는 것이 아니다. 서기관들이나 바리새인들도 그런 사실들은 잘 알고 있었다.

"마-마-마 마굿간"이라는 대답을 끌어내려고 하는 대신 "예수님은 동물들이 살고 있는 추운 곳에서 태어나셨어요. 그런 곳에 있어야 했던 아기 예수와 그 어머니는 어땠을까요?"라는 생각을 자극하는 질문을 하면 어떨까? 수업을 받는 모든 학생들이 그 질문에 대답할 수 있을 것이다. 각자 생각하는 것이 요구되고 예수님께서 낮은 모습으로 이 땅에 오신 것을 생각하게 될 것이다.

예수님의 탄생에 대한 이 두 질문은 목적이 서로 다르다는 것을 알 수 있겠는가? 첫번째 '마 - 마 - 마굿간' 방식은 마치 TV 게임 쇼에서와 마찬가지로 대답을 알고 있는 한 명의 아이를 찾아내는 것이다. 그러나 두번째의 '어떻게 생각하니?' 같은 질문은 아이들 각자가 생각하고 상상하고 자신을 예수님과 동일시해 보도록 하는 것이다.

예수님은 사실에 대한 정보들을 모으기 위해 듣는 사람들에게 질문하지 않으셨다. 듣는 사람들이 생각하게 만들기 위해 질문을 하셨다. 마태복음에 나타나는 예들을 살펴보자.

- 너희가 어찌하여 의복을 위하여 염려하느냐?(6:28)
- 어찌하여 형제의 눈 속에 있는 티는 보고 네 눈 속에 있는 들보는 깨닫지 못하느냐?(7:3)
- 네 죄사함을 받았느니라 하는 말과 일어나 걸어가라 하는 말이 어느 것이 쉽겠느냐?(9:5)
- 믿음이 적은 자여 왜 의심하였느냐?(14:31)
- 너희는 그리스도에 대하여 어떻게 생각하느냐?(22:42)

기독교 교육자이며 작가인 도로시 진 퍼니쉬(Dorothy Jen Furnish)는 다음과 같이 말한다.

"뻔한 대답을 유도하기 위한 질문을 하지 말라. 그런 질문을 자꾸 하게 되면 결과적으로 아이들이 위선적인 행동을 하게 된다. 왜냐하면 아이들로 하여금 교사가 듣고 싶어하는 대답을 찾게끔 만들기 때문이다."[8]

생각하도록 격려하라

배우는 사람들이 생각하도록 하기 위해서는 우리의 교육에 대한 이해에 근본적인 변화가 있어야 한다. 우리는 높은 수준의 사고를 위한 계획을 세우고 그것을 위한 시간을 할애해야 한다. 그리고 생각없이 반복하도록 연습시키고 빈 칸 채우기를 하는 데 허비하는 시간을 줄일 준비가 되어 있어야 한다.

생각하는 것을 격려하는 교실 분위기는 전통적인 수업을 하는 교실 분위기와는 상당히 달라 보인다. 생각하지 않는 교회 공과가 진행되고 있는 곳에서는 교사가 알고 있는 지식이 아이들에게 전달되어지기를 기대하면서 대부분의 시간을 교사가 말한다. 그러나 생각하게 하는 공과를 진행하는 곳에서는 교사는 학생들이 생각하고 추측하고 상상해 보고 문제를 해결하도록 돕는 역할을 한다.

교회에서 생각하도록 이끌어 주는 교육을 바로 실행하기 위한 5가지 전략에 대해 살펴 보도록 하자.

1. 미리 주어진 정답이 없는 질문을 하라.
"예수님이 탄생한 곳은 어디인가?"라는 질문은 단답형 질문이다.

이런 질문은 별로 생각하지 않고 어떤 사실을 기억해 내기만 하면 대답할 수 있는 질문이다. 이런 단답형 질문에는 하나의 정해진 대답이 있다. 학생들은 대답을 알거나 모르거나 둘 중의 하나이다. 그리고 한 학생이 대답을 하게 되면 나머지 학생들은 참여할 수가 없다.

그러나 정답이 없는 질문은 간단한 대답을 요구하는 것 이상이다. 이런 질문은 학생들이 생각할 것을 요구한다. 생각을 자극하고 자기 나름대로의 답을 찾아보도록 유도하는 질문은 참여한 모든 사람들이 다 같이 생각하고, 다른 사람들의 대답에 귀를 귀울이며 자신들의 생각을 나누도록 초대한다. 이런 질문은 사람들이 이미 배운 내용을 활용하게 만든다.

다음은 정답이 없는 질문의 예라 할 수 있다.

- 하나님은 왜 그분의 독생자 예수님을 마굿간에서 태어나도록 하셨을까?
- 만일 예수님이 오늘 태어나신다면 하나님은 예수님의 탄생지로 어디를 선택하실까?
- 만일 결혼도 하지 않은 십대가 뒷골목에서 사내 아이를 낳았다고 하자. 무엇을 보면, 당신이나 다른 사람들이 그 아이가 하나님의 아들 메시아라는 것을 믿겠는가?

2. 대화가 계속 진행될 수 있는 질문을 하라.

오늘날 배우는 사람들은 생각없이 할 수 있는 기성품 대답들에 짜맞춰져 있다. 그러나 우리는 교사와 돕는 사람으로서 즉각적이고 생각없이 하는 반응에 만족해서는 안된다. 대화가 계속 진행될 수 있는 질문들을 함으로써 그들이 생각하도록 유도할 수 있다. 몇 가지 예를 보자.

- 그게 무슨 뜻이지?
- 그렇게 말하는 이유는 무엇이지?
- 그래서 어떻게 하기로 결정했는데?
- 좀 더 자세히 구체적으로 얘기해 볼래?

이런 질문들에 대해 종종 듣게 되는 대답은 "몰라요."일 것이다. 이 고약한 대답은 생각하는 것을 배우지 못한 세대의 울부짖음이다. 그러나 우리는 여기서 물러설 수 없다. "모르겠어요"라는 대답을 들을 때 우리는 계속해서 질문할 수 있어야 한다. 그런 질문들을 「생각하는 수업 분위기 만들기(Creating the Thoughtful Classroom)」라는 책에서 인용한다.

- 선생님한테 힌트 좀 달라고 물어보렴.
- 만일 안다면 뭐라고 하겠니?
- 안다고 생각하고 한번 말해봐.[9]

3. 학생들의 대답을 기다리라.

요즘 교사들은 질문에 뒤따르는 침묵을 몹시 두려워한다. 실제로 그들은 일초도 기다리지 못하고 겁에 질려버린다. 그리고는 답을 말해 버리거나 다시 질문을 하거나 학생들을 꾸짖는다.

그러나 생각하는 데는 시간이 걸린다. 우리가 좋은 질문을 했다면 생각의 싹이 트는 데 필요한 시간을 허락해 주는 것이 필요하다. 최소한 5-10초는 걸린다.

다음의 간단한 제안은 우리가 생각하는 시간을 갖도록 하는 데 도움이 될 것이다.
- 생각하는 시간이 어떤 것인지를 학생들에게 말해 주라. 그리고 왜 그 시간을 가지는지를 설명하라. 교사의 침묵은 깊고 어두운 터널이 아니다. 모든 사람이 생각하는 시간의 목적을 알 때 교사나 배우는 사람 모두 좀 더 편안함을 느낄 수 있을 것이다.
- 때로는 학생들에게 자신들의 대답을 종이에 적어보게 하라. 그런 다음 그것을 나누도록 하라. 이렇게 하는 것은 모든 사람이 참여할 수 있게 하며 침묵이 흐르는 동안 생각에 몰두할 수 있을 것이다.
- 대부분의 학생들이 대답을 생각할 때까지는 한두 사람이 먼저 대답하지 못하게 하라. 소리치며 손을 쳐드는 것은 언제나 다른 사람들이 생각하는 것을 방해하게 된다. 모든 사람이 대답을 준비하도록 생각하는 시간을 사용하라.

4. 학생들의 대답을 평가하지 말라.

이것은 교회 다니는 사람에게 가장 어려운 일이다. 우리는 자연스럽게 모든 사람들을 인정해 주기를 원한다. 그리고 습관적으로 그렇게 해왔다. 우리는 "좋은 대답이군요!" "맞았어요." 혹은 "정말 대단합니다." 라고 말하기를 좋아한다.

그러나 그런 반응에 대해 생각해 보라. 다른 사람들에게는 어떤 영향을 미치는가? 그들은 정답은 이미 밝혀졌다는 신호를 받고 생각하기를 멈출 것이다. '똑똑한 놈이 이미 생각을 끝냈고 선생님의 칭찬을 받았다.'

「생각하는 수업 분위기 만들기」의 저자는 이렇게 섰다. "아트 코스타(Art Costa)씨는 교사의 의견을 드러내지 않고 가르치는 것을 강력하게 주장한다. 한번은 그가 교사의 의견이 배우는 사람들이 생각하는 것을 멈추게 하는 데 얼마난 강력한 힘을 지니는지를 보여주는 경험담을 다음과 같이 해 주었다. 한 교사가 열띤 토의를 시작했고 학생들의 생각을 들었다. 몇 사람이 자신들의 생각을 이야기했다. 그런데 특정한 한 의견에 대해 그 교사는 '좋은 생각이군요.' 라고 말했다. 그 순간 나는 사고를 멈추는 내 자신을 볼 수 있었다. 나는 그 사람이 '옳다' 는 것을 알았고 그가 원하는 대답을 받았기 때문에 나는 더 이상 생각할 필요가 없었다. 만일 학생들의 특정한 대답에 당신의 의견을 표현다면 (이미 늘 그렇게 해 왔을 것이다) 학생들도 그들의 생각을 멈추고 말 것이다."10

교사의 격려는 강력한 힘을 가진다는 것을 늘 인식해야 한다. 그리고 그것을 지혜롭게 사용해야만 한다.

그렇다면 우리는 어떻게 반응해야 할 것인가? 판단이 섞이지 않은 "그래", "고마워", 혹은 "음" 등의 대답을 할 수 있을 것이다. 이런 반응은 교사의 판단을 전달하지 않고 다른 학생들의 생각을 마비시키지 않으면서 교사가 학생들의 의견을 듣고 있다는 것을 알게 해 준다.

토의가 끝난 다음에는 교사로서의 의견을 이야기할 수 있다. 모든 사람이 머리를 짜내면서 다 나눈 후에 교사로서의 생각이나 하나님 말씀으로부터 배운 통찰력을 가지고 그 주제가 분명히 드러나도록 도울 수 있다. 이렇게 함으로써 학생들로 하여금 교사가 자기를 대신하여 생각하지 않게 할 수 있다.

그러나 만일 한 학생이 신학적으로 혹은 도덕적으로 엉뚱한 말을 한다면 어떻게 할 것인가? 어떻게 판단하지 않고 이런 상황을 다룰 수 있을 것인가? 이 때는 대화가 계속 진행될 수 있는 질문을 함으로써 무엇이 잘못되었는지 학생들이 스스로 알아볼 수 있도록 도울 수 있다. 또 다른 학생들의 의견을 물어볼 수도 있을 것이다. 이렇게 함으로 우리는 학생들이 진리를 발견하고 사고를 자유롭게 할 수 있게 도와줄 수 있다.

5. 질문하도록 격려하라.

이미 살펴 보았듯이 교사가 좋은 질문을 할 때 학생들은 활발하게 생각한다. 그러나 실제로 생각이 풍성해지는 때는 학생들이 질문을 하기 시작할 때다.

그리고 신앙은 사람들이 하나님에 대해 자유롭게 질문할 때 자란다. 연구원의 조사에 의하면 교회에서 사람들이 질문을 할 수 있을 때 교회의 '생각하는 분위기'가 자란다고 한다. 그러나 대부분의 교회가 이 일을 잘 하지 못하고 있다. 40%의 성인들과 45%의 청소년들만이 자기의 교회가 질문을 하도록 격려하고 있다고 말한다.[11]

질문하는 사람이 될 때 그는 배우는 사람이 된다. 그리고 그는 생각하는 사람이 된다.

우리는 사람들이 질문하도록 초청하는 일을 더 잘 할 필요가 있다. 그리고 사람들의 질문에 대해 즉각적이고 충동적인 대답을 하려는 유혹을 물리쳐야 한다. 교사가 학생들의 질문에 "모른다."라고 대답하면 모든 존경을 잃어버리고 말 것이라는 오해로부터 벗어나야 한다.

우리는 사람들이 생각하고 고민할 시간을 주어야만 한다. 예수님께서 하셨듯이 말이다.

그리고 학생들이 자기들끼리 질문할 수 있도록 격려해 줌으로써 더 깊은 사고를 할 수 있는 분위기를 만들어 줄 수 있다. 그들로 하여금 우리가 교사라는 사실을 잠시 잊도록 해주라. 그들이 질문자가 되게 하라.

교육가이며 저자인 제인 힐리는 "교사는 학생들의 의견을 듣고, 그들이 질문하도록 격려하고, 그들의 질문을 충분히 들을 때까지 정보를 나누어주는 것을 멈출 수 있어야만 한다"라고 말한다.

생소함

사람들이 생각하는 것을 돕기 위한 이런 전략들은 처음에는 잘 안 될 수도 있다. 왜냐하면 생각이란 전혀 생소한 또하나의 언어기 때문이다. 높은 사고 수준은 학교나 교회에서 새로운 개념이다. 아이들이나 어른들이나 교회 내에서 생각하는 일에 전혀 익숙해져 있지 않다.

성인들 대부분은 글자 맞추기를 하면서 자라왔다. 그래서 우리의 두뇌를 다 사용하지 않도록 훈련되어져 왔다. 그러나 우리는 과소 평가되어진 것이다. 아이나 어른 할 것없이 모든 사람들은 교회나 학교가 기대하는 것보다 훨씬 더 깊은 사고를 할 수 있는 능력이 있다.

그러므로 우리는 인내해야 한다. 그리고 사고를 키우려는 첫 시도를 한 후 포기해서는 안된다. 처음에 사람들은 갑자기 비추어진 불빛의 눈부심에 어찔해진 모습으로 우리를 멍하니 쳐다볼 것이다. 그러나 머지 않아 그들은 서서히 회복될 것이다. 이제 생각을 하면서 갖게 되는 자극을 즐거워하게 될 것이다. 그리고 그들의 신앙은 자랄 것이다.

"인간의 마음은 채워져야 할 그릇이 아니라 밝혀져야 할 등불이다."
-무명

교회 내에 사고하는 분위기를 이끌어내기 위한 방법을 개발하라. 다음의 제안들은 교사 훈련에 활력을 주기 위한 아이디어들이지만 초등학교 고학년 학생들, 청소년 그리고 성인들을 위한 교육을 위해서도 활용될 수 있다. 실제로 학생들에게 이런 연습을 시키는 것은 장래에 더 깊은 사고를 할 수 있는 분위기를 만들어 줄 것이다. 왜냐하면 학생들은 그들의 수업이 예전과 같지 않다는 것을 알게 되기 때문이다. 시도해 보라.

사고를 개발하기 위한 7가지 방법

1. 질문을 잘하는 사람들이 되게 하라.

교사들은 과거의 익숙해진 행동양식으로부터 탈피할 필요가 있다. 128쪽에 있는 "생각하도록 격려하라."를 자세히 공부하라.

다음의 두 가지 접근 방식으로 각 항목을 자세히 분석하라.

● 사고를 "멈추고 마비시키는" 접근 방식은 단답형 대답을 요구하는 질문을 사용하며 대답을 기다리지 않고 더 이상의 질문을 허락하지 않는다.

● 사고를 "자극하고 활성화하는" 접근 방식은 미리 정해진 정답을 요구하지 않으며 토론이 계속될 수 있는 질문을 사용하고 기다리는 시간을 허락하며 질문할 수 있는 분위기를 만들어 준다.

다음과 같은 방법으로 시작해 보자.

■ 다섯 개의 그룹을 만들라 (한 사람이 한 그룹이 될 수도 있다). 각 그룹에서 다음의 "생각하도록 격려하라"는 다섯 항목을 하나씩 맡

게하라.
 1) 미리 주어진 정답이 없는 질문을 하라.
 2) 대화가 계속 진행될 수 있는 질문을 하라.
 3) 학생들의 대답을 기다리라.
 4) 학생들의 대답을 평가하지 말라.
 5) 질문하도록 격려하라.
각 항목의 내용을 읽고 토의한 후 그들이 발견한 전략을 가르칠 수 있는 단막극을 준비하게 하라.

■ 각 그룹에 다음과 같은 성경 구절을 하나씩 나누어 주고 그 구절로 단막극을 준비하도록 하라. 창세기 11:1-9(바벨 탑); 시편 23(목자의 시); 마태복음 4:1-11(시험받으시는 예수님); 누가복음 15:1-7(잃어버린 양); 고린도전서 13장(사랑 장). 아니면 모든 그룹이 같은 성경 구절을 가지고 주어진 전략으로 어떻게 단막극을 만드는지를 볼 수도 있을 것이다.

각 그룹이 자기가 배운 요점을 보여줄 수 있는 두 개의 간단한 시나리오를 만들어 전체 그룹으로 모였을 때 발표하게 하라. 그중 하나는 "사고를 멈추고 마비시키는 접근 방식"을 보여주게 하라. 그렇게 함으로써 이 방식이 대부분의 교사들에게 자연스럽고 익숙한 것일 수는 있지만 그렇게 해서는 안 된다는 것을 보여 줄 것이다. 그리고 다른 하나는 이 과에서 설명하고 있는 "사고를 자극하고 활성화하는 접근 방식"을 보여주게 하라.

예를 들어, "사고를 멈추고 마비시키는 접근 방식"을 보여주는 단막극은 '예-아니오' 대답이나 빈칸 채우기 방식으로 질문하는 선생님과, 대답하기 위해 열심히 손을 드는 흥분한 한 학생의 모습을 담은 교실 분위기를 재현하는 내용이 될 수 있을 것이다.

또한 "사고를 자극하고 활성화하는 접근 방식"에 관한 시나리오에는 아이들에게 정답이 없는 질문을 던진 다음 충분히 생각할 시간을 주고 생각한 대답을 가지고 서로 대화할 수 있도록 이끌어 주는 교사의 모습을 담을 수 있을 것이다.

- 각 그룹이 준비한 시나리오를 다 발표한 후 두 시나리오 사이의 차이에 대해 토의하라. "사고를 멈추고 마비시키는 접근 방식"에서 느끼는 문제점은 어떤 것들인가를 질문하고 그 대답을 모든 사람들이 볼 수 있도록 칠판에 기록하라. (이 목록을 나중에 기도할 때 사용할 수 있도록 하라.) 그런 다음 "사고를 자극하고 활성화하는 접근 방식"의 문제점에 대해서도 똑같이 하라.

- 그 문제점들을 분석하여 어떤 공통점이 드러나는가를 보라. 사람들이 가장 염려하고 두려워하는 것이 누구인지 혹은 무엇인지 살펴보라. 어떻게 하면 이 두려움들을 극복할 수 있는지를 생각해 보라. 우리의 사고 과정에 성령께서는 어떤 역할을 하시는지 토의하라.

- 돌아가면서 기도하라. 한 사람씩 앞에 나온 염려와 두려움에 대해 기도하게 하라.

2. 생각할 수 있는 안정된 분위기를 만들어 주라.

학생들에게 더 많은 참여와 사고를 요청하기 전에 먼저 수업 분위기가 어떠한지 점검하라. 예를 들어 어려운 신학적인 내용을 언급하며 다른 사람들에게 위화감을 느끼게 하는 사람은 없는가? 야유와 비웃음 등으로 다른 사람을 무시하려는 학생은 없는가? 한 선생님이 너무 많은 아이들을 맡아서 소외감을 느끼는 아이들은 없는가? 이런 상황들은 모두 사람들이 편안하게 생각하는 데 방해가 된다. 140, 141쪽에 있는 "생각을 위한 안전 지대" 퀴즈를 사용하라.

3. 당신의 기대가 무엇인지 분명히 알려주라.
배우는 사람들과 수업에 대해 서로 동의, 또는 약속하라.
한 가지 원칙을 가지고 수업을 진행하라. 그것은 존경이다. 학생들이 존경에 대해 생각해 보고, 교사에 대한 존경, 서로에 대한 존경 그리고 물품에 대한 존경 세 가지로 분류하게 하라. 그리고 그 각각이 의미하는 바가 무엇인가를 결정하게 하라: 존경이란 무엇처럼 보이는가? 어떻게 들리는가? 그리고 각 대상에 대해 어떻게 느끼는 것인가? 그런 다음 '존경'이라는 단어와 그에 대한 정의로 포스터를 만들게 하라. 그리고 각자 존경하기로 결단하는 표시로 싸인을 하게 하라. 일단 이 일을 하게 되면 수업이 훨씬 부드럽게 진행되고, 생각하는 데 도움이 되는 분위기가 형성된다.
아래에 학생들의 사고를 도울 수 있는 제안 목록이 있다. 성공적인 수업을 위해 이런 요소들이 중요하다는 것을 사람들에게 알려주라. 당신이 최선을 다할 것이라는 것과 그들로부터 같은 것을 기대하고 있음을 알리라. 학생들이 다음의 기술들을 개발할 수 있도록 도와 주라.
- 서로의 의견을 존중함.
- 적극적으로 참여함.
- 생각할 시간을 가짐 – 그런 시간에 대해 어색해하지 않도록 함.
- 대답에 대한 이유를 제시함.
- 생각을 자극하는 질문을 함.

4. 예수님께서는 어떻게 질문을 하셨는지 연구하라.

교사들은 탐정이 되어볼 필요가 있다. 예수님이 사용하신 질문을 통한 학습 기법을 캐내기 위한 성경공부를 해보라. 두 사람이 한 조가 되어 4복음서 중 하나를 맡게 하라. 아니면 4개의 그룹으로 나누어 한 그룹이 한 복음서를 맡도록 하라. 그들이 선택한 본문 내용 중에서 예수님이 하신 모든 질문을 적어보게 하라. 그리고 그 질문들이 그 상황에서 어떻게 그렇게 효과적이고 강력할 수 있었는지 이유를 분석해 보도록 하라. 예수님의 질문을 공부한 후에 질문을 만드는 것에 관해서 무엇을 배울 수 있었는지 서로 나누도록 하라.

5. 사람들의 생각을 자극하는 질문을 하도록 하라.

제인 힐리는 자기의 저서 '위기에 처한 사람들'에서 아이들은 '누가, 언제, 무엇을, 어디서, 어떻게, 왜' 라는 질문을 별로 받지 않고 자라고 있다고 지적하며 다음과 같이 말하고 있다. "교사들은 구체적으로 질문하는 기술을 활용함으로써 아이들의 사고 수준을 사실에 대한 것을 기억하는 정도에서 사실을 이해하고 적용하며 추론할 수 있는 정도로 향상시킬 수 있다."[12] 다음은 특정한 질문의 유형들에 대한 예라고 볼 수 있다.

미리 주어진 대답을 요구하는 질문 : "백설 공주가 일곱 난장이가 살고 있는 집에 가서 가장 먼저 한 일은 무엇인가?"

이해력을 측정하는 질문 : "백설공주가 막내의 침대에서 잠이 든 이유는 무엇인가?"

적용에 대한 질문 : "만일 백설공주가 당신의 집에 온다면 어떤 물

생각을 위한 안전지대

각 항목에 가장 적절한 대답을 표시하고 교육 환경을 평가해 보라.

1. 어른들이 적절히 감독하고 이끌어 주고 있다.
   - ■ 그렇다   ■ 그런 편이다   ■ 그렇지 않다.

2. 사람들은 다른 사람이 말하는 것을 듣는다.
   - ■ 그렇다   ■ 그런 편이다   ■ 그렇지 않다.

3. 서로 상대방을 존중하며 대화한다.
   - ■ 그렇다   ■ 그런 편이다   ■ 그렇지 않다.

4. 서로 상대방을 존중하며 행동한다.
   - ■ 그렇다   ■ 그런 편이다   ■ 그렇지 않다.

5. 교사는 각 사람을 그리고 그들의 생각을 존중한다.
   - ■ 그렇다   ■ 그런 편이다   ■ 그렇지 않다.

6. 사람들에게 거는 기대와 원칙이 분명하다.
   - ■ 그렇다   ■ 그런 편이다   ■ 그렇지 않다.

7. 원칙이 많지 않다.
   - ■ 그렇다   ■ 그런 편이다   ■ 그렇지 않다.

8. 원칙을 어긴 결과가 무엇이라는 것을 사람들이 알고 있다.
   - ■ 그렇다   ■ 그런 편이다   ■ 그렇지 않다.

9. 교사가 배우는 사람의 본이 된다.
   - ■ 그렇다   ■ 그런 편이다   ■ 그렇지 않다.

10. 다른 사람이나 그들의 생각을 무시하지 않는 긍정적인 유머가 있다.
    - ■ 그렇다   ■ 그런 편이다   ■ 그렇지 않다.

11. 가르치는 것과 하고 있는 일들이 당신의 학습 목적에 부합하는 분명한 목적을 가지고 있다.
　　　　■ 그렇다　　■ 그런 편이다　　■ 그렇지 않다.

12. 실수와 실패는 배우고 성숙할 수 있는 기회로 받아들여진다.
　　　　■ 그렇다　　■ 그런 편이다　　■ 그렇지 않다.

13. 사람들은 그룹 안에서 신뢰감을 느끼고 위험을 기꺼이 감수하려 한다.
　　　　■ 그렇다　　■ 그런 편이다　　■ 그렇지 않다.

14. 사람들은 다른 사람들의 사랑과 관심을 받고 있다고 느낀다.
　　　　■ 그렇다　　■ 그런 편이다　　■ 그렇지 않다.

각 대답의 수를 세어 적어보라.
_____ 그렇다.
_____ 그런 편이다.
_____ 그렇지 않다.

●만일 대부분의 대답이 "그렇지 않다"라면 안정감을 느끼고 생각하는 분위기를 만들기 위해 많은 노력을 해야 할 것이다. 필요한 변화를 시도하는 데 도움을 줄 수 있는 사람들을 찾아라. 학생들이 이 14 항목을 추구하도록 훈련시키라. 하나님과 사람들의 도움으로 사람들을 변화시켜 새롭고 활기차며 삶에 변화를 가져다 주는 학습이 이루어지는 장으로 끌어들일 수 있다.

●만일 대부분의 대답이 "그런 편이다"라면 시작이 좋다고 볼 수 있다. 사람들이 안전하다고 느낄 수 있는 것에 대해 이해하기 시작한 것이다. 계속해서 이 14 항목에 대해 이야기하라. 그렇게 함으로써 다른 사람들도 같은 목적에 대해 관심을 갖게 될 것이며 "그렇다"를 향해 전진해 갈 수 있게 될 것이다.

●만일 대부분의 대답이 "그렇다"이면 지금까지 신뢰를 쌓고 분명한 한계를 설정하기 위해 많은 노력을 해 왔음을 보여주는 것이다. 이 14 항목을 다른 사람들도 생각할 수 있는 안전 지대를 형성하는 데 도움이 될 수 있도록 계속 사용하라. 당신은 생각을 위한 안전 지대를 형성하는 법을 이미 잘 터득한 것이다.

건들을 사용할 것이라 생각하는가?"

분석을 요구하는 질문 : "어떤 물건이 어느 난장이에게 속한 것인지 어떻게 알 수 있을까?

종합적인 질문 : 만일 백설공주가 일곱 난장이의 집에서 살지 않았다면 이야기는 어떻게 달라졌을 것인가?

평가를 위한 질문 : "백설공주는 왕자님과 행복하게 살 권리가 있다고 생각하는가? 있다면 왜 있다고 생각하는가? 없다면 왜 없다고 생각하는가?[13]

위의 내용들을 교사들과 나누라. 각 질문의 유형들을 토의하라. 교사용 교안을 가져와 검토해 보고 단답형의 대답을 요구하는 질문들을 다른 유형의 질문들로 바꾸게 하라.

높은 수준의 사고를 요구하는 질문들 앞에 별표를 해보는 것도 좋을 것이다. 그 수를 세어보고 그 질문들이 어떻게 사람들을 생각하게 만드는지 살펴보라. 그 질문들 중 당신이 활용할 수 있는 것은 얼마나 되는가를 보라.

추가적인 적용을 위해 교사들에게 다양한 성경 구절들을 나누어 주고 생각을 자극할 수 있는 질문들을 스스로 만들어 보게 하라.

6. 생각하는 교사와 수업을 위해 아이디어 목록을 만들라.

교사와 학생들이 생각하는 분위기를 만드는 데 도움이 되는 아이디어들을 함께 생각해 보는 시간을 가지라. 다음의 제안들이 토의 시간에 활용될 수 있을 것이다.

● 모든 사람들이 볼 수 있도록 칠판에 질문들을 기록하라. (대부분

의 사람들은 시각을 통해 배우는 것이 쉽기 때문에 그림으로 하면 말로만 할 경우 잊어버릴 수 있는 질문들에 초점을 맞출 수 있다.)

● 당신이 하고자 하는 것을 학생들에게 분명하게 설명하라. (학생들에게 당신이 새로운 것을 시도하고 있다는 것과 그 이유를 알려주라. 그들로 하여금 생각하는 수업을 이끌어가는 데 참여하도록 하라.)

● 학생들에게 당신이 대답을 기다릴 것이라고 말하라.(좋은 질문에 대답하기 위해서는 생각할 시간이 필요하다.)

● 학생들이 자기의 대답에 대해 "고맙다" 등의 반응이 있을 것이라는 것을 알도록 하라.(자기의 대답에 반응이 있을 것임을 아는 것은 당신이 학생들 때문에 실망하지 않을 것이라는 것을 이해하는데 도움을 줄 것이다. 이미 주어진 '정답'이란 없기 때문에 모든 사람들이 생각할 수 있는 기회를 갖게될 것임을 알려주라.)

● 소그룹 내에서의 상호 관계가 주는 유용성에 대해 설명하라.(이 주제에 대해서는 7장에서 자세히 살펴보게 될 것이다.)

7. 오래된 습관을 버리도록 교사들을 권하라.

교사들이 좋은 질문을 하기 위한 능력을 개발하기 원한다면 다음과 같은 방법들을 시도해 보라.

● 수업 내용을 카세트 테이프에 녹음하거나 비디오 테이프에 녹화한다. 이것은 수업 시간에 실제로 어떤 질문들이 있었는지를 되돌아 볼 수 있게 해 준다(이 일을 실제로 해 본 사람들은 교사들이 지나친 자책감을 갖지 않도록 경고한다. 사소한 것들을 꼬투리 삼는 것보다는 전체적으로 어떤 질문들이 이루어졌으며 어떻게 하면 개선할 수 있는가를 평가하도록 하라).

● 수업을 "관찰해 줄 수 있는 존경하는 사람"을 초대한다. 그는 수업 시간에 이루어지는 상호 작용에 관해 교사가 간과할 수 있는 부분들을 감지하고 분석할 수 있다. 그리고 함께 수업을 평가하는 시간을 마련하여 잘한 점은 칭찬하고 부족한 점은 보충할 수 있는 기회를 갖도록 하라.

● 수업 도중 정해진 답을 요구하는 질문이 나오면 지적해 줄 것을 학생들에게 부탁한다(한 교사가 이 일을 시도하면서 그런 질문을 지적하는 학생들에게 가산 점수를 주었는데, 교사 자신에게도 도움이 되었을 뿐 아니라 아이들도 귀를 기울여 듣게 만들었다고 한다.).

● 교사들끼리 서로 돕고 격려할 수 있는 팀을 만든다. 새로운 교육 방법을 시도해 보려고 하는 다른 교사들과 함께 모이라. 이런 모임은 교회 내에서 아주 좋은 후원 그룹이 되어 줄 것이다.

그런 다음 하나 하나 발전시켜 나가라. 포기하지 말라. 우리는 너무 오랫동안 한 가지 방법만을 사용해 왔음을 기억하라. 몸에 익은 습관을 깨뜨리는 것은 쉬운 일이 아니다. 그리고 새로운 습관이 형성되기까지는 시간이 걸리는 것이다.

이렇게 노력하는 동안 "잘 하였도다. 착하고 충성된 종아."라고 하시는 주님의 말씀을 마음에 새겨 보라.

6 활동 학습을 사용하라

활동 학습이란 간단히 말해서 활동을 통해서 배우는 학습 방법이다. 이 방법은 그동안 교회가 사용해 온 수동적인 학습 방법과는 상당히 다르다.

주일학교 어린이들은 책상에 둘러 앉아 있고 선생님은 이야기한다. 아이들은 공과나 주보에 나와 있는 성경 구절에 대한 글자 맞추기를 들여다 본다. 그동안은 매주 이렇게 한다. 그렇게 해서는 배우는 것이 별로 없으며 다음 주에 대한 기대는 더더욱 없다. 이렇게 되면 교회가 학교나 별로 다를 바가 없다.

린 스토다드 씨는 자신의 저서 「교육의 재구성(Redesigning Education)」에서 어떻게 인간의 두뇌가 작용하는가를 다음과 같이 말하고 있다.

"시험을 중심으로 짜여진 연습장, 문제집, 교과서 등은
학생들에게 짜증과 지루함을 안겨다 주고
이어서 그들의 두뇌활동을 정지시켜 버리며
학교 공부는 실생활과는 동떨어진 것이라는 생각을 하게 만든다."[1]

학생들의 학습 효과가 높은 것으로 알려진 일본의 학교들은 상당히 다르다. 교실의 분위기는 생동감이 넘치고 아이들이 자유롭게 발표하며 활기에 차 있다. 미국 사람들이 전형적으로 생각하고 있는 동양적인 교실의 모습과는 전혀 딴판이다. 기계적인 암기 연습은 찾아볼 수 없다. 교사들은 설명하는 일에 많은 시간을 사용하지 않는다. 학생들은 피동적으로 받아들이기만 하지 않고 학습 과정에 적극적으로 참여한다.

일본의 학교들은 매우 실제적이다. 학생들은 무엇인가를 하면서 배운다. 뉴스위크 지는 도쿄에 있는 평범한 초등학교의 모습을 다음과 같이 묘사하고 있다. "교실은 온통 아수라장이었다. 아이들은 둘씩 짝을 지어 연필, 거울, 나침판 같은 것들의 무게를 짐작해 본 후 실제로 재보려고 저울의 작은 추를 올렸다 내렸다 하면서 꼼지락대거나 두들기기도 하고 한편으론 무언가를 휘갈겨 쓰고 있었다. 교과서를 펼치는 아이는 하나도 없었다. 그리고 가만히 서서 보고만 있는 아이도 없었다. 필기를 하는 아이도 없었다. 그들의 학습은 손을 통해 머리로 이루어지고 있었다."[2]

당신의 초등학교 시절 교실의 모습과 비슷하다고 생각하는가? 그렇지 않을 것이다. 우리는 수동적인 학습 방법을 선택한 학교에서 공부를 했다. 교회는 그 뒤를 졸졸 따르며 좀 더 좋은 교육 방법이 있을 가능성

에 대해서는 전혀 생각해 보려 하지 않았다.

메사추세츠주의 캠브리지에 있는 기술 교육 연구소(Technical Education Research Center)의 브라이언 드레이톤(Brian Drayton) 씨는 "교사로부터 학생에게로 단순히 정보가 전달되는 교육 모델은 이제 끝났다."라고 말한다. 이 연구소는 비영리 단체로서 수학과 과학 과목에서 활동 학습의 원리를 사용하는 새로운 교과 과정을 개발하고 있다.

활동 학습이란 무엇인가?

비행 조종사들은 활동 학습과 수동적인 학습의 차이가 무엇인지를 잘 알고 있다. 그들의 수동적인 학습은 비행 교관의 말을 듣고 비행 훈련에 관한 책을 읽는 것을 통해 이루어진다. 반면에 활동 학습은 실제로 비행을 하거나 모의 비행을 하는 것을 통해 이루어진다. 책이나 강의가 도움이 되는 것은 사실이지만 비행하는 법은 직접 비행기의 조종간을 작동하면서 실제로 날아봐야만 배울 수 있다.

이와 비슷한 형태를 교회에서 이루어지고 있는 학습에서 찾아볼 수 있다. 우리는 학생들에게 교사의 말을 듣게 하거나 책을 읽게 하는 수동적인 학습을 통해 가르쳐 보려고 하지만 하나님 말씀에 대한 실제적인 이해와 적용은 현실 속에서 혹은 비슷한 상황 속에서의 경험을 통해 이루어진다.

예를 하나 들어보자 : 한 청소년 사역자는 아이들 사이에서 벌어지고 있는 따돌림에 대해 신경을 쓰고 있다. 그는 아이들이 친구, 특별히 새로 온 친구들을 따돌리고 있음을 발견하고, 하나님께서는 우리가 다른 사람들을 받아들이기를 원하신다는 것에 대한 설교를 통해 친구를 따돌리는 것이 얼마나 해로운 것인가를 가르친다.

이렇게 하는 것은 그 문제에 대해 수동적인 학습 방법으로 접근하는 것이다. 이제 활동 학습에 의한 접근법을 생각해 보자.

아이들을 6명이 한 조가 되도록 나눈 후 각 조별로 원을 만들게 한다. 6명 중의 한 사람은 원 밖으로 나가 서 있게 하고 다섯 사람은 어깨동무를 하게 한다. 아이들에게 아무도 자신들의 원 안으로 들어오지 못하게 하라고 일러준다. 그런 다음 어깨동무한 친구끼리 서로 밀고 당기며 간지럼을 태우고 웃으며 시끌 벅적하게 놀게 한다. 한편 원 밖으로 나가 서 있게 한 아이들은 원을 이루고 있는 아이들 사이로 끼어들려고 안간힘을 쓰게 한다. 그 아이들은 아무리 노력해도 끼어들 수 없게 되고 결국 그들 중 한 아이는 포기하고 구석으로 가서 앉는다.

이제 아이들을 불러 모아 앉히고 방금 경험한 것에 대해 같이 이야기 하는 시간을 가진다. 선생님이 따돌림 당했던 아이들에게 "친구들이 끼워주지 않았을 때 어떻게 느꼈어요?" 그리고 다른 아이들에게는 "원밖에 있는 사람을 따돌리면서 어떤 느낌을 받았지요?" 라고 묻는다. 그런 다음 좀 더 나아가 "이런 경험이 학교나 혹은 교회의 청소년 모임에서 볼 수 있는 왕따라는 것과 비교해서 어떤 점이 같고 어떤 점이 다를까요? 라고 묻는다.

아이들은 마음의 눈을 뜨기 시작하고 머리의 생각이 꿈틀거리기 시작한다. 그리고 자기가 저지른 잘못이 얼마나 해로운 것이었는가를 이해하기 시작한다. 그들은 이러한 경험을 통해 배우고 배운 것을 통해 삶이 변화된다.

이것이 활동 학습이다.

활동 학습의 다른 형태에는 시뮬레이션 게임, 역할극, 실험, 조사 작업, 봉사 활동, 판토마임, 모의 재판, 게임, 견학 등이 있다.

이런 학습 방법들은 교회 내에서 매주 다양하게 사용할 수 있는 것들이다.

활동 학습이 이루어져야 하는 이유는?

초등학교 학생들과 인터뷰하면서 아이들이 주일 학교 활동 중 가장 싫어하는 것은 "의자에 앉아 있는 것"이라는 것을 알게 되었다. 그들은 선생님 말씀을 듣고 의미없는 공과를 하면서 앉아 있어야 하는 것을 상당히 지겹게 느낀다. 그리고 그런 시간에는 배우는 것이 없다는 것을 알고 있다.

이것은 어린 아이들만의 문제는 아니다. 수동적인 학습 방법을 통해서는 어느 연령층의 사람들이건 배우는 것이 별로 없다는 사실을 보여 주는 조사 결과는 수없이 많다. 교회가 가장 강조하고 있는 그 교육 방법 – 강의와 읽기 – 이 가장 적은 열매를 거두는 방법인 것이다.

오하이오 대학의 교육학 교수였던 에드가 데일(Edgar Dale)씨는 다양한 교육 방법의 효율성에 대한 전형적인 조사 연구를 실시했다. 그는 가장 효과적인 교육 방법을 삼각형의 밑바닥에 두고 10가지의 교육 방법들을 효과적인 순서대로 쌓아 올려 나갔다.(150쪽에 있는 도표를 참조하라.)

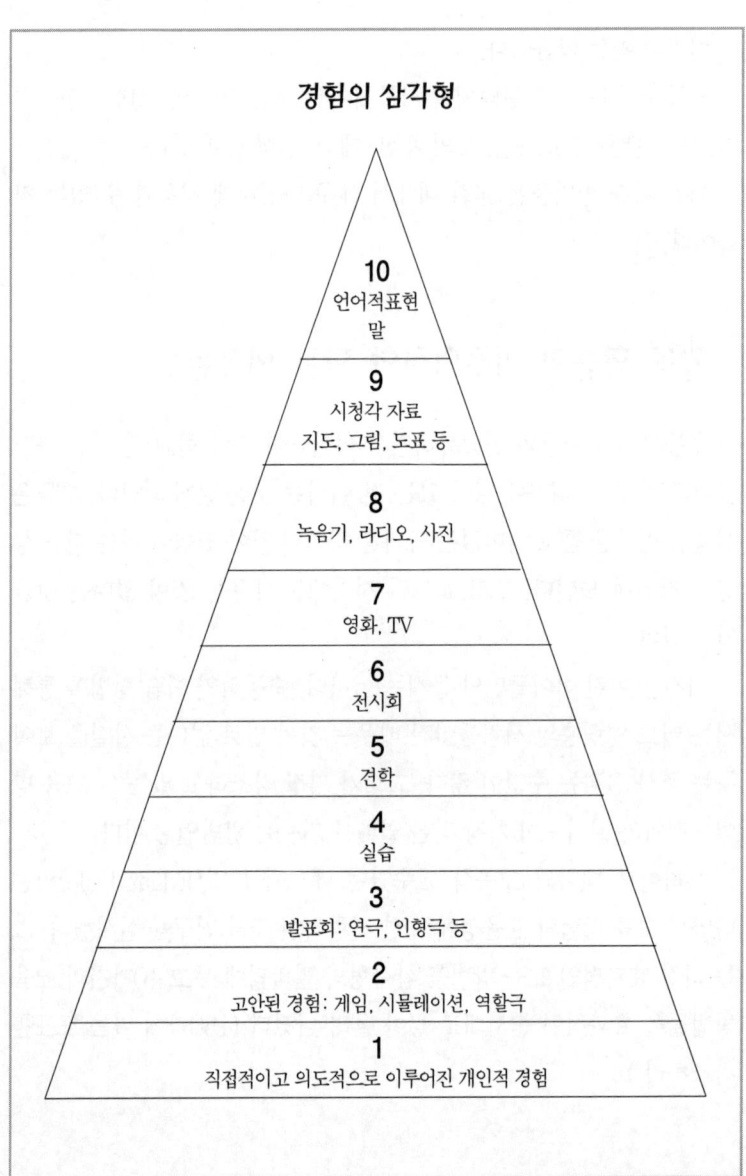

이 '경험의 삼각형'은 교회에서도 성공적으로 사용할 수 있는 다양한 학습 방법을 보여주고 있다. 각 방법은 다른 방법들에 의해 보완될 때 그 효과가 높아질 수 있다.

삼각형의 가장 윗부분은 다른 사람의 경험에 의존한 학습 방법들을 나타낸다. 이 방법들은 학생들의 참여를 거의 요구하지 않기 때문에 학습도 거의 이루어지지 않는다.

가장 아랫 부분은 학생들이 특정한 상황을 직접 경험해 볼 것을 요구한다. "직접적이고 의도적으로 이루어진 개인적 경험"들은 학습자가 정신적, 감정적, 육체적인 면에서 적극적으로 참여하도록 되어 있다. 환자나 격리 수용된 사람들을 위해 특별한 음식을 만들어 대접하는 것을 통해 '종'에 대한 공부를 하는 것은 이 유형에 속한 학습이 될 것이다. 학습자의 이러한 참여는 최대한의 학습 효과를 가져다 준다.

"고안된 학습 경험"은 직접적이고 의도적으로 이루어진 개인적 경험만큼의 학습 효과를 제공해 준다. 이런 고안된 학습 경험들은 교실 안에서 언제든지 활용할 수 있다. 잘 짜여진 게임이나 시뮬레이션, 역할극과 그것을 마친 후의 경험 나누기는 학습 효과를 오래도록 지속하게 만든다.

조사에 의하면 한 가지 일에 더 깊이 참여할수록 그 일을 통해 더 많은 것을 배우게 된다. 다음 그림은 각기 다른 학습 방법을 사용했을 때 기억에 남는 정도를 보여주는 것이다.[3]

기억에 남는 정도

말과 글을 통한 의사전달	대중 매체	역할극	직접 경험
5-10%	25%	40-60%	80-90%

가장 낮은 학습 결과를 가져다 주는 방법들이 교회 교육에 가장 널리 사용되고 있음을 솔직히 인정해야 한다. 우리는 어리석게도 우리가 말해주고 읽게한 모든 내용을 사람들이 기억할 것이라고 바라고 있다.

그러나 그 성과는 너무도 미미하다. 아이들이 무엇을 해야 할 지 모르며 그들의 삶에 깊은 영향을 받지 못하는 이유는 우리들이 그동안 배워 온 수동적인 학습 방식을 교회에서도 그대로 고수하고 있기 때문이다.

컴퓨터를 어떻게 사용해야 하는지를 배우기 위해 교회에서 사용하고 있는 교육 방법을 따른다고 생각해 보자. 그러면 컴퓨터에 대한 강의를 듣고, '메가 바이트' 같은 암호같은 단어를 배우고, 사용 설명서를 보고 외운 다음 컴퓨터를 키러 가게 될 것이다. 그러나 그렇게 배워서 컴퓨터를 제대로 사용할 수 있는 사람은 거의 없을 것이다.

컴퓨터를 배우기 위해서는 실제로 컴퓨터 앞에 앉아서 뭔가 이것 저것을 해 보는 것이 필요하다. 키보드를 조작하면서 성공의 기쁨을 느끼기도 하고 작은 실수로 인한 좌절감을 느끼기도 하면서 새로운 가능성과 유용한 활용 방법을 찾아내는 것이다.

컴퓨터를 배우는 - 그리고 대부분의 것들을 배우는 - 가장 좋은 방법은 경험을 통한 활동 학습을 통해서다.

학습 유형

우리 각자는 배우는 데 도움이 되는 자기에게 맞는 자극을 선호한다. 어떤 사람들은 듣는 것을 통해 잘 배운다. 반면에 다른 사람들은 보는 것을 통해 더 잘 배운다. 우리는 모두 다르다. 또 모두 다른 학습 유형을 가지고 있다. 학교에서나 청년부, 혹은 교회 등 어느 곳에서나 사람들은 천차 만별의 학습유형을 가지고 있음을 보게 될 것이다. 그러므로 모든 사람들이 배울 수 있도록 하기 위해서는 다양한 학습 방법을 사용해야 한다. 바람직한 활동 학습 교과 과정은 모든 학습 유형을 다 포괄해야 한다.

세 가지의 기본적인 학습 유형을 간단히 소개한다.

1. 시각적 학습 유형 : 이 유형에 속한 사람들은 주로 보는 것을 통해 배운다. 본 것을 잘 기억한다. 그래서 만난 사람들의 이름 보다는 얼굴이 그들의 기억에 잘 남아 있게 된다.

2. 청각적 학습 유형 : 이 유형에 속한 사람들은 듣는 것을 통해 정보를 얻고 소화시킨다. 그들은 사람의 얼굴보다는 이름을 더 잘 기억한다.

3. 감각적 학습 유형 : 이 유형에 속한 사람들은 움직임을 통해 배운다. 자신들이 움직이면서 만지고 느끼는 것들에 대해 잘 기억한다.

그러나 오해하지는 말라. 강의나 설교를 듣는 학습 방법도 그 역할이 있다. 그리고 하나님의 말씀을 읽는 일은 필수적이다. 문제는 우리가 이 수동적인 방식에만 너무 의존하면서 더 나은 다른 학습 방법들을 거의 무시하고 있다는 것이다.

사람들은 이미 알고 있는 것을 기초로 다른 사람들과 함께 실제로 무엇인가를 해볼 때 가장 잘 배울 수 있다. 그리고 그것은 나이에 상관이 없다.

"말로 하면 나는 잊어 버릴 것이다. 그러나 보여주면 기억할 것이다.
내가 해 볼 수 있게 하라. 그러면 이해할 것이다."
― 무명

활동 학습의 특성

활동 학습이 갖는 4가지의 특성들을 살펴봄으로써 이 학습 방법에 대해 좀 더 자세히 알아보자.

1. 활동 학습은 하나의 모험이다.

평범한 가족 휴가 여행을 하나의 모험담으로 만드는 것은 무엇인가? 그것은 예상하지 못했던 일이 벌어질 때다. 활동 학습을 시작할 때에는 그 결과가 어떠할 것이라는 것을 모두 예측할 수는 없다. 무슨 일이 벌어지게 될 지 알 수 없다. 그래서 마치 모험과 같은 것이다.

우리는 앞에서 언급한 따돌림이란 것을 많이 경험해 왔다. 지금도 우리는 무슨 일이 벌어질지 예측할 수가 없다. 한 교회의 지도자들이 가진 회의석상에서 그 교회의 목사가 책상에 올라가 사람들을 따돌리는 한 집단의 사람들에게로 다이빙하듯이 뛰어 내렸다. 아무도 그를 막을 수 없었다. 그 후에 이 일에 대한 토의가 벌어졌고 우리는 그 결과를 예측할 수가 없었다. 그러나 바로 그 자리에서 사람들은 깨우침을 받게 되었다.

그렇지만 수동적인 학습은 거의 언제나 그 결과를 예측할 수 있다. 교사나 강사가 잘 짜여진 학습 내용을 그 진도에 따라 진행하는 동안 학생들은 가만히 앉아 있으면 되는 것이다.

> "오늘날 주일 예배나 주일 학교 혹은 성경 공부 모임들에 참석해야 한다는 것은 정말 고통스러운 일이라 하지 않을 수 없다.
> 그 시간들은 너무나 뻔한 내용으로 진행되기 때문에 졸음이 온다.
> 그리고 한 10분쯤 졸다 깨보면 정확하게 내가 예상했던 그 순서를 하고 있다."
> ―하워드 헨드릭스(Howard Hendricks)[4]

활동 학습을 통해서 사람들은 교사가 전혀 의도하지 않았던 것을 배우기도 한다. 교사는 학생들을 신뢰하고 학습 경험에 참여하도록 허락하기 때문에 학생들은 미리 예상하지 못했던 것들을 발견하는 모험을 할 수 있다. 그리고 종종 교사들도 학생 못지않게 배우게 된다.

2. 활동 학습은 재미 있는 관심을 집중시킨다.

오늘날 기성 세대는 젊은 세대를 위험스럽게 생각한다. 그래서 "애들 때문에 정말 골치가 아파요. 놀기는 기 막히게 잘 노는데 진지하게 생각하고 배우는 일에는 도무지 관심이 없으니 말이에요."라고 말한다.

교육을 담당하고 있는 한 책임자는 우리에게 이렇게 말했다. "아이들에게 성경 공부를 진지하게 하고 싶지 않으면 떠나도 좋다고 말했어요."

그랬더니 그 아이들은 모두 떠났다고 한다.

"이제 장난은 그만하고 하나님에 대해 이야기할 시간이다."라고 말할 때 우리가 하고 싶은 얘기는 무엇인가? 정작 전하고 싶은 뜻은 무엇인가? 아이들은 그 말을 들으면서 즐거움과 하나님은 함께 할 수 없으며, 배운다는 것과 즐거운 것은 서로 상반되는 것이라는 인상을 받게 된다.

얼마나 슬픈 일인가?

많은 사람들이 배우는 일과 즐거움이 동시에 일어날 수 없다고 생각한다. 이런 생각은 우리가 자라온 배경에 근거한 것이다. 유치원은 재미 있고 다양한 일이 벌어지며 몰두할 일이 많은 즐거운 곳이다. 그러나 초등학교 3-4 학년 쯤 되면 배운다는 것은 즐거운 일이 될 수 없다고 생각하게 된다. 좋은 의도를 가진 교사들조차 아이들이 흥미를 잃게 된 이유는 아이들의 능력이 부족하기 때문이라고 오해한다. 그런데 실제로 아이들이 흥미를 잃게 된 것은 배우는 즐거움을 빼앗아 버린 교사 자신의 능력부족이 가져온 결과다.

> "오늘날 미국 교육의 전반적인 문제는
> 학생들의 지적인 능력에 관련된 것이 아니라 그들이 느끼는 지루함이다."
> -존 네이스빗 (John Naisbitt)[5]

우리는 "아이들을 가르치기 위해서는 그들을 즐겁게 해 주어서는 안 된다."라고 말하는 것을 종종 듣는다. 이렇게 말하는 사람들은 교육의 목표를 잊고 있는 것이다. 방법(즐겁게 해 주느냐 혹은 즐겁게 해 주지 않느냐)은 목표가 아니다. 그것은 목표를 이루기 위한 수단에 불과한 것이다. 만일 우리의 목표가 사람들로 하여금 하나님께 가까이 나아가도록 돕는 것이라면 그 목표를 달성하기 위해 다양한 방법들을 개방적으로 수용할 수 있어야 한다. 학습자가 즐거워할 수 있는 방법들도 효과적인 것이라면 포함되어야 한다.

   미국 교육에 있어서 즐거움은 별로 좋은 인상을 심어주지 못해 왔다. 그러나 북부 이탈리아의 우수한 학교들에서는 그렇지 않다. 그 곳의 레기오 에밀리아(The Reggio Emilia)라는 학교는 "즐거움을 주지 않는 것은 아무 것도 없다."라는 표어를 가지고 있다. 교사들은 처음부터 즐겁고 장난스러우며 창의적인 정신이 학교를 지배하도록 해야 한다고 믿었다. 그리고 이 학교는 세계적인 수준의 학습 환경을 조성해 왔다.

   활동 학습은 재미 있고 관심을 집중시킨다. 우리가 인터뷰한 초등학교 5학년 학생인 크리스탈은 가장 좋았던 주일 학교 공과를 분명히 기억하고 있었다. 그는 그 경험을 다음과 같이 이야기 했다. "예수님은 빛이셨어요. 우리는 어두운 방으로 들어갔어요 그리고 빛이 들어오지 못하게 막았어요 그런 다음 우리는 촛불을 켜면서 예수님은 빛이시고 어둠이 빛을 막을 수 없다는 것을 배웠어요." 이것은 활동 학습이다. 크리스탈은 그 공과 시간이 재미있었고 즐거움을 느꼈다. 그런 가운데 확실하게 배운 것이다.

   활동 학습은 사람들의 감정을 자극한다. 발을 씻기는 경험은 상당히 인상적이며 조금은 당황스럽게 느껴진다. 그러면서 사람들은 배운다. 빈칸 채우기나 귀에 잘 들어오지 않는 교사의 설명보다 차원 높은 학습이 이루어진다.

3. 활동 학습은 모든 사람들이 참여한다.

활동 학습이 이루어지는 곳에서는 수동적으로 보고만 있는 사람이 없다. 이 점이 활동 학습이 수동적인 학습과 가장 두드러지게 다른 점일 것이다. 이것은 TV를 통해 축구 경기를 보는 것과 실제로 경기에 임하는 것과의 차이와 같다.

TV 중계를 보면서도 축구에 대해 어느 정도 배울 수 있을 것이다. 그러나 경기복을 입고 경기장에서 실제로 뛰어 본다면 그 경기에 대해 훨씬 더 많은 것을 배우고 훨씬 더 오랫동안 기억하게 될 것이다.

"믿고 걷기" 게임은 모든 사람들이 참여하는 활동 학습 방법의 좋은 예가 될 것이다. 참가자들의 반은 눈을 가리고 다른 반은 그들의 인도자가 된다. 눈을 가린 사람은 건물 사이로 혹은 거리로 다니면서 그들을 인도하는 사람을 신뢰해야 한다. 그들을 인도하는 사람은 그가 계단에서 넘어지거나 돌부리에 걸려 엎어지지 않게 해야 한다. 신뢰하고 믿는다는 것, 의심하고 두려워하는 것, 확신, 섬김 등에 관해 배우기 위해서는 모든 사람들이 이 게임에 참여하는 것이 필요하다. 이 활동을 그저 지켜보는 사람은 별로 배우는 것이 없는 반면 참가하는 사람들은 많은 것을 배우게 된다.

4. 활동 학습은 경험한 것을 나누는 것을 통해 초점이 맞추어진다.

활동 자체를 위해 활동에 참여하는 것은 일반적으로 좋은 학습 효과를 거두지 못한다. 그렇기 때문에 우리가 경험한 활동에 대한 의미있는 토론이 필요하다.

이러한 토론을 통한 경험의 나눔이 없이는 위에서 언급한 "믿고 걷기" 게임은 단지 하나의 재미 있는 경험으로 학생들의 기억 속에 머물러 있게 될지도 모른나. 이 경험으로부터 진정한 기독교적 이해를 이끌어 내기 위해서는 그룹으로 모여 토의하는 것이 필수적이다.

둘이서 혹은 그룹으로 모여서 토론이나 발표를 통해 자신들이 경험한 것을 평가하는 것은 그 경험을 기억하고 그 경험이 주는 의미를 이끌어 내는 데 도움이 된다. 발표는 학생들이 경험하면서 모은 정보들을 정리하고 구분하는 데 도움을 준다. 그리고 이러한 경험을 실제의 삶과 연관시키는 것을 배우게 된다.

발표하는 과정은 학습 활동이 끝난 바로 다음에 시작하는 것이 가장 좋다. 그렇게 함으로 배울 준비가 되어 있는 예상치 않았던 순간들을 포착할 수 있기 때문이다. 그저 학생들을 모은 다음 "자, 금방 경험한 것을 같이 얘기해 보자." 라고 말하면 되는 것이다.

우리는 이 발표하는 과정을 회상, 해석, 적용의 3단계로 나누어 활용해 왔다.

A. 회상 : 이 첫 단계에서는 학생들에게 "무슨 느낌을 받았는가?"라는 질문을 한다. 활동 학습은 일반적으로 사람들의 감정을 자극한다. 그러므로 이런 질문으로 시작하는 것은 적절한 일이 될 것이다.

어떤 사람들은 "교육에 무슨 느낌이 있느냐?"고 묻는다. 그런데 실제로 우리가 느끼는 감정은 모든 교육과 관계가 있다. 당신이 중요한 교훈을 얻었던 때를 생각해 보라. 일어날 수 있는 모든 강렬한 감정들이 그 순간 함께 했을 것이다. 우리의 감정은 우리가 경험하는 것들을 기억 속에 심어두는 일을 한다.

토론하고 발표하는 과정을 진행할 때 대화가 계속될 수 있는 질문들을 사용하여 학생들의 감정을 살펴보라. 예 아니오의 대답을 요구하는

질문은 피하라. 학생들에게 틀린 답은 없다는 것을 미리 알게 하라. 모든 사람의 느낌은 소중한 것이다.

B. 해석 : 토론의 다음 단계는 "그것이 당신에게 주는 의미는 무엇인가? 이 경험은 실제 삶의 특정한 영역과 어떻게 비슷한가?" 라는 질문을 하는 것이다. 이것은 그 경험을 통해 얻게 된 원리나 메시지를 알아보기 위한 질문이다.

예를 들어 당신이 초등학교 1학년 학생들을 가르친다고 하자. 주일 아침에 학생들 앞에서 아이스크림을 먹으면서 자기들도 먹고 싶다는 표정으로 쳐다보는 아이들을 관찰하라. 아이스크림을 다 먹은 후에 우선 "선생님이 여러분 앞에서 아이스크림 먹을 때 어떤 느낌을 받았지요?"(이것은 회상의 단계에 속한 질문이다) 라고 물으라. 그런 다음 "방금 여러분이 관찰한 것과 실제로 여러분이 친구들에게 물건을 빌려주거나 먹을 것을 나눠먹지 않은 것과 어떤 점이 비슷한가요? 라고 물으라. 이 질문은 해석에 관련된 질문으로서 지금 하고 있는 그들의 경험을 실제 삶의 특정한 영역과 연결시키는 작용을 한다.

학생들이 그러한 경험이 주는 교훈이나 메시지를 배우게 되기를 원한다면 당신이 생각하고 있는 대답을 말해 주는 대신 시간을 갖고 질문을 함으로써 그들 스스로 대답을 발견할 수 있게 도와 주라. 아이들을 작은 그룹으로 만들거나 두 명씩 짝을 이뤄 성경을 기준으로 그들의 행동이나 경험이 실제 삶 속에서의 모습을 어떻게 반영하고 있는지 알아보게 하라.

주의해 살펴보라. 어떤 학생들은 당신이 전혀 의도하지 못했던 놀라운 메시지를 찾아낼 수도 있다. 그것은 결코 실패가 아니다. 그것은 성령께서 역사하시는 것이다. 우리가 같은 거울을 통해 들여다 보고 있다 할지라도 하나님이 보여주시는 그 나라의 모습은 각기 다를 수도 있다.

C. 적용 : 마지막 단계는 "그것에 대해 어떻게 할 것인가?"라고 질문하는 것이다. 이 단계는 배운 것을 실천에 옮기기 위한 것이다.

학생들은 같은 경험을 했고 하나의 원리를 발견했다. 이제 그들은 자신이 경험하고 해석한 것으로 새로운 것을 만들어 내야만 한다. 그들은 그 경험이 주는 메시지를 자신의 삶에 접목시켜야 하는 것이다.

이 단계는 결단을 요구한다. 학생들에게 이렇게 함께한 경험을 토대로 어떻게 변화할지, 어떻게 성장할지 그리고 무엇을 할 것인지를 물어보라.

교회에서는 결단을 그리 중요하지 않게 생각하는 경우가 많다. 어떤 것을 판매하는 일에는 열심이지만 그 일을 마무리를 하는 데는 겁을 먹고 있다. 우리는 "이웃을 사랑하라"고는 당당하게 설교하지만 그 설교를 들은 사람들이 한 주 동안 그것을 어떻게 생활 속에서 실천할 것인가를 마음 먹도록 요구하는 일은 거의 하지 않는다.

결단없이 어떤 일을 이룰 수 있는 사람은 없다. 사람들이 그리스도인으로서 성숙해지기를 원한다면 그들의 결단을 요구해야 한다.

이렇게 둘이나 그룹으로 모여 발표하는 과정은 결단하기 아주 좋은 환경을 조성해 준다. 왜냐하면 증인들이 있기 때문이다. 일반적으로 결단은 증인들의 확인이 없이는 쉽게 깨어지고 잊혀진다. 증인은 책임의식을 갖게 해준다.

발표를 위한 소그룹 내에서 우리는 여러 가지 방법으로 결단을 요구할 수 있다. 고백을 통해 결단을 불러 일으킬 수 있을 것이다. 예를 들어 각 사람은 "이 따돌림에 대한 경험이 앞으로 우리의 행동에 어떤 영향을 미칠 것인가?" 혹은 "이번 주에 누구에게 전화를 해서 우리 모임에 초청할 것인가?" 등의 질문에 간단한 대답을 공개적으로 함으로써 결단을 할 수도 있다.

기도 시간을 통해서도 결단이 이루어지게 할 수 있다. 어떤 목적을 달성하기 위해 각자 하나님의 도우심을 소리내어 기도하는 것은 자신의 결단을 표현하는 것이 된다.

또 기록으로 표현될 수도 있다. 기록된 결단은 특정한 곳에 보관하거나, 아니면 짝과 바꾸거나, 혹은 교사가 모아 한달쯤 지난 후 우편으로 보내 주어 다시 기억나게 해 줄 수도 있을 것이다.

"지식은 경험이다. 그 밖의 다른 것들은 다 정보에 지나지 않는다."
-알버트 아인슈타인(Albert Einstein)

활동 학습과 학습 장애자

교회는 학습 장애를 가진 사람들에 대한 배려를 거의 하지 않고 있다. 빈칸 채우기, 글자 맞추기, 퍼즐 같은 활동은 학습 장애를 가진 아이들이 즐겁게 할 수 있는 학습 도구가 될 수 없다. 그것들은 무자비하리 만큼 냉담한 것들이다.

수동적이고 강의를 기초로 한 수업은 학습 장애를 가진 아이들을 뒤에 처져 있게 만든다. "많은 것이 좋은 것이다." 라는 사고 구조를 가지고 수업을 빠르게 진행해 가는 동안 이 아이들의 마음은 교사의 첫 마디를 풀어보려고 애를 쓰고 있어야 한다.

종종 이 아이들은 열등감으로 인한 고통 그 이상을 겪어야 한다. 수동적이고 교사 위주로 진행되는 수업과 끝없는 빈칸 채우기는 그들의 무능함을 더 드러나게 하려는 것처럼 느껴진다. 그들의 좌절감은 때로 폭발에까지 이르게 된다. 그리고 자신은 미련하고 쓸모없는 사람이라고 다시금 생각하게 된다.

그러나 활동 학습은 이런 아이들을 자유롭게 하는 새로운 문을 열어 준다. 좋은 활동 학습은 모든 감각을 다 포함한다. 그리고 청각적으로는 약한 학습 능력을 가진 학습 장애아라 할지라도 그가 선호하는 다른 학습 유형을 활용해 활동 학습을 통한 성경 교훈들을 배울 수 있다.

활동 학습이 이루어지는 교실에서는 학습 장애를 가진 아이들이 학습에 더 몰두하고 학습이 잘 되기 때문에 훈련의 문제가 그리 심각하지 않게 된다. 전통적인 교회의 교사들은 늘 통제할 수 없어 보이는 지나치게 극성스런 아이들 때문에 상당한 어려움을 느낀다. 문제아라 불리우는 이런 많은 아이들은 실제로는 비효과적인 교육 방법 때문에 자신들이 필요로 하는 것을 채움받지 못하는 학습 장애아들인 것이다. 그러나 교사가 활동 학습 방법을 사용하게 되면 이같은 아이들은 자기의 능력에 따라 활동하며 움직이고 있기 때문에 다루기가 훨씬 쉬워진다.

교회는 이런 학습 장애 아이들을 위해 놀라운 일을 할 수 있다. 이 아이들을 친구들로부터 분리시키거나 혹은 다르게 대하지 않으면서도 학습이 이루어지게 할 수 있는 것이다.

활동 학습은 여러가지 유형의 사람 모두를 위한 것이다.

활동 학습 방법을 사용하신 예수님

예수님은 최고의 교사이셨다. 그 분은 다양한 교육 방식을 사용하셨다. 소년이었을 때는 하나님의 말씀을 읽는 것이 얼마나 가치있는 일인지 보여주셨고 성인으로서는 가르치는 일에 탁월한 재능을 보이셨다. 그분은 아무 책도 쓰지 않으셨지만 사람들과의 만남을 통한 영향력이 수세대를 거쳐 기억되고 전달될 것을 믿으셨다.

예수님은 모든 종류의 일 - 사람들을 고치고, 다른 사람들을 먹이고, 귀신을 쫓아내는 모든 활동 - 을 사람들과 함께 하셨다. 그리고 제자들을 가르치기 위한 환경을 조성하셨다(마 8:23-27).

그 분은 주변에서 일어나는 흥미로운 일들을 통해 가르치기를 좋아하셨다. 빈칸 채우기 연습장을 사용하지 않으셨다. 그 분은 흙과 물, 술과 의복, 나무, 곡식, 양과 염소, 배와 그물, 물고기, 어린 아이, 로마 동전 같은 주변의 평범한 물건들을 사용하셨다.

그리고 예수님은 사람들이 무엇을 할 때 더 잘 배운다는 것을 아셨다. 제자들에게 종의 도를 가르치시기 위해 무릎을 꿇고 그들의 발을 씻겨 주셨다. 그 분은 경험이 가지는 힘을 아셨다. 제자들이 경험을 통해 그 교훈을 가장 잘 이해하게 될 것을 아셨다.

그의 제자들은 오늘날의 교회와 같이 예수님의 활동 학습 방법을 반대하였다. 그래서 베드로는 "안 됩니다. 절대로 제 발을 씻기실 수는 없습니다."라고 불쑥 내뱉었다. 그는 그저 수동적으로 설교를 듣는 것에 훨씬 더 편안함을 느꼈을 것이다.

그러나 예수님은 포기하지 않으셨다. 실제로 예수님은 "내가 하는 일을 지금 다 이해할 수는 없을 것이다. 그러나 후에는 이해하게 될 것이다"(요 13:7)라고 말씀하셨다. 그 구절을 다시 읽어 보라. 그 구절은 활동 학습의 진수를 보여 준다. 정말 중요한 교훈은 인생의 경험을 통해 얻어진다. 그런데 우리는 경험을 통해 심오한 진리를 배우고 있다는 것을 의식하지 못하고 있다. 경험을 되돌아 보는 것은 그 경험을 통해 배운 것들을 기억하고 더욱 분명한 것을 우리 마음 속에 새기게 한다. 발을 씻기신 후 예수님은 "내가 너희를 위하여 무엇을 했는지 이해하는가?"라고 물으셨다.

예수님은 사람들의 마음이 어떻게 움직이는지를 아셨다. 그 분은 제자들이 극한 상황에 처하기 전에는 종의 도와 하나님의 성품에 대해 이해할 수 없다는 것을 아셨다. 그 분은 종의 도에 대한 개념을 설명으로 알려 주실 수도 있었겠지만 그들이 결코 잊을 수 없는 강한 충격으로 그들의 기억 속에 남아 있기를 원하셨다.

그렇다. 예수님은 이야기라든가 다른 수동적인 학습 방법도 사용하셨다. 그러나 그 분은 여러 가지의 활동 학습 경험을 창의적으로 함께 사용하셔서 강화하시고 북돋우셔서 잊혀지지 않는 메시지가 되도록 하셨다.

활동 학습에 대한 두려움

활동 학습 방법은 스쳐 가는 유행과 같은 것이 아니다. 이것은 효과적인 것으로 증명된 방법이다. 예수님은 이것을 완벽하게 사용하셨다. 그러나 많은 교회들은 이 방법을 두려워하고 있다. 왜 그런가? 그 두려움들을 살펴 보도록 하자.

두려움 1 : 위험 부담이 너무 크다.
어떤 교사나 설교자들은 활동 학습을 통해 배우는 것은 너무나 위험 부담이 큰 일이라고 말한다. "내가 설명을 해주면 사람들은 적어도 눈에 보이는 것들을 받아들이게 될 것입니다."라고 그들은 말한다. 그러나 그렇게 확신하지 말라. 강의야말로 정말 위험 부담이 크다. 강사의 말에 관심을 집중시키지 않는 사람들이 허다하게 많다. 또한 강의를 듣고 있는 사람들은 자기가 들은 것을 적용할 기회를 갖기도 전에 강사가 한 말의 대부분을 잊어버린다.

또 다른 사람들은 학생용 교재나 빈칸 채우기 연습에 상당한 기대를 건다. 그들은 "모든 정보는 거기 다 있습니다. 그 내용은 완벽하고 정확합니다."라고 말한다. 그러나 종위 위에 기록된 사실들이 학생들의 행동을 바꾸어 놓지는 못한다. 대부분의 사람들은 공과책에서 읽은 것들 중 거의 모두를 금방 잊어버린다. 빈칸 채우기에 의존한다는 것은 정말 큰 위험 부담을 안고 있는 것이다.

그러나 교사들은 아직도 활동 학습에 대해 불평을 한다. "내가 가르치려고 하는 것을 학생들이 배우지 못한다면 그 때는 어떻게 할 것인가?"라고 묻는다. 그러나 학생들은 교사가 가르치고자 한 것보다 더 좋은 것을 배울 수도 있다. 활동 학습은 학생들이 같은 경험을 통해 다른 진리들을 배울 수 있는 여지를 남겨 놓고 있다. 우리는 성령님께서 우리의 학생들을 인도하시다는 것을 신뢰할 수 없단 말인가?

성경은 배우는 사람들이 스스로 진리를 깨닫고 있다는 것을 믿을 수 밖에 없게끔하는 여러가지 활동 학습의 경험들로 가득 차 있다. 아브라함, 이삭, 요나, 홍수, 가나의 혼인 잔치, 갈릴리 호수의 풍랑, 간음하다 잡힌 여인, 세금에 대한 질문, 안식일에 사람을 고치는 것 등이 다 그런 것들인데 모두 다 상당한 위험 부담을 안고 있는 교훈들이다.

만일 하나님께서 활동 학습에 대한 위험을 감수하신다면 우리도 그렇게 할 수 있을 것이다.

두려움 2 : 교사의 지혜가 낭비된다.
어떤 사람들은 활동 학습 활동을 "소경이 소경을 인도하는 것"으로 생각한다. 그들은 교사들의 설명이나 학생용 교재가 없다면 학생들은 그들 스스로의 무지에 빠져 있게 될 것이라고 두려워 한다.

그러나 활동 학습 방법을 따른다고 해서 교사들의 지혜가 배제되는 것은 아니다. 자기가 가진 지혜와 통찰력을 전해 줄 수 있다. 다만 공식적인 강의나 설교를 통하지 않을 뿐이다. 발표하는 시간에 교사들은 학생들과 함께 자신들의 생각을 나눌 수 있는 권리를 가진다. 그들 모두 다른 사람에게 이야기를 할 권리가 있다. 그리고 이런 비공식적인 상황에서 혹은 소그룹에서 교사들의 의견은 더 큰 무게를 가지게 된다. 왜냐하면 연단 뒤에서 무엇인가를 보여주기 위해서가 아니라 진심으로 마음으로부터 나오는 개인적인 이야기를 할 수 있기 때문이다.

두려움 3 : 너무 소란스럽다.
활동 학습이 이루어지는 것을 처음으로 본 교사들은 인상을 쓰며 "이걸 수업이라고 할 수 있어요? 소란스럽고, 질서도 없고 웃고 떠들기나 하는 이런 분위기가요?" 라고 말한다.
그렇다. 활동 학습은 종종 소음이 상당히 높은 수준에까지 달하기도 한다. 그러나 누가 조용하고 수동적인 교실 분위기 속에서 최고의 학습이 이루어진다고 말할 수 있겠는가?
한 어린이 잡지는 미국의 최고 학교 10개를 뽑아 수록하였다. 그 중 하나는 뉴욕시의 공립학교 87 이다. 그 학교는 다음과 같이 소개되고 있다. "복도를 걸어 보라. 발자국 소리를 결코 들을 수 없다. 그 대신 아이들의 목소리가 학교를 꽉 메운다. 교사들의 목소리 역시 상당히 소란스럽게 들린다. 이것은 물론 이 학교를 상당히 시끄러운 학교를 만들고 있다. 교사들이 큰소리로 지시를 하는 동안 학생들이 책상에 가만히 앉아 있는 그런 교실은 하나도 없었다."[6]
전국적으로 잘 알려진 캘리포니아 유치원 교사인 베브 보스(Bev

Bos)씨가 ABC 방송의 20/20 뉴스 쇼 프로그램에 출연한 적이 있다. 거기서 그녀는 "아이들은 엉덩이를 붙이고 앉아 있고 교사들은 매일같이 쉬, 쉬, 쉬 하면서 아이들 모두 조용히 하라고 다그치는 걸 볼 때면 정말 질색하겠어요."라고 말했다.[7]

초등학교 5학년 학생들을 맡고 있는 주일학교 교사인 마크(Mark)씨는 최근에 활동 학습 과정으로 편성된 예수 마당 성경 공부 교재를 사용하기 시작했다. 그도 이 방식으로 전환하기 전에는 공과 시간의 반 정도는 아이들을 조용히 시키는 데 사용했다고 한다. 그런데 지금은 더 이상 그렇게 훈련시킬 필요가 없다. 아이들은 여전히 시끄럽게 굴지만 그들이 만드는 소음은 학습을 위한 소음이 되었다. 아이들은 정말로 배우는 일에 참여하고 있는 것이다.

두려운 4 : 통제력을 잃게 될 것이다.

이 두려움은 소음에 대한 두려움과 비슷하다. 어떤 교사들은 아이들이 의자를 벗어나면 소동이 벌어질 것이라고 생각한다. 교사들은 얌전히 조용하게 앉아서 교사가 가르치는 것을 묵묵히 받아들이는 아이들 앞에서 명령할 때 훨씬 안정감을 느낀다.

그러나 아이들이 의자에 가만히 앉아 있는 것을 보는 것이 우리의 목표는 아니다. 통제가 목표는 아닌 것이다. 학습이 우리의 목적이다. 그리고 학습은 활동할 때 더욱 잘 이루어진다. 청소년과 어린이들은 교실에서 통제되어야 한다는 잘못된 생각이 지금까지 교회 안에서 지나치게 강조되어 왔고 잘못 이해되어 왔다. 아이들은 누가 시켜서가 아니라 스스로 움직이면서 에너지를 발산하려고 한다. 아이들은 원래 그렇게 하도록 만들어져 있다. 그들은 아이들이고 그렇게 부산하게 움직이는 것이 아이들의 일이다. 아이들은 넘치는 에너지를 주체할 수 없는 핵발전소와 같다. 그들의 그 원기는 어떻게 해서든지 발산되어야 한다. 그런데 어른들은 아이들의 이 넘치는 에너지를 밀봉해 넣어 둘 방법을 모색하면서 시간을 낭비하고 있다. 그들은 쓸데없는 노력을 하고 있는 것이다.

활동 학습은 아이들이(어른들에게도) 에너지를 자연스럽게 발산할 수 있는 긍정적인 적당한 출구가 된다. 아이들은 자기의 에너지를 사용할 수 있는 기회가 주어지기 때문에 토론하고 발표하는 시간에 쉽게 생각을 집중할 수 있게 된다. 이것은 활동 학습 방법을 따르는 교사들이 수동적인 방법을 따르는 교사들보다 학생들을 훈련하는 일에 대해 덜 불평하게 되는 이유를 잘 설명해 준다.

두려움 5 : 실패할 것이다.
어떤 교사들은 활동 학습 방법이 기대한 대로 잘 되지 않을 것에 대한 두려움을 가지고 있다. "만일 실패하면 어떻게 하죠?" 라고 그들은 묻는다.

활동 학습이 가지는 매력은 학습 활동이 어떻게 진행되든지 질적인 교육이 이루어진다는 데 있다. 능동적 학습 방법을 사용하기에 익숙해진 교사들은 가장 형편없는 실패로 보이는 것에서조차 놀라운 교훈들을 배울 수 있다.

한 교사는 10대 청소년들과 발을 씻기는 일을 하려고 했다. 학생들이 신을 벗고 선생님이 발을 씻겨주는 동안 종의 도에 대해 배우게 될 것이라고 기대했다. 그런데 한 반항적인 아이인 릭(Rick)이 신 벗기를 완강히 거절했을 때 '이거 실패했구나' 하는 생각이 들었다. 이렇게 어색한 상황이 벌어지자 그 교사는 다 포기하고 이런 위험 부담이 따르는 활동 학습 방법 대신 옛날에 하던 대로 제자도에 대한 설명을 말로 해 주는 것이 더 나을지도 모르겠다는 생각을 했다.

그러나 그는 곧 가르칠 수 있는 순간이 있다는 것을 보게 되었다. 그래서 그는 "지금 우리 친구들은 기분이 어때요?"라고 물었다. 잠시의 침묵이 흐른 후 한 아이가 릭에게 왜 신을 벗지 않으려고 했는지를 물었다. 릭은 침을 꼴깍 삼키며 긴장해서 "음, 난 정말 창피해. 내 발은 아주 못생겼단 말이야. 나는 아무에게도 내 발을 보여 주고 싶지 않아."라고 말했다.

그리고 그 경험을 통해 릭이 배울 수 있었던 것은 하나님의 무조건적인 사랑에 관한 것이었다. 그 때까지만 해도 릭은 늘 자기는 그 그룹에 잘 어울릴 수 없는 사람이라고 생각해 왔었다. 그런데 한 아이가 "우리는 네 발이 어떻게 생겼는지 상관 안해. 우리는 너의 모습 그대로를 사랑해."라고 말했다.

그 활동 학습의 실패 이후 릭은 다른 사람이 되었다. 변두리에서 서성거리는 대신 적극적인 참여자가 되었고 지금 그는 사역자가 되어 있다.

> "나는 승리를 통해 배운다고 생각하지 않는다.
> 오히려 실패를 통해 배운다고 믿고 있다."
> ― 척 존스(Chuck Jones) 와일 이 코요테(Wile E. Coyote)의 주창자 [8]

두려움 6 : 학생들이 싫증을 낼 것이다.
수동적인 학습 방법을 따르는 교사들이 종종 이 두려움을 표현한다.

그들은 이해하지 못하고 있기 때문이다.

　우리는 20년 이상 활동 학습 방법을 사용하고 있는데 학생들 중에서 "매주 새로운 것을 하는게 피곤해요. 그냥 설명을 듣고 공과책이나 푸는 옛날 방식대로 돌아갈 수 없을까요?"라고 말하는 사람을 한 번도 만나보지 못했다.

　사실은, 활동 학습 방식이 아니라 수동적인 학습 방법을 따르는 것이 배우는 사람들을 지치게 만든다. 사람들은 강의와 글자 맞추기, 빈 칸 채우기에 정말 진절머리가 나 있다.

　활동 학습은 다양하고 예측할 수 없는 것이 특성이다. 이 학습을 통해 갖게 되는 경험들은 독특하고, 다양한 감정을 불러 일으키며, 여러 가지 다른 것들을 발견하게 해 준다. 그리고 각 학습은 다양한 활동들을 포함한다. 경건의 시간, 토의, 성경 공부, 기도 같은 활동들 사이에 포함시킬 수 있다. 따분함이라든가 뻔하다고 느낄 가능성은 사실 아주 적다.

　구체적인 활동 학습의 내용들은 졸저 「이렇게 하라! 청소년 사역을 위한 활동 학습(Do It! Active Learning in Youth Ministry)」을 참조하라.

활동 학습은 실제로 어떤 것인가? 여러가지 다양한 연령층에 속한 사람들을 위한 활동 학습 아이디어들을 맛볼 수 있도록 다음 몇 페이지를 할애하고자 한다. 이곳에 소개하는 모든 활동들은 활동 학습에 관계된 내용들을 포함하고 있지만 활동 학습 과정의 특정한 면을 강조하기 위해 몇가지 순서를 따르고 있다. 하나씩 해보면서 발견의 즐거움을 누려 보기 바란다!

모험적인 활동 학습 아이디어

'모험'은 우리에게 알려지지 않은 일에 대한 흥분과 개척자 정신을 불러 일으킨다. 모험과 관계된 4가지 학습 활동을 소개한다.

● 베들레헴 방문 : 크리스마스 기간을 멋진 모험으로 가득찬 학습 활동 기간으로 만들어 보라. 2000년 전 베들레헴의 거리, 그 당시 사람들의 음식과 의복이 어떤 것이었을까를 조사해 보라. 여러 연령층의 사람들에게 예수님이 태어났을 당시의 목자들, 거리에서 장사하는 사람들, 토기장이 등의 배역을 각기 나이에 어울리게 맡기라. 교육관이나 주차장에 음식점, 상점, 사람들로 가득찬 여인숙, 마굿간 그리고 들판 등의 무대 시설을 꾸미라. 사람들로 하여금 베들레헴을 찾아서 여기 저기 돌아다니게 하라. 물론 이 행사의 하이라이트는 당연히 진짜 갓난 아기를 등장시킨 마굿간의 모습이다.

이렇게 하는 것은 잊을 수 없는 학습 경험이 될 수 있을 뿐 아니라 지역 사회를 위한 행사가 될 수도 있다. 고난 주간과 부활 사건의 재현,

성경 당시의 예루살렘 거리 재현, 수영장이나 바닷가에서의 갈릴리 호수 재현 등 여러가지 다양한 가능성에 대해서도 생각해 보라.

●봉사 활동 : 도움을 필요로 하는 사람들을 도울 때 가장 성공적인 학습 효과가 나타나기도 한다. 학생들이 실제로 도움을 필요로 하는 노인들이나 집없는 사람, 소년 소녀 가장들과 그 가족들과 만날 때 학습의 '모험적인 요소'가 증대된다. 무슨 일이 벌어지게 될 지는 아무도 모른다. 어떨 때는 도움을 받는 사람이 전혀 고마워하지 않을 수도 있고, 아니면 어떻게 자신들의 마음을 표현해야 하는지를 모를 수도 있다. 또 어떤 경우는 도움을 받아야 하는 사람들이 도움을 주러 간 자신들보다 더 행복한 사람들이라는 것을 발견하기도 한다.

적극적인 봉사 활동에의 참여는 그 경험이 끝난 후 잘 계획된 과정을 따라 발표하는 시간을 가질 때 더 큰 힘을 갖게 된다. 무슨 일이 일어났으며, 어떤 느낌을 받았고, 그들의 경험과 관련해서 성경은 무엇을 말하고 있는지 등에 대한 토의를 하지 않는다면 상당히 중요한 교훈들을 놓치게 될 것이다. 봉사 활동을 하고 그 경험에 대해 서로 이야기하는 것은 가장 효과적인 활동 학습이 될 수 있다.

●교실에서 할 수 있는 활동 : 많은 사람들은 모험적인 학습 경험은 교실 밖에서만 이루어질 수 있다고 생각한다. 그러나 그렇지만은 않다. 교실에서 할 수 있는 활동들 중 기억에 남을 만한 두 가지를 이곳에 소개한다.

누구를 신뢰하는가?
(중학교 학생 이상을 위한 활동)

원하는 두 사람을 교실 앞으로 나오게 하라. 다른 학생들에게는 풍선을 나누어 주고 그 풍선을 불어서 묶게 하라. 그런 다음 다음과 같이 말하라. 잠시 후에 한 사람씩 이 앞에 나와서 두 사람 중 한 사람을 택해 그 앞에 등을 보이고 서세요. 그런 다음 머리 위로 풍선을 들어 올리리세요. 만일 여러분이 옳은 사람을 선택했다면 괜찮겠지만 옳지 않은 사람을 선택했다면 풍선이 터지니까 놀라지 마세요. 한사람씩 끝날 때마다 두 사람 중에 누가 풍선을 터트릴 지 다시 정해줄 거에요. 질문 있나요?

두 사람을 옆으로 불러 핀이나 종이 찝게를 하나씩 주라. 한사람은 언제나 풍선을 터트리게 하고 다른 한 사람을 절대로 풍선을 터트리지 말도록 지시하라. 각 학생이 앞으로 나온 후 당신이 그들을 다시 옆으로 부른다 해도 언제나 원래 풍선을 터트리도록 지시를 받은 사람만 풍선을 터트리게 하라. 그리고 다른 학생들에게는 풍선을 터트리지 않을 것이라고 말하게 하라.

첫 학생을 앞으로 나오게 한 후 앞에 서 있는 두 사람 중 한 사람을 선택하게 하라. 그런 다음 자신이 선택한 사람 앞에 등을 보이고 서서 그의 풍선을 머리 위로 들어 올리게 하라. 그런 다음 "준비— 펑!" 이라고 신호를 준다.

풍선이 터졌을 때 혹은 터지지 않았을 때 학생들이 어떤 표정을 짓는지 살펴 보라. 모든 순서가 끝나고 나면 원을 만들게 하고 다음의 질문을 하라.

- 두사람 중 이 사람을 선택하게 된 이유는 무엇인가? (왜냐하면 그는 풍선을 하나도 터트리지 않았기 때문에 / 항상 풍선을 터트리는 사람을 피했다.)
- 한 번도 풍선을 터트리지 않은 사람이 계속 풍선을 터트리지 않을 것이라는 것을 어떻게 확신했는가? (그 친구가 터트리지 않겠다고 해 놓고 터트리지 않으니까 그를 더 믿게 되었다 / 한 사람은 계속해서 터트리고 다른 사람은 터트리지 않으니까 믿을 수 있다.)
- 그런 확신은 하나님을 믿는 것과 어떤 점에서 비슷한가? (하나님은 우리에게 해를 끼치지 않는 것이 분명하다 / 하나님도 거짓말을 하지 않으시며 한결같으신 분이다.)

이렇게 말하라 : 하나님을 믿는 것은 자신이 한 말을 지키는 사람을 신뢰하는 것과 같은 거에요. 만일 기독교가 늘 거짓말을 하며 사람들을 속이는 하나님을 믿는 것이라면 기독교를 믿는 것은 상당히 어려운 일이 될 것입니다. 그러나 우리는 기독교를 믿을 수 있는데 그 이유는 기독교가 믿는 하나님은 구약성경에서 자기 백성들을 돌보심으로 자신이 어떤 분이신지 증명하신 분이기 때문입니다.[9]

장애인들을 위하여

(초등학교 5학년 이상)

미리 건물 안의 한 장소에 '안전지대'를 만들어 두라. 학생들 4명이 한 조가 되게 하고 178쪽의 '비행기 사고'에 나타나 있는 여러가지 사고를 당한 모습을 하나씩 나누어 주고 다음과 같이 말하라.

멀리 떨어진 산간 지역에서 비행기 사고가 났습니다. 당신은 그 비행기에 타고 있었는데 심하게 다치기는 했지만 기적적으로 살아 남을 수 있었습니다. 이 생존 게임에서 이기기 위해서 여러분과 같은 조에 속한 세 사람은 사고를 당한 당신을 데리고 가능한 한 빨리 "안전지대"로 도망을 해야 합니다. 그리고 2분 안에 안전지대에 도착하지 못하는 사람은 피행기 폭파로 죽게 될 것입니다.

학생들에게 대피소가 어디인지를 알려주고 재빨리 그곳에 모이게 하라. 2분 후에 각 조별로 바닥에 둥그렇게 둘러 앉게 하라. 각 조의 4 사람 중 한 사람은 그들의 아이디어를 기록하는 서기 역할을 맡게 하고, 또 한 사람은 각 조를 대표하는 역할을 그리고 다른 두 사람 중 한 사람은 읽는 사람으로 나머지 한 사람은 모든 사람이 토의에 참여할 수 있도록 격려하는 도우미 역할을 하게 하라.

각 조에게 레위기 19:14-16절을 읽고 다음의 질문들에 대해 토의하게 하라.

● 이 활동에서 다친 사람들은 어떤 대우를 받았는가? (움직이지 못하는 사람을 옮기는 것은 힘들다 / 머리를 다친 사람에게 우리와 같이 가자고 설득시킬 수 없었다.)

● 조원들이 당신을 대하는 태도에 대해 어떻게 느꼈는가? (좋았다. 우리는 모두 서로 도왔다 / 실망했다. 왜냐하면 사람들이 나를 따돌렸기 때문이다 / 좌절감을 느꼈다. 왜냐하면 나는 우리 조 사람들을 별로 잘 도울 수가 없었기 때문이다.)

● 이 활동과 우리가 실제로 장애인들을 대하는 것과는 어떻게 비슷

비행기 사고

이 면을 복사해서 각 란을 오려낸 다음 학생들에게 하나씩 나누어 주라.

왼쪽 다리가 부러졌다. 그 다리를 전혀 움직일 수가 없다.

허리 아래가 마비되었다. 다른 사람이 옮겨 주거나 끌어 주지 않으면 움직일 수가 없게 되었다.

오른쪽 팔과 왼쪽 발이 부러졌다. 둘 다 움직일 수가 없다.

볼 수 없게 되었다.

머리를 다쳐서 혼란스럽고 믿지 못하게 되었다. 아무와도 의견이 통하지 않는다. 내가 옳고 그들은 잘못되었다는 것을 알려주려고 애를 쓰고 있다.

한가? (그들을 어떻게 대해야 할 지 모르겠다 / 보통 그들을 내버려 두고 활동에 참여시켜 주지 않는다 / 그들이 무언가를 이룰 수 있다고 기대하지 않는다.)

●장애인들에 대한 태도에 대해 레위기 19:14-16은 무엇을 말해 주는가?(그들을 존중하는 마음을 가지고 대해야 한다 / 그들을 도와 줌으로써 하나님을 경외해야 한다.)

●레위기 19:14-16절의 명령을 따르는 일에 어떤 어려움이 있을까? (장애인들과 함께 있는 것이 편하게 생각되지 않는다 / 장애인들과 함께 있는 것 때문에 친구들의 놀림거리가 되고 싶지 않다 / 장애인들이 어떻게 대해 주기를 원하는지 잘 모르겠다.)

●레위기 19:14-16절의 명령을 따를 때 주어지는 상급은 무엇인가? (나와 다른 다양한 사람들과 친구가 될 수 있다 / 하나님께 영광을 돌릴 수 있다; 내가 남들을 대하는 대로 그들도 내게 대할 것이다.)

몇 분 후에 조별 토의를 마치게 하고 각 조의 대표역을 맡은 사람들이 한 사람씩 나와 자기 조에 속한 사람들의 반응에 대해 발표하게 하라.

이렇게 말하라 : 하나님께서 우리를 받아주셨기 때문에 우리도 다른 사람들에 대해 어떻게 느끼든 그들을 받아들일 수 있어요. 우리 친구들이 레위기 19:14-16의 가르침을 실천하게 될 때 모든 사람들이 유익을 얻게 될 거에요.[10]

활동 학습은 모험과도 같다. 베들레헴에 대해 조사해 보고 그 모습을 꾸며본다거나(그것에 대한 설명을 듣는 대신) 어려움에 처한 사람들을 돕는다든가(그런 일에 대해 읽어보는 대신) 신뢰감을 보여주는 풍선 터트리기를 한다거나(단순히 신뢰에 대한 성경 공부를 하는 대신) 혹은 장애인 되어 본다든가(그저 장애인이 된다는 것을 추측해 보는 대신) 하는 이런 활동들은 그 결과가 어떻게 나타나게 될지 아무도 정확하게 알 수 없다. 이런 모험적인 학습 활동들을 할 수 있는 가능성은 얼마든지 많다. 그리고 그 가운데 학습이 이루어진다.

즐겁고 흥미있는 활동 학습 아이디어

너무 많은 사람들이 배우는 것을 따분한 것이라고 생각하는데 이것은 정말 유감스러운 일이다. 여기에 사람들의 관심을 끌고 배우는 과정을 통해 즐거움을 느끼게 해 줄 수 있는 활동들을 소개한다.

1. 아기 보기 : 아기를 갖는 책임에 관해 젊은이들이 경험할 수 있게 도와 주라. 청소년들에게 아이를 키우는 것이 현실적으로 어떤 것인지를 말로써 설명해 줄 수도 있다. 그러나 이 방법과 비교해 볼 때 그것은 별 효과가 없다. 학생들에게 약 3kg 가량의 쌀을 넣은 자루를 나누어 주라. (쌀자루 대신 생달걀을 사용할 수도 있지만 많은 사람들이 쌀 부대가 주는 무게나 느낌이 훨씬 현실감을 주었다고 한다.)

쌀자루를 마치 진짜 아기인 것처럼 생각하고 일주일 동안 그 쌀자루를 잘 돌보게 하라. 즉 이름을 지어주고, 옷을 입히고, 음식을 먹이고 기저귀를 갈아주는 등 아기를 볼 수 있는 보모가 없는 한 늘 아기와 함께 있어야 한다고 가르쳐 준다. 만일 그 '아기'에게 무슨 일이 벌어지면 친구들 앞에서 재판을 받게 될 것임을 일러준다.

이 경험은 학생들에게 책임감과 난처함, 귀찮음, 새로움, 자부심 등 그들 나이에 아기를 갖게 될 때 느낄 수 있는 온갖 감정들을 느끼게 해 줄 것이다. 이 활동은 적절한 토의와 발표 과정을 통하여 청소년들이 갖고 있는 혼전 성 관계에 대한 생각에 상당한 영향을 미치게 될 것이다.

2. 성만찬 : 학생들로 하여금 예수님께서 제자들과 가지셨던 성만찬에 대해 이해할 수 있도록 도와 주라. 이스라엘 백성이 유월절에 먹었던 특별 음식들을 만들어 보고, 그 절기에 관련된 성경 구절들을 들려 주라. 학생들에게 이스라엘의 유월절 축제에 대해 조사해 보게 하라. 또 성찬에 쓰는 빵을 만들게 하라. 수난절을 전후에서 이 활동을 하면 그리스도의 죽음과 성찬 의식의 의미를 더 잘 살릴 수 있다.

3. 재판 : 크리스천이라는 이유로 한 사람을 법정에 세우라. 재판을 담당할 재판관과 변호사, 검사를 정하라. 학생들에게 어떤 사람이 크리스천이라는 이유만으로 유죄 선고를 받아야 할 충분한 증거가 있는지를 결정하게 하라.

4. 뜻밖의 일 : 학생들과 교실에서 할 수 있는 두 개의 활동을 소개한다.

삭개오를 부르신 예수님
(유치원생들을 위한 활동)

동전이 가득 든 비닐 봉지를 들고 다음의 질문들을 하라.
● 이 봉지에 무엇이 들어있지요?
● 선생님은 이 돈을 모으려고 열심히 일했어요. 그런데 누군가가 이 돈을 가져간다면 선생님의 기분이 어떨까요?
● 여러분이 이 돈을 가져간 사람이라면 마음이 불안하겠죠?
이렇게 말하라: 하나님은 우리를 사랑하세요. 그리고 우리 마음이 불안해 하는 것을 원치 않으세요. 그래서 우리에게 남의 물건을 훔치지 말라고 말씀하신 거예요.
(동전이 든 비닐 봉지를 아이들이 보지 않는 곳에 두고 아이들이 그것 때문에 방해받지 않게 하라.)
지금부터 선생님이 남의 돈을 빼앗았기 때문에 따돌림 받아 항상 뿌루퉁하고 불행해 했던 한 사람에 대해 이야기 해 줄께요. 그 사람 이름은 삭개오였어요. 그는 돈은 많았지만 친구가 없었어요.
우리 다 함께 그 사람 이름을 불러 볼까요? '삭개오' (아이들에게 '삭개오'라고 따라하게 하라.) 지금부터 삭개오라는 이름이 나올 때마다 뿌루퉁한 표정을 지어 보세요. 아무도 삭개오를 좋아하지 않았다는 것을 기억하세요. 그러니 뿌루퉁한 표정을 지어야겠죠. 모든 사람들은 삭개오가 자기들의 돈을 빼앗아갔다는 것을 알고 있었기 때문에 아무도 그와 같이 있고 싶어하지 않았어요.
어느날 사람들이 막 뛰어 가면서 "예수님이 오신다. 저기 예수님이 오시고 있어!"라고 말했어요. 어떻게 했는지 우리 친구들도 한번 해 볼까요? (아이들이 문쪽을 가리키며 팔짝 팔짝 뛰면서 "예수님이 오신다!"라고 말하도록 하라.)

사람들은 예수님을 보기 위해 길에 서 있었어요. 삭개오는 키가 작았는데 아무도 그에게 자리를 비켜주지 않았어요. 자, 삭개오가 어떻게 했을까요? 글세 잘 보려고 나무를 타고 올라가지 않았겠어요. 우리 친구들도 나무를 타고 올라가는 흉내를 내 볼까요? (아이들에게 나무를 타고 올라가는 것을 흉내내는 모습을 보여 주라.)

전부 나무에 올라갔나요?

삭개오가 나무에 올라가서 내려다 보니까 정말 예수님이 길을 걸어 오고 있었어요. 삭개오는 너무 흥분해서 하마터면 나무에서 떨어질 뻔 했어요. 예수님은 많은 사람들과 함께 계속 지나가고 있었어요. 그런데 예수님이 삭개오가 있는 곳 근처에 오시더니 갑자기 멈추어서서 위를 쳐다 보셨어요.

그리고는 "삭개오야, 그 나무에서 어서 내려 오너라. 너의 집으로 가고 싶다."고 말씀하셨어요.

(만일 삭개오 이야기와 관련된 노래를 알고 있다면 여기서 이야기를 멈추고 그 노래를 아이들에게 가르쳐 주라.)

삭개오는 자기 귀를 의심했어요. 예수님이 자기 이름을 알고 계셔서 너무나 놀랐어요. 그런데 여러분 이거 알아요? 하나님은 우리 모두의 이름을 알고 계신다는 것 말이에요? 하나님은 우리 (한 아이의 이름을 말하라)친구의 이름도 알고 계세요.

예수님이 자기 집으로 가서 저녁을 같이 먹겠다고 하셨기 때문에 삭개오는 기뻤고 자신이 특별한 사람이 된 듯한 느낌을 가졌어요. 그래서 얼른 나무에서 내려와 "오 예수님, 그러시죠. 저의 집으로 기꺼이 모시겠습니다."라고 말했어요.

이제부터는 삭개오라는 이름이 나올 때마다 심술맞은 표정이 아니라 웃음을 지어 보세요. 왜냐하면 삭개오는 예수님을 만난 뒤로 모든 것이 달라졌거든요.

삭개오는 자기가 가진 돈의 절반을 가난한 사람들에게 나누어 주겠다고 예수님께 약속했어요. 그리고 남에게서 뺏은 돈도 모두 돌려 주겠다고 약속했어요. 그냥 돌려주는 것이 아니라 자기가 뺏은 것의 4배를 돌려 주겠다고 약속했지요.

삭개오는 남의 돈을 빼앗은 자신을 예수님께서 기꺼이 용서해 주셨기 때문에 기뻤던 거예요. 삭개오는 이제 자신이 깨끗해 졌음을 느낄 수 있었고 행복했어요. 그리고 남의 것을 뺏는 대신 다른 사람들을 도와 주게 된 것이 기뻤어요. 그리고 삭개오는 많은 친구들을 갖게 되었지요. 그러나 그의 가장 친한 친구는 예수님이었어요.

이야기를 마치고 다음의 질문들을 하라.
  ●처음에 삭개오에게는 왜 친구들이 많이 없었을까요?
  ●예수님이 나무 위에 있는 삭개오를 발견하고 저녁을 먹으러 그의 집으로 가자고 하셨을 때 삭개오의 기분은 어땠을까요?
  ●삭개오는 예수님을 만난 후 어떻게 달라졌나요?
  ●왜 삭개오의 뿌루퉁한 표정이 웃는 얼굴로 바뀌게 되었나요?

이렇게 말하라 : 다른 사람들을 도와주고 자신의 돈을 나누어 줄 때 삭개오는 행복해질 수 있었어요. 그랬더니 선생님의 마음도 기뻐졌어요. 그래서 여러분이 집으로 돌아갈 때 동전을 하나씩 줄거에요.[11]

작은 불꽃 하나

(초등학교 5학년 이상)

두 개의 조를 만들고 각각 Y 조, Z 조라 부르라. Y 조를 두줄로 서서 마주보게 한다. 앞사람과의 거리는 1.5m 정도로 한다.

Z 조에는 불이 붙은 긴 양초를 하나 주라. 그리고 한 사람씩 돌아가며 초를 들고 꺼지지 않게 조심해서 Y조가 만든 두 줄 사이를 걷게 하라(촛불이 꺼지면 다시 켜라). 그리고 Y조에 속한 사람들에게는 촛불을 끄게 하는데 몸을 앞으로 굽히거나 움직여서는 안 되고 제자리에 서서 입으로 바람만 불어서 꺼보라고 한다.

몇 명이나 촛불을 끄지 않고 잘 지나갈 수 있는지를 보라. 그런 다음 두 조가 서로 역할을 바꾸어서 똑같이 하게 하라. 다 마친 후 초를 회수하고 불을 끄라. 그리고 4명이 한 조가 되게 한 다음 마태복음 5:14-16을 읽게 하라. 각 조에 속한 사람들에게 1번에서 4번까지 번호를 메기게 하라.

> **인도자 요령**
> - 이 활동을 할 때 촛불을 안전하게 다루도록 학생들에게 미리 주의를 주라. 사고를 대비해 물이나 소방기구를 준비해 두는 것도 좋을 것이다.
> - 학생 수가 5명 이하일 경우는 원하는 학생 한 명만 촛불을 들고 나머지 학생들은 두 줄로 서서 길을 만들게 하라. 그런 다음 먼저 촛불을 들고 지나간 학생이 줄에 서 있는 한 학생과 자리를 바꾸게 하라. 이런 식으로 계속해서 진행하여 모든 학생들이 한번씩 촛불을 들고 사이를 지나가게 한다. 학생이 20명 이상인 경우는 4개의 조를 만들고 2개의 길을 만들 수 있을 것이다.

이렇게 말하라 : 각 조별로 다음의 질문들을 토의해 보세요. 그리고 선생님이 번호를 부르면 그 번호에 해당하는 사람들은 이 앞으로 나와서 자기 조에서 토의한 내용을 발표하도록 하세요.
　질문 :
　●촛불을 꺼뜨리지 않으려고 하면서 걸을 때 기분이 어땠어요? (빨리 걸을 수 없어서 힘들었다 / 불을 꺼뜨리지 않고 걸을 수 있어서 기뻤다.)
　●촛불이 꺼지지 않기 위해 어떻게 했지요? (손으로 바람을 막으려고 했다 / 머리 위로 들고 걸었다 / 뒷걸음 치면서 걸었다.)
　●친구들이나 선생님, 혹은 다른 사람들이 우리 친구들의 신앙의 불꽃을 끄려고 한다면 어떻게 하겠어요? (내가 어떻게 느끼는지를 말할 것이다 / 부모님께 도움을 구할 것이다 / 그들을 위해 기도할 것이다.)
　●그런 사람들에게 빛이 되기가 어려운 이유는 무엇일까요? (그들이 예수님을 믿지 않기 때문이다 / 선생님들은 내가 믿지 않는 것을 가르칠 때도 있기 때문이다.)
　●우리의 신앙과 부딪치는 생각을 가진 사람들을 만나게 될 때 하나님께서는 우리 친구들의 신앙의 불이 꺼지지 않도록 어떻게 도와 주실 수 있을까요? (내가 믿고 있는 것을 지킬 수 있도록 도와 주실 수 있다 / 서로 다른 생각을 가졌음에도 불구하고 그들과 어울릴 수 있도록 도와 주실 수 있다.)
　●우리의 신앙과 부딪치는 생각을 가진 사람들을 대할 때 우리 친구들끼리는 어떻게 서로를 도울 수 있을까요? (마태복음 5:14-16을 기억나게 해 줄 수 있다 / 서로를 위해 기도해 준다.)
　이렇게 말하라 : 우리의 믿음은 우리와는 다른 관점을 가진 사람들

과도 잘 지낼 수 있도록 도와 줄 수 있어요. 우리 믿음의 '불꽃'은 다른 사람들이 하나님의 사랑을 볼 수 있도록 도와줄 수 있는 거예요. 이제 우리의 '불꽃'이 빛을 발할 수 있도록 서로 격려하는 일을 같이 해 보도록 해요.

원을 만들게 한 다음 한 학생에게 촛불을 하나 주라. 그 촛불을 오른쪽 옆사람에게 넘겨 주며 다음의 문장을 완성하게 하라. "나는 너의 … 모습 속에서 하나님이 빛을 비추시는 것을 본다." 학생들은 빈칸에 '웃는' 혹은 '적극적인'이라든가 '도와 주려는' 등의 말을 넣어 문장을 완성함으로써 서로를 격려할 수 있을 것이다.

모든 사람의 차례가 끝나고 나면 촛불을 끄라.[12]

위에 주어진 예들은 흥미로운 활동들을 사용하여 학생들의 관심을 집중시키는 방법을 보여 준다. 구약의 유월절과 예수님의 십자가에서의 죽음이 관계가 있다는 사실을 깨닫는 즐거움과 한 '아기'의 이름을 짓는 일의 즐거움을 상상해 보라. 또한 모의 재판을 연출하는 일이라든가 삭개오 이야기를 들으며 연극으로 옮겨보는 것, 촛불이 꺼지지 않도록 신경을 쓰면서 사람들 사이를 통과하는 일 등이 주는 재미를 상상해 보라. 이렇게 활동 학습은 관심과 흥미를 자아낸다. 그뿐 아니라 그들이 스스로 배울 것을 찾아내 자기의 것으로 만들도록 도와 준다.

모든 사람들이 참여할 수 있는 활동 학습 아이디어

활동 학습의 특징 중의 하나는 모든 사람들이 참여하게 만드는 것이다. 여기에 일방통행 식의 강의 대신 배우는 사람들이 어떻게 참여할 수 있는지를 보여주는 두 가지 활동을 소개하고자 한다.

혼란!

(고등학생 이상)

3명 혹은 4명이 한 조가 되게 한 다음 각 조에 15개의 퍼즐 조각과 눈가리개 하나를 나누어 주라. 한 사람은 눈을 가리고 나머지 사람은 퍼즐 조각을 흩어 놓는다. 그런 다음 눈을 가린 사람이 다른 사람의 도움 없이 퍼즐 조각들을 맞추어 보게 하라.

몇 분이 지난 후 눈 가리개를 푼다.

다음의 질문을 하라.

- 눈을 가리고 퍼즐 조각을 맞추면서 어떤 느낌을 받았는가? (무기력함을 느꼈다 / 아무도 도와주지 않아 슬펐다)
- 눈을 가린 채 퍼즐을 맞추려고 하는 것과 당신의 장래에 대해 계획하는 것과 어떤 점에서 비슷하다고 생각하는가? (다음에 무슨 일이 벌어질 지 알 수 없다 / 각각의 부분들이 서로 어떻게 연결되는지 알 수 없다.)
- 당신이 장래에 하고 싶은 일을 계획할 때 각각의 부분들이 어떻게

연결되는지 쉽게 알 수 있겠는가? 그 이유는? (쉬운 일이다. 나는 대학을 마친 후 직장을 가질 것이다 / 쉽지 않다. 나는 내가 정말 무엇을 하고 싶은지 잘 모르겠다.)

한 사람에게 잠언 3:5-6절을 큰 소리로 읽게 하라. 그런 다음 각 조별로 한 사람의 눈을 가리게 하라.

이렇게 말하라 : 이번에는 눈을 가린 친구가 무엇을 해야할 지 조원들이 말도 해주고 손을 잡아 퍼즐 조각을 잡을 수 있도록 이끌어 줄 거예요. 그렇지만 직접 퍼즐 조각을 맞추어 주어서는 안 돼요.

퍼즐이 맞추어진 다음 눈가리개를 풀게 하라. 그런 다음 다음 질문들을 하라.

- 이번에는 퍼즐을 맞추는 일이 훨씬 쉽게 이루어질 수 있었던 이유는 무엇인가? (다른 사람들의 도움이 있었기 때문이다 / 혼자가 아니었다.)

잠언 3:5-6을 다시 읽고 다음 질문들을 하라.

- 이 구절을 통해 주시는 하나님의 도움과 조원들로부터 받은 도움은 어떤 점에서 유사한가?(우리는 스스로 모든 것을 다 알아내려고 바둥거릴 필요가 없다 / 우리보다 더 많이 알고 또 잘 아는 사람을 신뢰할 수 있게 된다.)
- 완성된 퍼즐에 대해 누가 칭찬을 들어야 하는가? (도와 준 사람들 / 내 손을 이끌어 준 사람들)
- 하나님께서 우리의 장래의 일들을 꼭 맞게 연결시켜 주실 것을 신뢰해야 하는가? 그 이유는? (그렇다. 하나님께서는 우리에게 가장 좋은 것이 무엇인지 아신다 / 그렇지 않다. 우리의 장래는 우리가 책임져야 한다.)

●우리가 하나님의 지혜를 구하지 않고 우리 마음대로 무엇인가를 하려고 할 때 하나님은 어떻게 느끼시리라 생각하는가? (실망하실 것이다 / 슬퍼하실 것이다.)

이렇게 말하라 : 우리의 장래는 소중한 것이에요. 그리고 오직 하나님만이 어떤 일이 어떻게 이루어질 지 아세요. 그럼에도 하나님은 우리가 장래를 하나님께 맡기든지 아니면 우리 스스로 눈을 가린 채 맞추어 보려고 하든지 선택할 권리를 우리에게 주셨어요.[13]

도움 그물
(고등학생 이상)

바닥에 둥그렇게 둘러 앉은 다음 가운데에 카드와 연필들을 놓아두라. 이렇게 말하라 : 우리는 모두 인내라든가 이웃에 대한 사랑 그리고 하나님께 대한 신뢰 같은 신앙의 모습들을 갖고 있어요. 그래서 비웃음을 당할 때 잘 이겨낼 수 있어요. 지금부터 자기 왼편에 있는 친구의 장점을 생각해 보세요. 그리고 카드 한 장에 그 장점을 적어 그 친구에게 주고 읽어보게 하세요. 그런 다음 나머지 친구들에 대해서도 카드에 장점을 하나 이상씩 적어서 나누어 주세요.

모든 학생들이 적어도 하나 이상의 카드를 갖게 되면 그 카드를 중앙에 가져다 펼쳐 놓게 하라. 그런 다음 그 카드들을 테이프로 붙여서 그물을 만들 수 있게 도와달라고 학생들에게 요청하라. 그리고 모두 중앙에 모여 그물을 잡게 하라. 이렇게 말하라 : 우리는 지금 친구들의 장점을 적은 카드를 엮어 그물을 만들었어요. 이 그물은 우리가 가진 신앙에 대해 자신감을 가질 수 있도록 우리 모두를 격려해 준 내용으로 이루어져 있어요.

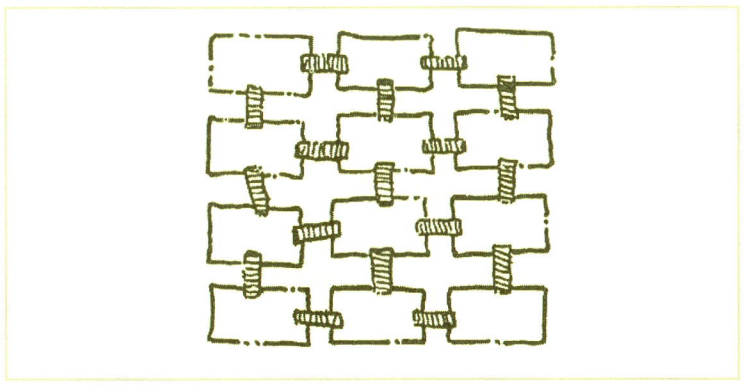

학생들이 계속 그물을 잡고 있는 동안 자신을 격려해 준 오른쪽에 있는 사람을 위해 하나님께 감사의 기도를 하게 하라. 하나님께서 당신 그룹의 장점을 좋은 때나 어려운 때나 서로를 도울 수 있는 엮어진 그물처럼 사용하시도록 기도하면서 모임을 마무리 하라.[14]

모든 사람이 참여하게 함으로써 옆 사람도 배우고 있는 동안 자기도 가만히 앉아 있지 못하게 된다. 모든 사람은 활동을 통해 배운다. 모든 사람들이 퍼즐을 맞추기나 망을 짜는 일 등의 활동에 참여하게 될 때 그들이 배우게 되는 개념들은 훨씬 더 쉽게 이해될 것이다.

발표와 관련된 활동 학습 아이디어

발표하는 과정이 없는 학습 활동만으로는 많은 것을 배울 수 없다. 다음의 아이디어들을 시도해 보고 경험에 대한 토론이 배운 것을 실제로 행동에 옮기는 데에 어떤 도움이 되는지 살펴 보라.

1. 조사 연구 : 학생들에게 다양한 선교 단체의 주소를 찾아내 편지를 써서 여러가지 정보를 받아보게 하라. 학생들로 하여금 보내온 재정 보고서와 예·결산 내역서 등을 분석해서 돈을 잘 사용하고 있다고 생각되는 선교 기관들은 어떤 곳이지를 알아보게 하라. 그리고 그들이 선택한 선교 단체를 일년간 후원하기로 결정하게 하라.

이 활동의 강점은 보고에 달려있다. 학생들은 각 기관에 대한 정보와 사실들을 가지고 토론하면서 씨름을 해야만 한다.

이렇게 얻은 결과를 발표하고 선택하는 것은 오랫동안 잊혀지지 않는 학습 효과와 소중한 결과를 가져오게 될 것이다.

같은 방법으로 의회 의원들에게 편지를 쓸 수도 있고, 건전하지 않은 TV 프로그램에 대한 시정을 요구할 수도 있고 또 교회가 속한 교단에 대해서도 알아볼 수 있을 것이다. 이런 조사의 목적은 정보가 아니다. 발표 자체가 학생들로 하여금 어떤 문제들이 있는지 그 문제에 대해 사람들이 어떻게 생각하는지 그리고 어떤 행동을 취할지 연구하도록 돕는 것이다.

2. 교회 내에서의 설문 조사 : 학생들로 하여금 그들이 알아보고 싶은 주제를 선택하고 그것에 대한 정보를 얻기 위한 질문들을 만들게 하라.

예를 들어 청소년들은 교회에 나오는 어른들이 음악에 대해 어떤 생각을 갖고 있는지 알아보기 원한다면 "우리 교회가 좀더 현대적인 음악을 사용하는 것을 어떻게 생각하십니까?" (a) 반대한다, (b) 상관 없다, (c) 좋다, 적극 지지한다." 라는 설문 조사를 할 수 있다. 혹은 교회에 다니는 사람들에게 "구원받기 위해서는 어떻게 해야 합니까?" 라는 질문을 해볼 수도 있을 것이다.

이 경우도 정보를 수집하는 것이 목적이 아니다. 그 정보를 토론을 위한 발판으로 사용하라. 그리고 "무엇을 배울 수 있었는가? 배운 것에 대해 어떻게 느끼는가? 배운 것 중 놀라운 사실은 어떤 것인가? 새롭게 배운 일들로 인해 어떤 행동의 변화를 기대할 수 있는가?" 등의 질문을 가지고 발표하게 하라.

3. 교실 내에서 할 수 있는 활동들 :
다음의 활동들에서 학생들이 죄와 용서에 대해 배우는 데에 발표과정이 어떤 도움이 되는지를 살펴보라.

죄의 무게
(중학생 이상)

모든 학생들에게 커다란 성경과 또 다른 큰 책(사전과 같은)을 나누어 주라. 두 팔을 앞으로 똑바로 펴고 그 책들을 팔 위에 올려놓게 하라. 할 수 있는 한 오랫동안 그 자세를 유지하게 하라.

책을 들고 있는 동안 다른 사람들과의 관계를 망쳤을 때의 경험과 그 때 느꼈던 것에 대해 이야기 나누라. 가끔씩 팔이 아프지 않은지 물어보라.

다음의 질문들을 하라.
- 무거운 것들을 들고 있는 것이 얼마나 힘든가? (처음에는 쉬웠지만 시간이 지나면서 점점 힘들어진다.)
- 책이 점점 무거워지면서 어떤 느낌을 갖게 되었는가? (아팠다 / 신경질이 났다 / 좌절감을 느꼈다)
- 이 경험을 통해 느끼는 것과 다른 사람에게 잘못을 하고도 용서를 구하지 않았을 때 느낀 것은 어떤 점에서 비슷한가? (문제를 해결하지 않으면 시간이 지날수록 더 힘들어졌다 / 내가 잘못했던 것에 대해 후회하기 시작했다.)
- 책을 내려놓았을 때 당신은 어떻게 느꼈는가? (해방감을 느꼈다. 좋았다.)
- 책을 내려놓았을 때 느낀 것과 잘못한 것에 대한 용서를 받았을 때 느낀 것은 어떤 점에서 비슷한가? (나를 짓누르던 무거운 것이 사라진 것과 비슷하다 / 죄책감이 사라져 너무 좋았다.)

이렇게 말하라 : 옳지 않다는 것을 알면서 했거나 어떤 일을 망친 경우 죄의 무게가 우리를 짓누르는 것을 느끼게 되지요. 그러나 다행스럽게도 우리의 죄를 용서받고 계속해서 우리의 삶을 살아가며 우리 자신을 다시 받아들일 수 있어요.

그런 다음 학생들에게 성경을 한 권씩 나누어 주라. 이렇게 말하라 : 예수님은 우리가 지금까지 이야기한 것과 똑같은 부담을 경험하고 있는 여인을 만났어요. 누구든 요한복음 8:2-5을 크게 읽게 하라. 그리고 학생들에게 그토록 많은 사람들에게 둘러싸여 있는 그 여인을 상상해 보게 하라.

그리고 다음의 질문을 하라.

● 이 구절에 나오는 여인은 어떻게 느꼈을 것이라고 생각하는가? (겁이 났을 것이다 / 창피했을 것이다 / 수치심을 느꼈을 것이다.)

원하는 한 사람을 서게 해서 다른 학생들이 잘 볼 수 있도록 하라. 그에게 몇 권의 책을 들게 하고 그 책들은 그가 지은 죄의 무게를 나타내는 것이라고 설명하라. 그런 다음 다른 학생들에게 책을 한 권씩 가져다 그가 들고 있는 것 위에 더하게 하라. 그리고 그 책은 정죄하는 것을 의미한다고 설명하라. 책을 들고 있는 학생에게 다음의 질문들을 하라.

● 들고 있는 책이 어떻게 느껴지는가? (너무 무겁다 / 슬프다 / 절망스러웠다.)

나머지 학생들에게 질문하라.

● 이 친구와 같은 느낌을 가진 것은 언제였는가? (일이 점점 꼬여갈 때 / 여러 번 일을 망쳤을 때)

● 왜 예수님께서 땅에 무언가를 쓰기 시작했다고 생각하는가? (사람들의 시선을 그 여인에게서 떠나게 하려고 / 바리새인들에게 그들이 원하는 대로 대답하지 않을 것이라는 것을 보여주기 위해서.)

이렇게 말하라 : 예수님은 바리새인들에게 "죄가 없는 사람이 먼저 이 여인에게 돌을 던져라"고 말씀하셨어요. 그 말씀을 들은 바리새인들은 잠시 생각하고는 모두들 떠나버렸어요.

다음의 질문들을 하라.

● 바리새인들에 대한 예수님의 반응을 보고 무엇을 배울 수 있는가? (다른 사람을 정죄해서는 안 된다 / 우리는 모두 죄인이다.)

●이 경험을 하고 난 후 여인은 어떻게 느꼈을 것이라고 생각하는가? (안도감을 느꼈을 것이다 / 감사했을 것이다 / 소망을 가질 수 있었을 것이다 / 깨끗해졌다고 느꼈을 것이다.)

●그 여인에 대한 예수님의 반응을 보고 무엇을 배울 수 있는가?(예수님은 우리를 용서하실 것이다 / 예수님은 우리가 달라지기를 원하신다.)

요한일서 1:8-2:2을 조용히 읽게 하라. 그들이 그 구절을 읽는 동안 칠판에 "술취함", "혼전 성관계", "도둑질", "이기심", "거짓말", "커닝", "신성 모독" 등의 단어들을 적으라.

몇분이 지난 후 학생들에게 칠판에 적은 것을 보게 하라. 그리고 자신을 하나님께로부터 멀어지게 만들었던 것들을 생각해 보라고 말하라. 그런 다음 이렇게 말하라 : 우리 모두에게는 죄가 있어요. 그러나 우리가 죄를 하나님께 고백하면 하나님께서 그 죄를 용서하시고 우리의 삶을 깨끗하게 하실 거예요. 그리고 칠판에 쓴 것을 깨끗이 지워버리라.

이렇게 말하라 : 하나님께서 우리의 죄를 용서하시는 것은 쉬운 일이 아니에요. 하나님은 의로운 분이시기 때문에 우리의 죄를 간과하시거나 없었던 일처럼 모르는 척 하실 수 없으세요. 학생들에게 히브리서 9:22을 펴게 하고 한 사람이 큰 소리로 읽게 하라. 구약시대의 제사에 대해 설명해 주라. 그때는 사람들이 죄를 회개하는 방법으로 동물로 제사를 드려야 했었다. 이러한 희생 제사는 완전하지 않았고 그들은 죄를 지을 때마다 반복해서 제사를 드려야 했다.

다른 학생에게 히브리서 9:27-28을 큰 소리로 읽게 하라. 그리고 다음 질문을 하라.

●이 성경 구절은 용서에 대해 무엇을 말해주고 있는가?(예수님이 우리 죄 때문에 돌아가셨다 / 예수님은 우리 죄를 제거하기 위해 희생 제물이 되셨다.)[15]

  발표하는 과정을 가지는 것은 활동 학습을 성공으로 이끄는 열쇠다. 선교 기관이나 교회 내에서 조사한 것을 통해 얻어진 정보에 대해 토의하지 않는다면 그 정보는 그저 정보로 남게 된다. 어떤 주제에 대해 서로 이야기를 나눌 때 서로 상대방으로부터 배울 수 있다. 또한 자기의 생각과 느낌을 표현하는 방법을 배우게 된다. 교실은 '죄의 무게'와 같은 활동을 하면서 생동감을 갖게 된다. 그리고 발표하는 과정을 통해 서로의 의견을 나누면서 믿음이라는 주제를 풀어나가게 된다.

협동 학습을 활용하라

지금까지 우리는 학교로부터 교회에 접목된 다음과 같은 좋지 못한 습관들을 살펴 보았다.

- 교육의 진정한 목표에 대한 상실
- 배움보다는 가르침에 대한 잘못된 강조
- 중요하지 않은 것에 몰두함
- 깊이 있게 파고들기 보다는 훑고 지나가는 수박 겉핥기식 교육
- 이해보다는 암기에 잘못 치중함
- 빈칸 채우기, 글자 맞추기 등으로 시간을 낭비하는 경향
- 아이들 스스로 생각하게끔 이끌어주지 않음
- 강의나 교과서를 통한 수동적 학습에 대한 비뚤어진 선호

이런 것들이 다는 아니다. 유치원으로부터 대학에 이르기까지 우리 안에 깊게 뿌리 박힌 보이지 않는 교과 과정은 우리에게 또 다른 좋지 않은 습관들을 낳게 했다.

그렇다면 학교에서 들고온 또 다른 보따리들은 어떤 것들인가? 우리는 개인주의와 경쟁이 학습을 위한 좋은 도구가 된다고 믿도록 조정되어 왔다. 한 칸씩 떨어져 일렬로 반듯하게 앞쪽을 향해 줄이 맞추어져 있는 작은 책상, 일정한 비율에 속한 사람들은 낙제시킬 것을 요구하는 종모양의 그래프를 그리는 평가 제도, 협동심을 저해하고 혼자서만 해내려는 개인주의적 노력에 보내는 찬사, 소위 말하는 '타고난 아이들'로부터 격리되는 '더딘 아이들'.

그러면서도 우리는 왜 미국의 학교들이 다른 선진국들을 따라가지 못하는 것일까라고 의아해 한다.

"아시아의 초등학교들은 그렇게 경쟁적이지 않다.
아이들은 자기가 아는 것을 표현하는 일에 열심이고,
다른 사람을 앞질러야 한다고 배우기보다는
가르쳐주는 것을 잘 배우도록 이끌리고 있다.
아시아의 학교들이 가지고 있는 비밀 중의 하나는
학생들이 자기의 동료들뿐 아니라
학교와도 강한 결속감을 느끼고 있다는 것이다."
—해롤드 스티븐슨(Harold Stevenson)과 제임스 스티글러(James Stigler),
학습의 간격 (Learning Gap)[1]

오랫동안 미국의 학교들은 혼자서 하는 것이 진짜로 배우는 것이고 일하는 것이라고 가르쳐 왔다. 그렇기 때문에 학생들이 학교를 졸업하고 일터에 가게 되면 그들은 삶이란 자신들이 배운 것보다 훨씬 더 많은 협동심을 요구하는 것임을 발견하게 된다.

"대부분의 사람들은 기술이 부족해서 어려움을 겪는 것이 아니라 다른 사람들과 잘 어울리는 법을 배우지 못했기 때문에 문제가 생긴다."고 교육 행정가인 수잔 스프라그(Susan Sprague) 씨는 말한다. 그녀는 학생들의 상호 교류와 협조, 활동 학습등을 강조하는 혁신적인 교과 과정을 추진하고 있는데 그것은 미국 내에서 가장 우수한 지역 단위의 과학 프로그램으로 평가받고 있다.

그곳뿐 아니라 책상을 일렬로 가지런히 배열하지 않는 교실들이 미국내에서 점차로 늘어나고 있다. 그들은 이제 몇 개의 책상들을 붙여둔다. 그리고 학생들은 3-4명이 서로 얼굴을 마주 대하고 앉아 공동의 목적을 성취하기 위해 함께 일한다(우리가 실제 삶 속에서 하듯이). 그들은 서로 돕고 격려하며 서로를 가르친다.

각 교실에서 가장 많은 것을 배우는 사람은 가르치는 사람이라는 것을 모든 사람들이 알고 있다. 어떤 개념을 누군가에게 설명해 주는 것은 그 설명을 듣는 사람보다 설명해 주는 사람에게 일반적으로 더 많은 도움을 가져다 준다. 그렇다면 학생들에게 더 많이 가르치게 해야 하는 것이 아닌가? 이것이 협동 학습의 가장 큰 유익 중의 하나다. 그러나 옛 방식에 익숙해져 있는 교사들에게 이것을 받아들이는 것은 결코 쉬운 일이 아니다. 교육 연구가들은 학교 교육의 93%는 학생에게 내리는 교사의 지시로 되어 있다고 추산한다.[2] 교육 연구가인 존 굿레드(John Goodled) 씨는 「학교라고 불리우는 곳(A Place Called School)」이라는 책에서 수업 시간의 5%정도만이 토론을 위해 할애되

는 것이 보통이라고 말했다.[3]

협동 학습이란 무엇인가?

앞 장에서 보았듯이 활동 학습은 경험을 중심으로 이루어진다. 협동 학습은 학생들이 짝을 이루거나 혹은 소그룹을 이루어 서로 협력하며 토론할 때 이루어진다.

이 학습 방법은 배우는 사람들이 협동할 수 있도록 이끌어 준다. 또한 학생들이 교사와 교과서를 통해서만이 아니라 서로를 통해서 배울 수 있다는 사실을 중요시한다.

간단한 예를 살펴보도록 하자. 과거의 교육 방식을 따르는 곳에서는 교사가 강의를 하고 또 학생들에게 질문을 던진다. 그러면 한두 명의 학생들이 손을 들어 '정답'을 말하고 교사의 칭찬을 받는다. 그러나 협동 학습 방법을 따르는 곳에서는 교사가 질문을 던진 다음 학생들을 두 명 혹은 4명 정도 짝을 지어 그 문제에 대해 서로 토의하게 한다. 모든 학생들이 다 참여한다. 모든 사람들이 문제 해결에 뛰어든다. 그리고 모든 사람이 배운다.

협동 학습은 개인적이고 경쟁적인 학습 모델과는 다르다. 이 두 모델을 간단히 살펴보도록 하자.

개인주의 모델 : "나는 내 일만 하면 된다."

학생들은 각자 공부하고 각자 반응을 보인다. 그들은 자기 자신의 개인적인 성공을 위해 노력한다. 한 학생의 성공은 다른 학생에게는 아무런 유익이 되질 않는다. 한 학생이 자신의 학습 목표를 달성하는 것은 다른 학생들이 학습목표를 달성하는 것과 아무 상관이 없다. (주일 학교 학생용 공과 책과 연습장들을 생각해 보라.)

경쟁 모델 : "나는 승자이고 너는 패자이다."
학생들은 혼자 공부하고 혼자 반응한다. 그리고 급우들보다 더 잘하기 위해 노력한다. 한 학생의 성공은 다른 학생의 실패다. 학생들은 겨우 한두 명만이 얻을 수 있는 목표를 쟁취하기 위해 서로를 대항하며 공부한다. (성경 퀴즈나 암송 대회를 생각해 보라.)

협동 학습 모델 : "우리는 같이 물에 빠지거나 같이 수영한다."

세가지 학습 구조

개인 주의적   경쟁적   협동적

학생들은 동일한 목적을 달성하기 위해 둘이, 혹은 소그룹 안에서 함께 활동한다. 그들은 서로를 가르치고 서로를 통해 배운다. 모두의 성공은 함께 기뻐할 일이 된다. 긍정적인 상호 의존은 각 개인과 그룹의 학습을 증진시킨다.

간단히 말해서 협동 학습 구조 속에서는 동료 학생들은 학습 과정의 자원으로 여겨진다. 그러나 개인주의적이고 경쟁적인 구조 속에서는 동료 학생들을 자기와는 아무런 관계가 없는 존재로 혹은 경쟁자로 여긴다.

"두 사람이 한 사람보다 나음은 저희가 수고함으로 좋은 상을 얻을 것임이라.
혹시 저희가 넘어지면 하나가 그 동무를 붙들어 일으키려니와
홀로 있어 넘어지고 붙들어 일으킬 자가 없는 자에게는 화가 있으리라."
— 전도서 4:9-10

협동 학습의 특성

학생들이 서로 배우도록 돕는 것은 모든 학생들의 학습 수준을 끌어올리고 기억력을 놀라울 정도로 향상시킨다. 협동 학습은 사람들이 배우는 것을 도울 뿐 아니라 배우는 사람들의 자긍심을 높여주고 다른 사람들과 잘 어울릴 수 있게 해 준다. 활동 학습은 이 점에서 개인주의적이나 경쟁적인 방식보다 좋은 성과를 올린다.

그런데 왜 이 방식이 그렇게 효과적인가? 6가지의 특징을 살펴보자.

1. 교사 중심적이 아니라 학생 중심적이다.

협동학습에서는 가르치는 사람에게 초점이 맞추어지는 것이 아니라 배우는 사람에게 맞추어진다. 학생들은 둘씩 혹은 소그룹 안에서 일하고 배운다. 교실은 종종 학습을 위한 소음으로 가득하게 된다.

한가지 분명한 사실이 있다. 학생 중심의 학습이야말로 대부분의 교

사들에게 진정한 출발이 된다. 경험많은 교육가이며 저자인 제인 힐리(Jane Healy) 씨는 많은 학교들을 방문하면서 학생들이 사용하는 언어에 대해 연구하였다. 그 결과 "학생들에게서 교사의 질문에 대한 간단한 대답이나 짤막한 어구들 외에는 거의 아무 이야기도 들어볼 수 없었다. 대부분의 이야기는 교사 쪽에서 일반 통행식으로 설명을 하고, 지시를 내리고, 간단한 대답만을 요구하는 질문을 하는 것이었다. 아이들이 서로 이야기하거나 서로에게 질문을 하도록 격려되는 곳은 거의 찾아볼 수 없었다. 아니 실제로 교사에게조차 전혀 질문하지 않았다."라고 말했다.[4]

협동 학습은 교사가 모든 사실과 아이디어를 학생들에게 전달하는 것보다는 학생들이 함께 대답을 찾는 과정을 통해 이루어진다. 학습 과정은 학생들의 학습 능력에 따라 조절된다. 그렇게 되면 교사가 정한 과정을 배울 때보다 범위는 적을지 몰라도 일반적으로 더 많이 더 깊이 있게 배운다.

협동학습에서는 교사들이 모든 대답을 가지고 있을 필요는 없다. 사실은 교사들도 학생들과 함께 더불어 배운다.

2. 긍정적인 상호 의존을 증진한다.

상호 작용하는 학생들은 서로를 필요로 한다. 그들은 함께 문제를 해결하고 함께 성경을 읽으며 자신이 발견한 것을 서로 나눈다.

이런 상호 의존은 바울이 고린도 교회에 보낸 편지에서 묘사한 그림과 같다. "이제 지체는 많으나 몸은 하나라. 눈이 손더러 내가 너를 쓸데 없다 하지 못하리라"(고전 12:12-31).

협동 학습 방법을 사용하고 있는 그룹에 속한 사람들은 바울이 한

말 속에 들어있는 지혜를 쉽게 배우게 된다.

아래의 문제를 혼자 풀어보라. 칸막이 양편에 있는 알파벳을 보고 어떤 원칙을 따라 왼편과 오른편에 배열했는지를 살펴보라. 그리고 나머지 글자들은 어디에 어떻게 들어가야 하는지 알아보라.

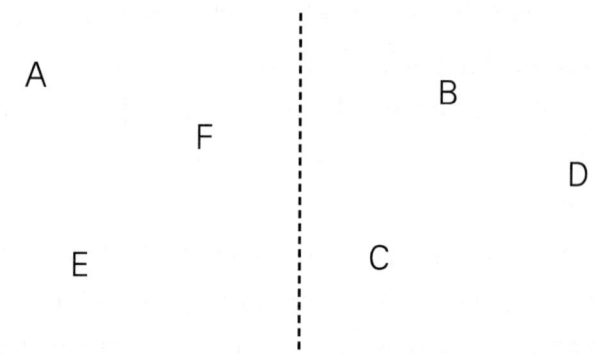

답을 알아냈는가? 찾지 못했다면 친구를 데려다가 둘이 함께 이 문제를 풀어보라.

대부분의 사람들에게 이 문제를 푸는 것은 쉬운 일이 아니다. 그러나 둘, 셋 혹은 네 사람이 함께 해결하려고 하면 이 문제를 풀 수 있는 가능성은 상당히 높아진다. "두 사람이 한 사람보다 낫다"고 한 전도서의 말씀이 적용될 수 있다.

(해결은 상당히 간단하다. 만일 복잡한 수학 공식을 찾으려고 한다면 이 문제는 풀 수 없다. 그러나 직관력을 가진 사람이 함께 있으면 풀어 낼 수 있을 것이다. 왼쪽 편에 있는 글자들은 직선으로만 되어 있고 오른 편에 있는 것들은 곡선이 포함되어 있다.)

여기서 말하고 싶은 요점은 이렇다. 상호 의존하는 짝이나 소그룹은 개인이 혼자 하는 것보다 훨씬 빠르게 문제를 해결할 수 있고 더 많은 것을 배울 수 있다.

3. 학생들이 스스로 대답을 찾게 한다.
배우는 사람들은 교사가 전달해 주는 것을 단순히 받아들이기보다는 스스로 답을 찾아낸다. 그들은 학습을 통해 얻으려고 하는 것을 성공적으로 이루기 위해 함께 일한다.
여기서 예수 마당 교재에 실린 십계명 게임을 함께 해보도록 하자.

학생들을 두 개의 조로 나누라. 그들을 방의 한 편 끝에 모이게 하고 방의 다른 편 끝에는 청테이프 등으로 반환점을 표시해 두라. 각 팀에 풍선 3개, 물통 하나, 그리고 숟가락 두개를 주고 다음과 같이 말하라. 이 게임의 목표는 먼저 끝내는 거예요. 그럼, 시작!
학생들이 무엇을 해야 하는 것이냐고 물으면 이렇게 말해 주라. 먼저 끝내야 한다니까요. 나머지는 여러분들이 알아서 하세요.
그리고 학생들이 게임을 하도록 하라. 5분이 지난 후 모든 행동을 멈추게 하라. 그리고 이렇게 말하라. 선생님이 여러분에게 원한 것은 두사람이 숟가락으로 풍선을 반환점이 있는 곳까지 옮겨 간 다음 돌아와서 풍선에 손을 대지 말고 물통에 풍선을 넣고 숟가락을 다음 사람들에게 넘겨 주는 것이었어요. 이렇게 해서 풍선 3개를 모두 물통에 넣거나 물통 위에 먼저 올려 놓는 조가 이기는 거예요.

우리가 아는 한 사람이 중학교 학생들과 이 게임을 해 보았다고 한다. 아이들은 처음에는 어리둥절해 하며 혼란스러워 보였다고 한다. 그리고는 발표하는 동안에 메시지를 찾아냈다. "아, 알았다. 게임에 대한 규칙이 없으면 게임이 안 된거야. 그러니까 우리는 규율이 필요해. 십계명 같은 것 말야, 안그러니?'라고 한 아이가 말했던 것이다.

교사는 이 메시지를 훨씬 짧은 시간에 간단하게 말해 줄 수도 있었다. 그러나 학생들은 경험을 통해 하나님의 계명에 대한 진리를 스스로 찾아낼 수 있었다. 그들은 배웠다. 그리고 기억할 것이다.

4. 아무도 소외되지 않는다.
협동 학습 방법을 사용하는 곳에서는 말이 많은 한두 사람만이 아니라 모든 사람이 반응한다.

개인적이고 경쟁적인 학습 모델을 사용하는 곳에서는 대부분의 학생들, 아니면 적어도 많은 학생들이 딴 생각을 하고 있다. 그들은 선생님에게만 잘 보이면 된다. 그리고 학생들은 교사보다 숫적으로 월등이 우세하다. 교사는 한 번에 한 학생만 지명할 수 있다. 교사가 대부분의 학생들과 아무런 개인적인 만남을 갖지 않은 채 그저 시간만 보내는 경우도 많이 있다. 학생들도 이것을 알고 있다. 그리고 그런 식의 수업에서 학생들의 마음은 교실을 떠난 것과 같다.

그러나 협동 학습을 하면서는 자기 짝과 조원들에게 반응을 해야 할 책임이 있다. 짝은 서로 의지하며 서로에 대해 책임 의식을 가진다.

그리고 이 방법을 사용하는 교사는 어떻게 이것을 활용해야 하는지를 안다. 그래서 "자기 짝이 대답을 알고 있다는 것을 아는 사람은 일어서라." 라고 말할 수 있을 것이다. 그리고 그것은 모든 사람들을 배움으로 이끈다.

5. 사람들과의 관계를 맺는 기술이 개발된다.

학생들이 공동의 목표를 달성하기 위해 함께 일할 때 직접 그 주제에 관한 것 이상을 배운다. 서로 잘 어울려 지낼 수 있는 법을 배우게 되는 것이다.

많은 사람들은 요즘의 젊은 세대가 기본적인 예의도 잘 갖추지 못했다고 불평한다. 또 어떤 사람들은 이 문제를 가정 교육의 탓으로 돌리기도 한다. 한 설문 조사에서 대학 졸업생들은 성인이 된 지금 필요한 협동 기술이 실제로 학교 교육에서는 무시되었다고 응답했다.[5] 만일 젊은이들이 어느 곳에서도 이런 인간 관계 기술들을 배우지 못한다면 교회가 이런 훈련을 제공해 줄 수 있는 가장 적절한 곳이 될 것이다.

협동 학습은 이 기본적인 인간 관계를 위한 훈련을 마련해 준다. 참가자들은 의사 소통에 필요한 기술들, 즉 듣기와 말하기 의사 결정 기술, 신뢰, 갈등, 경영, 타협, 리더십, 협동심 등을 배운다.

6. 사람들과의 관계를 돈독하게 해 준다.

협동 학습은 평생 필요로 하는 기술을 훈련받을 수 있게 할 뿐 아니라 우리가 만나는 사람들과의 관계를 돈독하게 해 준다. 그들은 서로 친구가 된다. 다양한 연령층의 사람들이 교회 문을 들어설 때 느끼는 배고픔 중의 하나는 친구가 필요하다는 것이다. 청소년들이 자기들만의 모임에 참석하는 가장 큰 이유 중의 하나는 친구를 사귀고 친구들과 함께 있을 수 있기 때문이다. 첨단 기술의 세상은 외로움이라는 전염병을 만들어내고 있는 것이다.

그러면 교회는 사람들이 서로 교제하고 서로를 알아가도록 해 주는 경험을 제공하고 있는가?

아쉽게도 그러지 못하고 있다. 대부분의 교육과정과 교사들은 크리스천이 우정을 쌓을 수 있는 모든 기회들을 급하게 스치고 지나가 버린다. 우리가 참석해 본 대부분의 성인 교실은 어떤 사실을 마구 쏟아내는 교사와 두세 명의 수다스러운 사람들에 의해 이끌리고 있었다. 몇 주 혹은 몇 년을 같은 모임에 참석하면서 말한마디 하지 않고, 누구와도 깊은 관계를 맺지 못하고, 아무런 도움도 주지 못하는 경우가 생길 수도 있었을 것이다.

그러나 협동 학습은 부끄러움을 많이 타는 사람까지도 다른 사람들과 이야기하고 관계 맺는 것을 쉽게 할 수 있도록 해 준다. 지도자나 교사가 짝과 함께 혹은 그룹 안에서 일하도록 요구할 때 그들은 더 이상 대중 앞에서 무언가를 해야 한다는 부담감을 느끼지 않아도 된다. 그들은 이제 몇몇의 친구들과 함께 인생의 문제를 해결하기 위한 방법을 찾게 된다.

그리고 이 과정을 통해 좋은 크리스천 친구들을 사귀게 된다. 그리고 사람들이 어느 교회를 계속 출석하게 되는 것은 어떤 공식적인 가르침때문이 아니라 이러한 우정때문이기도 하다.

우리는 교회에서 이 협동 학습 방법을 사용하지 않을 수 없다.

협동 학습 기법

지금부터 교회에서 효과적으로 활용할 수 있는 협동 학습 기법 몇 가지를 소개한다. 이 모델들을 활용할 때는 교사가 학생들에게 특정한 짝을 지어주거나 소그룹을 정해 주는 것이 좋다. 이렇게 함으로써 시끄러운 아이들이 한 곳에 몰리는 것을 막을 수 있어서 학습과 협동의 효과를 극대화할 수 있다. 또한 이미 사귄 친구를 넘어 새로운 친구를 사귈 수 있게 해 준다.

모든 활동은 짝이나 소그룹으로 하는 활동을 몇가지 한 다음 전체 그룹으로 사람들을 다시 소집한다. 이 때 교사는 각 개인이나 혹은 그룹별로 보고를 하게 하거나 그들이 발견한 것들을 나누게 해 준다. 이런 방법은 짝이나 소그룹에 대한 책임 의식을 갖게 해 준다.

짝 – 나눔

이 기법은 교사나 리더가 질문을 하거나 과제를 제시하면 짝에게 자신의 의견을 표현하는 방식이다. 모든 학습자는 자기 생각을 표현하기 때문에 수동적인 관찰자는 아무도 없다. 그런 다음 교사는 학생들에게 짝의 의견을 발표하게 하는 것이다.

이 방법은 학생들에게 잘 듣는 능력뿐 아니라 말할 수 있는 능력을 요구한다. 말로 표현하는 것은 산만한 개념들을 하나로 엮어 주고 그것이 교회 밖의 삶으로 전환될 수 있는 기회를 높여준다.

"좋은 학습은 대화를 통해 이루어진다."
-테드 사이저(Ted Sizer)

이 방법은 간단하면서도 매우 효과적이다. 그러나 교회는 사실상 이 방법을 무시해 왔다. 교회에서 사용하고 있는 교육 자료에 "이 질문에 대한 대답을 짝에게 이야기 해 보라."와 같은 표현을 본 적이 있는가? 그리고 교회 교사나 설교자들이 짝을 지어 질문에 대한 대답을 해보게 하는 것을 본 적이 있는가?

  교회에서 일반적으로 사용되고 있는 방법은 교사가 전체 그룹으로부터 대답을 끌어내는 것이다. 그리고 대부분의 경우 한두 명의 목소리 큰 사람이 말을 한다. 그리고 나머지 사람들은 다른 흥미로운 일에 마음을 빼앗긴 채 앉아 있다. 이런 모습은 성인들을 위한 모임이나 아이들을 위한 경우나 마찬가지다.

  '짝-나눔' 방법은 여러 연령층의 사람들에게 사용될 수 있다. 많은 교사들은 유년부 아이들에게 서로 짝을 지어 이야기해 보도록 시키는 일을 상상도 못한다. 그러나 해보라! 전체 그룹에게 "어떤 사람을 도와주었던 일을 기억할 수 있는 사람 있어요?"라고 묻는 대신 "옆사람에게 어떤 사람을 도와 주었던 일에 대해 이야기해 보세요."라고 말하라. 5살짜리 어린이들도 이야기할 기회를 가지고 참여할 때 더 많은 것을 배운다.

서로 읽어 줌

  이 방법은 나이가 어린 학생들이 짝에게 어떤 이야기나 짧은 문장을 읽어 주게 하는 방법이다. 물론 잘 모르는 단어나 뜻은 선생님의 도움이 필요하다. 또한 고학년 학생들이나 어른들의 경우에는 짝과 함께 그 구절이나 이야기에 대한 자신들의 생각을 이야기하게 하는 방식이다.

  지금까지 대부분의 교회 교과 과정이나 교사들은 한 사람이 그룹 전체를 위해 성경을 읽도록 하고 있다. 그래서 한 사람은 읽고 다른 사람들은 존다.

  이제 교사들의 통제권을 좀 늦추고 짝으로 하여금 읽고 반응하게 하자. 그렇게 하면 학생들 모두 참여할 것이며 그 결과 더 잘 배우게 될 것이다.

교사들은 자신들의 지시 감독이 없으면 학생들이 주어진 본문에 집중하지 못할 수도 있다고 우려를 한다. 그러나 교사의 지시를 받는 지금의 학습 방법에서도 사람들은 집중하지 못하고 있다. 짝에게 읽어 주는 방식을 도입한다고 해서 잃는 것은 아무것도 없다.

소그룹

학생들이 소그룹 내에서 특정한 구절이나 이야기를 같이 읽고 질문에 대답하는 방식이다. 소그룹에 속한 각 사람에게 구체적인 역할을 맡길 수도 있다. 예를 들어 보면,

- 낭독자
- 기록자 (읽고 토의하는 동안 드러나는 중요한 생각들을 기록하게 한다.)
- 확인자 (그룹에 의해 결정된 의견을 모든 사람이 이해하고 동의하고 있는지를 확인하게 한다.)
- 도우미 (침묵하고 있는 사람이 자신의 의견을 나눌 수 있도록 격려하는 일을 하게 한다.)

모든 학생이 하나씩 책임을 맡아서 그것이 무엇인지 이해하고 소그룹에 공헌할 때 더욱 많은 것들이 이루어지고 많은 것을 배우게 된다.

요약 짝

이 방법은 한 학생이 한 단락을 읽으면 짝이 그 구절을 요약하고 그 의미를 풀이하는 방식이다. 이 때도 두 사람이 한 번씩 역할을 바꾸어서 해본다.

특정 구절을 자신의 말로 다시 표현하는 방식도 토론에 효과적으로 활용될 수 있다. 누구든지 자신의 생각을 나누기 원하는 사람은 먼저 바로 앞사람이 말한 내용을 다시 설명하게 하라. 이렇게 하면 듣는 기술을 연마할 뿐 아니라 의사 전달 과정에서 귀환효과가 가지는 힘이 나타난다.

조각 맞추기

소그룹에 속한 각 사람마다 각기 다른 개념이나 성경 구절 혹은 어떤 주제의 일부를 배운 다음 자기 그룹 사람들에게 그것을 가르친다. 그 결과 모든 사람이 가르치고 또한 다른 사람이 발견한 것을 배울 수 있게 된다. 이 방식을 조각 맞추기라고 부르는 이유는 완성된 그림에 대해 자기 그룹이 맡는 부분을 책임져야 하기 때문이다.

그 예를 하나 들어보자.

4명이 한 조가 되게 하라. 각 사람에게 번호를 부여하라. 그래서 1번이 된 사람끼리, 2번은 2번끼리, 3번은 3번끼리 그리고 4번은 4번끼리 교실의 네 귀퉁이에 모이게 하라.

그리고 지금 있는 곳에서 배운 것을 자기의 처음 조원들에게 가르쳐 주어야 한다고 일러 주라.

같은 번호끼리 모여 있는 사람들에게 다음의 과제를 내어 주라.

1번 : 시편 22편을 읽고 토의한 후 예수님에 대한 예언들을 찾아 열거하라.

2번 : 이사야 52:13-53:12을 읽고 토의한 후 예수님에 대한 예언들을 찾아 열거하라.

3번 : 마태복음 27:1-32을 읽고 예수님께 일어났던 일들을 찾아 열거하라.

4번 : 마태복음 27:33-66을 읽고 예수님께 일어났던 일들을 찾아 열거하라.

교실 귀퉁이에서의 토의가 끝나면 원래 자신의 조로 돌아가 배운 것을 보고하게 하라. 그런 다음 예수님에 대한 어떤 예언이 마태복음 구절들에서 이루어졌는가를 결정하게 하라.

각 조에서 다양한 사람들을 앞으로 나오게 해서 성취된 예언들 중 한두 가지를 발표하게 하라.

협동 학습에 따르는 유의 사항

학생들이 협동 학습의 그룹에 바로 적응하고 성공적으로 참여할 것이라고 기대하지 말라. 그들이 선호하는 틀을 기억하라. 그들은 개인주의적이고 경쟁적인 학습 분위기에 익숙해져 있다. 그리고 서로 협력하고 서로 돕고 이야기하는 데는 익숙하지 않다. 그들이 처음부터 이 새롭고 낯선 학습 환경 속에서 편안함을 느낄 것이라고 기대할 수는 없다.

그러므로 몇 번 시도해 보고 포기하지 말라. 다른 모든 새로운 기술들을 익히는 것과 마찬가지로 이 학습 방식을 따르는 데도 연습이 필요하다는 것을 이해하라.

배우는 사람들에게 당신이 새로운 학습 방법을 시도하고 있다는 것을 알게 하라. 처음에는 좀 어색하게 느낄 수도 있지만 곧 이런 협동 학습을 즐기게 될 것이라는 확신을 심어주라.

그리고 시간을 내서 협동 학습 과정에 따르는 몇 가지 신호들에 대해 알려주라. 계속해서 소그룹으로 혹은 짝으로 흩어졌다 전체적으로 다시 모이는 활동들이 반복되기 때문에 약간 소란스러울 것이다. 그러므로 학생들의 주의를 쉽게 집중시키기 위해서는 모두 알고 있는 신호가 있어야 한다. "쉬-!" 라든가 "모두 조용히 하세요!" 등의 신호는 별로 추천할 만하지 못하다. 그보다는 사람들이 다음과 같은 신호를 보고 듣는데 익숙해 지도록 훈련시키라.

- 전등을 껐다 켬
- 호루라기를 붐
- 한 손을 들어올림 : 학생들도 손을 들고 조용히 할 것
- 박자에 맞춘 손뼉 소리
- 하모니카 소리

학생들은 이런 협동 학습 분위기에 금방 익숙하게 된다. 그리고 중요한 영적인 성숙을 향해 나아가는 길에 서게 될 것이다.

이제 당신은 협동 학습의 유익을 알게 되었을 것이다. 그렇다면 당장 시도해 보라. 아래에는 각 나이 별로 협동 학습 방식의 몇 가지 활동들을 소개한다.

짝 – 나눔 방식

다음에 소개되는 활동들은 함께 일하고 서로 배우는 짝의 소중함을 보여준다.

말이 살아나게 함
(청소년과 성인)

두 사람씩 짝을 지은 다음 눈을 가리게 하라. 그리고 다음과 같이 말하라 : 지금부터 선생님이 모두에게 물건을 하나씩 나누어 줄 거예요. 그것을 받으면 그것의 이름이나 어디에 사용하는 것인지에 대해서는 말하지 말고 다른 말로 그 물건에 대해 짝에게 설명해 주세요. 자기가 받은 물건이 무엇인지 모를 수도 있어요. 그러나 상관없어요. 설명하는 시간은 약 20초 정도 주어질 거예요. 그리고 설명을 듣고 있는 사람은 그것이 어떻게 생겼고 어떻게 느껴질지를 머리 속에 그려보세요. 그런 다음 그 물건을 받아서 직접 만져보세요.

여러가지 자질구레한 잡동사니가 담긴 상자에서 물건을 하나씩 꺼내어 나누어 주라. 그 상자에는 클립, 열쇠 고리, 병뚜껑 그리고 설명하기 쉽지 않은 토스터나 전축 혹은 기계에서 나온 부품 같은 것들을 담아 준비하라. 집에 있는 잡동사니들은 다 모아오면 될 것이다.

자기들이 가진 물건에 대한 설명이 끝나고 서로의 물건을 바꾼 후 눈가리개를 풀게 하라.

그리고 각자의 짝에게 다음 질문들을 하게 하라.

● 들고 있던 물건에 대해 짝에게 설명할 때 어떻게 느꼈는가? (힘들었다 / 확신이 있었다 / 확신할 수 없었다)

● 그 물건을 만져 보니 설명을 들으며 머리 속에 그려보았던 것과 어떻게 달랐는가? (설명을 들은 것이 무엇인지를 알게 되었다 / 더 잘 이해하게 되었다.)

● 실제로 그 물건을 보게 되었을 때 설명을 듣고 생각했던 것과 어떻게 달랐는가? (그것이 무엇이었는지를 알게 되었다 / 짝이 무슨 말을 하려고 했는지 이해하게 되었다.)

각자 전체 그룹에서 보고하게 하라. 그리고 짝끼리 번갈아가며 요한복음 1:1-18을 큰 소리로 읽게 하라. 짝이 한 절 읽으면 그 구절에 대해 자신이 생각하는 것을 요약해서 설명하게 하라.

그런 다음 다음 질문들을 토의하게 하라.

● 앞에서 물건을 손으로 만져 게 된 것과 하나님께서 육신을 입으신 것은 어떤 점에서 유사한가? (하나님께서는 우리가 더 잘 이해할 수 있도록 사람이 되셨다 / 우리가 하나님과 교제할 수 있도록 하나님께서 육신을 입으셨다.)

●왜 하나님은 예수님으로 이 땅에 오시기로 결정하셨는가?(우리가 그 분을 더 잘 알 수 있도록 / 하나님이 추상적인 분이 되지 않도록.)

짝과 발견한 것을 전체 앞에서 이야기하게 하라. 그런 다음 둥그렇게 서서 가지고 있는 물건들을 중앙에 가져다 놓게 하라. 학생들에게 돌아가면서 쌓인 물건들 중 하나를 집고 그것이 사람으로서 혹은 하나님으로서의 예수님에 관한 어떤 점을 보여주는지 설명하게 하라. 예를 들면 연필을 잡은 사람은 "예수님이 오늘 이곳에 계시다면 그분은 이 연필을 사용하실 수도 있을 거예요." 혹은 "예수님은 이 연필을 만들 수 있는 나무를 창조하실 수 있는 분이시지만 사람이 되어 우리와 함께 그 나무 사이를 걷는 것을 택하셨어요."라고 말할 수 있을 것이다. 학생들이 창의적으로 예수님에 대해 묘사할 수 있도록 이끌어 주라.

이제 다음과 같이 말하라 : 예수님에 대해 성경이 말하고 있는 내용들을 살펴보면서 오히려 질문이 더 늘어났을 거예요. 그런 궁금증을 두려워하지 말고 더 자세히 알아보세요. 예수님에 대해 더 많이 배우면 배울수록 더 많은 것을 알고 싶어할 거예요.

학생들에게 연필과 종이를 나누어 주라. 종이를 찢어서 물음표 모양을 만들게 하라. 그리고 다음과 같이 말하라 : 여러분이 만든 물음표 모양 위에 각자의 이름을 쓰고 다음 문장을 완성해 보세요.

●예수님이 완전한 하나님이시고 또 완전한 사람이라면 나는

_____ .

●예수님에 대해 아직도 가지고 있는 의문은

_____ .

●예수님을 더 잘 알기 위해 내가 할 수 있는 일은

_____ .

모든 학생들이 새로 짝을 정하고 물음표 위에 쓴 것들을 서로 이야기하게 하라.

모두 손을 잡고 둥그렇게 선 다음 자기의 짝이 물음표 위에 쓴 것들에 대해 한 가지씩 칭찬하게 하라. 예를 들어 "네가 예수님에 대해 한 질문이 정말 좋다고 생각해." 라든가 "예수님을 더 알기 위한 너의 생각은 정말 좋은 아이디어라고 생각해." 라고 말할 수 있을 것이다.

모두 마치고 나면 물음표들을 수업이 끝날 때까지 벽에 붙여 두라.[6]

이 학습 활동에서 짝-나눔 방식은 효과적으로 사용될 수 있다. 왜냐하면 학생들 각자에게 한 물건에 대해 추측해보고 그것에 대해 표현할 수 있는 기회를 주기 때문이다. 아무도 뒤로 물러나 가만히 앉아 있을 수 없다. 그리고 두 사람이 같이 하는 활동은 토론이 덜 두려운 것으로 느껴지게 한다. 전체 그룹을 상대로 믿음에 대해 말하는 것보다는 한 사람에게 이야기할 때 쉽게 마음을 열 수 있다. 만일 이 활동을 많은 사람들을 상대로 시도해 본다면 담이 큰 한두 사람만 참여하게 될 것이다. 그리고 나머지 학생들은 아무것도 배우지 못하고 떠나게 될 수도 있다.

이 짝-나눔 방식은 거의 모든 학급에서 사람들의 참여를 높이기 위해 활용될 수 있다.

소그룹 방식을 활용한 학습

다음의 학습 활동이 소그룹에 속한 사람들에게 어떻게 특정한 역할을 배정하는지 잘 살펴보라. 이 활동은 각 사람에게 그룹의 성공에 없어서는 안 되는 중요한 일을 맡겨준다.

감추어진 메시지
(초등학교 5학년 이상)

전지 위에 "난 네가 못 생겼다고 말하지 않았어." 라고 써서 교실 앞쪽에 붙여 놓으라.

한 조에 4명씩 되게 조를 짜서 각각 다음의 역할을 맡기라 : 아이디어들을 기록하는 서기 역할을 할 사람, 그룹의 대표 역할을 할 사람, 총무 역할을 맡을 사람, 그리고 모든 사람들이 참여하도록 격려하는 역할을 할 사람.

각 그룹의 서기 역할을 맡은 사람에게 종이와 연필을 나누어 주라. 그리고 총무부터 시작해서 돌아가면서 전지 위에 적힌 내용을 큰 소리로 읽게 하는데 각기 다른 단어를 강조하면서 읽게 하라. 예를 들어 총무 역할을 맡은 사람은 '난' 을 강조해서 그 문장을 읽고 그 다음 사람은 '네가' 를 강조하고 그 다음 사람은 '못 생겼다고' 를 강조해는 것이다.

매번 문장이 읽혀질 때마다 총무의 역할을 맡은 사람은 그 단어를 강조했을 때 그 문장이 무엇을 의미하게 되는지를 나머지 사람들에게 물어보게 하라. 서기 역할을 맡은 사람은 조원들의 대답을 기록하게 하라.

다 마친 후 다음의 질문들을 토의하게 하라.
- 이 문장은 몇 개의 의미를 가질 수 있는가? (적어도 6개)
- 처음 이 문장을 그냥 보았을 때 어떻게 이해했는가? (나는 네가 못생겼다고 생각만 했다 / 나말고 누군가가 네가 못생겼다고 생각했다.)
- 말 이외에 어떤 것들이 당신의 의도를 다른 사람들에게 전달하는가? (목소리의 어조 / 얼굴 표정 / 몸짓)
- 가족들이 당신의 말을 오해하면 당신은 어떻게 반응하는가? (무시한다 / 해명하려고 한다 / 짜증을 내고 포기해 버린다.)

그룹의 대표를 맡은 사람들에게 서기가 기록한 것을 기초로 해서 돌아가면서 자기 그룹의 대답을 전체 모임에 발표하게 하라. 그런 다음 그룹의 총무 역할을 맡은 사람에게 에베소서 4:29-32 크게 읽게 하라. 그리고 다음의 질문들에 대해 서로 토의하게 하라.
- 이 성경 구절을 7 어절 이내로 요약해 보라.(다른 사람을 돕기 위해 말을 사용하라 / 친절과 사랑을 보여주라.)
- 가정에서 어떤 것들이 우리의 말에 오해를 불러 일으키는가? (불신 / 비뚤어진 자세 / 다른 사람의 의견을 듣지 않으려는 태도)
- 어떻게 하면 우리 가족이 좋은 의도로 하는 나의 말을 그대로 받아들이게 할 수 있을까? (계속해서 식구들에게 좋은 말을 한다 / 말과 행동이 같게 한다 / 말한 것을 바로 이해했는지 확인하게 위해 반응을 보여 줄 것을 요구한다.)

다음과 같이 말하라 : 때로 우리는 가족에게 상처를 주는 좋지 않은 말을 하기도 해요. 또 어떤 때는 말 자체는 그렇게 나쁘지 않지만 그 말을 하는 우리의 태도가 그들의 마음을 상하게 하기도 하지요. 서로를 위하는 대화는 가족을 하나로 묶어줘요. 이것은 우리가 친절하고 좋은 말을 해야 할 필요가 있으며 오해하지 않도록 주의해야 할 필요가 있다는 말이에요.[7]

협동 활습에서는 각 사람이 특정한 역할을 맡는다. 이러한 활동이 어떻게 작용하는지 생각해 보라. 이런 학습 활동은 각 개인이 중요한 공헌을 할 수 있게 해 준다. 이것은 자긍심을 갖도록 도와 주며, 평소에는 잘하려고 하지 않는 일에 대해 연습할 수 있는 기회를 주며, 참여도를 높여준다. 그리고 그룹은 자신의 역할에 충실한 개인들에 의존한다. 누구도 예외가 될 수 없다.

요약 짝 방식을 활용한 학습

다음 활동 가운데서 학생들이 성경을 요약하고 해석하는 것을 통해 어떻게 서로 도와가며 주어진 과제를 해결하는지를 잘 살펴 보라.

줄넘기 노래가 된 시편

(초등학교 2학년 이상)

아이들을 둘씩 짝 짓는다. 성경과 종이, 연필을 각 쌍에게 나누어 주라. 각 쌍에게 다음의 성경 구절들을 하나씩 나누어주라 : 시편 8:1-2,

시편 18:2-3, 시편 66:3-4; 시편 149:1, 3; 시편 150:1-2. 한 사람이 성경 구절을 읽으면 다른 사람은 그 구절을 자신의 말로 표현해 보게 하라. 그리고 역할을 바꾸어서 해보라. 그런 다음 두 사람이 같이 줄넘기 노래 가락에 맞게 바꾸어서 적어보게 하라.

각 쌍에게 줄넘기 줄을 잡고 돌리면서 시편의 가사로 만든 노래를 부르고 다른 학생들은 그 가락에 맞추어 줄넘기를 하게 하라. 돌아가면서 모든 노래로 다 줄넘기를 하게 하라. 그 노래를 잘 외워두었다가 나중에 놀이터에서 놀 때 사용하도록 격려하라.

모두에게 박수를 보내고 다음과 같이 질문하라 : 하나님을 찬양하는 것이 왜 좋은 일인가? 어떻게 하나님을 찬양할 수 있는가? 하나님에 관한 어떤 것을 찬양하고 싶은가?

아이들이 둥글게 모여 무릎을 꿇고 앉게 하라. 그리고 돌아가면서 마무리 기도로 자기가 만든 노래를 크게 읽게 하라. 모든 아이들이 다 읽고 난 후 '예수님의 이름으로 기도합니다. 아멘' 으로 끝내라.[8]

아이들이 둘씩 짝이 되어 줄넘기 노래 만드는 것을 상상해 보라. 이 요약 짝 방식을 활용한 학습 활동은 학생들이 서로 도와가며 성경에 대해 좀더 깊이 알아보도록 도움을 준다. 반면에 전통적인 학습 방법은 교사만이 전체 학생들에게 어떤 내용을 전달해 준다. 이 요약 짝 방식은 학생들의 참여도를 높여 주고, 자신들의 능력을 믿고 발견해 나가는 학습이 이루어지게 한다.

그림 조각 맞추기(직소 퍼즐) 방식을 활용한 학습

아래의 활동들은 그림 조각 맞추기 방식이 어떻게 활용될 수 있는지를 보여준다. 이 활동들은 우리 모두가 상호 의존적이며 서로를 필요로 하고 있다는 사실을 새로이 보여준다.

다시 찾은 창조

(초등학교 고학년부터 중학생)

아이들을 일곱 조로 나누라. 한 사람이 한 조가 될 수도 있다. 만일 모인 사람이 7명 이하일 경우는 몇 개의 성경 구절들을 하나로 묶어 사용하라. 창세기 1 장에서 나온 다음의 성경 구절들을 각 조에 배정하라 : 1-5절, 6-8절, 9-13절, 14-19절, 20-23절, 24-25절, 26-31절.

그런 다음 이렇게 말하라 : 자, 지금부터 선생님이 지적한 구절을 읽고 어떻게 하면 여러가지 소리와 연기를 사용해 그 구절을 연극으로 옮길 수 있을지 생각해 보세요. 태초에 하늘과 땅이 만들어지는 것을 보고 있었다면 어땠을까 상상해 보세요. 선생님이 3분 동안 시간을 줄테니 준비해서 발표해 보세요.

3분이 지난 후 모두 모이도록 신호를 보내라.

그리고 이렇게 말하라 : 여러분이 발표하는 동안 선생님은 창세기 1 장을 읽어나가겠어요. 그러다 "하나님이 가라사대"라는 구절이 나올 때마다 선생님이 신호를 하면 모두 함께 외치도록 하세요. 자 한 번 연습해 볼까요. 신호를 주고 말하라 : 하나님이 가라사대. 정말 잘했어요. 자 그럼 창세기 1장을 시작해 보겠어요.

학생들의 자신들이 맡은 구절을 발표하고 나면 그들의 노력과 창의성에 대해 칭찬해 주라. 그리고 다음 질문들을 하라.

● 이 이야기를 읽고 연극으로 만들 때 느낌이 어떠했는가? (하나님이 얼마나 위대하신 분이신지를 알게해 주었다 / 하나님이 이 모든 것을 어떻게 다 했을지 상상이 가지 않았다.)

● 이 모든 것이 우연히 생겨난 것 - 즉 하나님과 아무 상관이 없다고 말하는 사람이 있다면 뭐라고 말할 것인가? (이렇게 복잡한 것이 우연히 이루어질 수는 없다고 말해 줄 것이다 / "태초에 하나님이 창조하셨다"라고 성경에 기록되어 있고 나는 그것을 믿는다고 말해 줄 것이다)

이렇게 말하라 : 하나님이 만드신 이 놀라운 세상에서 살 수 있는 것은 특권이에요. 이 모든 것이 그저 우연히 일어났다고 믿는다는 것은 어려운 일이죠. 우리는 "태초에 하나님이 천지를 창조하시니라."고 말하는 있는 성경을 믿을 수 있어요.[9]

각 조에 각기 다른 성경 구절이 맡겨져 있기 때문에 전체 이야기가 완성되기 위해서는 모든 사람들이 참여하지 않을 수 없다. 퍼즐 조각과 마찬가지로 창조의 전체 그림을 완성하는 데에 각 조의 역할은 없어서는 안된다. 모인 사람 전체를 위해 교사나 혹은 한 사람이 성경 구절을 읽는 때와 달리 모든 사람이 연기에 참여함으로 참여도를 높이고 기억에 오래 남게 된다.

다음은 그림 조각 맞추기를 좀 다른 식으로 활용한 학습 활동이다.

동료의 힘
(초등학교 5학년 이상)

　세 명이 한조가 되게 하라. 세 사람 중 한 사람은 사자, 또 한 사람은 호랑이 그리도 또 한 사람은 곰이 되게 하라. 사자부터 시작해서 소중한 것을 잃어버렸거나 혹은 가까운 사람이 떠나게 되었을 때 위로를 받았던 경험에 대해 서로 이야기해 보게 하라. 예를 들어 사랑하는 사람이나 애완용 동물이 죽었을 때 혹은 가정에 어려운 일이 생겼을 때 등이 될 것이다. 호랑이와 곰은 어려울 때 도움을 받으면 사람들이 얼마나 다행스럽게 느꼈는지에 대해 잘 듣게 하라. 호랑이와 곰에게도 자신들의 경험을 나누게 하라.

　각 학생에게 연필과 종이를 나누어 주고 사자가 된 학생은 교실의 뒤쪽에 모이게 하라. 사자들에게 고린도후서 1:3-4을 읽고 다른 사자들과 협력하여 그것을 자신들의 말로 다시 쓰게 하라. 호랑이들에게는 교실의 옆쪽에 모이게 해서 로마서 5:21을 그리고 곰들에게는 교실의 앞쪽에 모이게 해서 데살로니가전서 4:13-18을 주고 사자들이 한 것과 똑같이 하게 하라.

　몇 분이 지난 후 신호를 보내 학생들의 주의를 집중시키라. 이제 원래 자기의 조로 돌아가게 해서 자기가 풀어 적은 성경 구절에 대해 돌아가면서 나누게 하라. 그런 다음 이 세 성경 구절을 마음에 새기고서 사랑하는 사람을 잃은 친구를 위로하기 위해 자신들이 할 수 있는 일들을 같이 생각해 보게 하라. 각 조에서 발견한 아이디어들을 종이에 적게 하라.

그리고 다음과 같은 질문을 하라.

● 친구가 슬픔에 잠겨 있을 때 이 아이디어들을 실행에 옮기지 못하게 우리를 막는 것은 무엇인가? (무슨 말을 해야 할 지 모르겠다 / 상대가 원하는지 확실히 잘 모르겠다 / 죽음에 대해 이야기를 하는 것이 익숙하지가 않다.)

● 다른 사람이 어떻게 할 때 가장 큰 위로를 받을 수 있다고 생각하는가? (카드를 받는 것 / 포옹해 주는 것)

그런 다음 이렇게 말하라 : 이런 활동은 사랑하는 사람을 잃어버린 사람을 위로하도록 우리를 돕는 데 좋은 아이디어들이에요. 우리는 때로 슬퍼하는 사람을 피하고 싶은 생각이 들지만 예수님은 우리가 죽음과 슬픔을 다룰 수 있도록 힘을 주실 수 있어요. 그 분은 그렇게 하기 위해 우리와 우리가 생각해 낸 아이디어들을 사용하실 거예요.

세 사람이 현재 겪고 있는 어려움을 서로 나누게 하라. 한 사람이 나눈 후 다른 두 사람은 성경 구절로부터 나온 아이디어들을 사용해 그를 위로하고 격려하게 하라.[10]

이 그림 조각 맞추기를 활용한 학습 활동 역시 학생들에게 서로 다른 정보의 조각들을 함께 나누게 한다. 이 활동 속에서 학생들은 각자 다른 성경 구절을 제공할 뿐 아니라 서로에게 도움을 줄 수 있다.

8
진정한 학습이 이루어지게 하는 교과 과정을 사용하라

앞에서 우리는 요즘 사람들의 학습에 어떤 것들이 효과가 있으며 어떤 것들이 그렇지 못한가를 살펴 보았다. 그리고 지금까지 우리는 사람들이 어떻게 배우는가에 초점을 맞추어 왔고 누가 가르치느냐에 대해서는 별로 언급하지 않았다.

교사들에 대해서는 어떻게 생각하는가? 학생들로 하여금 배우고 자라게 하는 것은 "프로그램이 아니라 사람이다"라고 말하는 사람들이 많을 것이다. 그 말에 일리가 없는 것은 아니다. 대부분의 어른들이 지난 날 주일학교 때의 어린 시절을 회상하면서 자주 기억해 내는 것은 어떤 특정한 수업이 아니라 사람, 즉 선생님이다. 성령께서는 하나님이 사용하시는 훌륭한 교사들을 통해 사람들에게 말씀하신다.

사랑과 동정, 이해, 격려와 조언, 교회 밖에서의 시간을 학생들에게 쏟아붓는 교사들의 중요성에 대해서는 이미 많이 이야기되어 왔고 또 많은 책들이 있다. 이에 대해서는 이미 많이 다루어져 왔기 때문에 이 책에서는 논의하지 않을 것이다.

뿐만 아니라 냉정하고 무관심하며 거리를 유지하며 동정심이 없는 교사들 때문에 교회에서 사람들이 배우지 못하는 것은 아니라는 것을 보여주는 수많은 증거들이 있다. 어떤 조사에도 그리고 우리들의 연구에서도 이것이 문제가 된 적은 찾아볼 수 없다.

대부분의 교사들은 학생들을 사랑하는 좋은 사람들이다. 그들은 다른 사람들의 삶에 변화가 있기를 바라기 때문에 자기의 귀한 시간을 투자하는 봉사자들이다. 무엇보다도 그들은 자기에게 주어진 자원으로 할 수 있는 최선을 다하는 사람들이다.

그러므로 이제 우리는 그들에게 주어진 것들, 바로 교재에 대해 생각해 보기로 한다. 대부분의 교회는 다양한 연령층에 적합한 학습 교재를 펴내기 위해 상당한 예산을 할애하고 있다. 성도들은 해마다 변함없이 신실하게 십일조와 헌금을 내며 그 돈이 지혜롭게 사용되어지기를 기대한다. 그런데 선한 청지기직의 본보기로 수없이 많은 돈이 교재 출판에 투자되고 있다. 우리의 돈이 정말 잘 사용되고 있는 것이라고 보아야 하는가? 그 교재들이 정말 교회 교육의 목표를 이루는 데에 공헌하고 있는가? 혹시 학교 교과서처럼 이제 비효과적인 것으로 드러나고 있는, 비싸기만 한 시간 때우기용 자료에 불과한 것은 아닌가?

> "시간 때우기 위한 공부보다 더 후회스런 일은 없다.
> 그렇기 때문에 솔직하게 말해서 대부분의 주일학교 교재들은
> 화덕에서 불쏘시개로 사용될 정도의 가치밖에 없는 것이다."
> —하워드 헨드릭스(Howard Hendricks), 가르치는 이의 7가지 법칙 중에서

교회가 사용하고 있는 교재들의 실체를 볼 수 있도록 우리는 중요 기독교 출판사 – 교단 운영 출판사와 개인 출판사 모두 – 에서 발행한 공과들을 조사해 보았다. 기독교 교재들이 어떤 내용을 담고 있는지를 보여주기 위해 몇 개의 예를 간추려 보았다. 이 예들은 특이하고 독특한 것들이 결코 아니다. 다음에 보게 될 예들은 매우 일반적인 것들이다.

사소한 것들에 치중하기

수없이 많은 학생용 공과 교재가 사실에 대한 단답형의 대답을 요구하는 질문들로 메꾸어져 있다. 바울 사도에 초점을 맞추고 있는 예를 하나 보도록 하자.

그의 출생지는 (행 22:3) : _____
그가 겪은 고난 (고후 11:21-28)
    유대인으로부터 맞은 횟수는 : _____
    태장으로 맞은 횟수는 : _____
    돌에 맞은 횟수는 : _____
    파선한 횟수는 : _____
    바다에서 지낸 기간은 : _____

노아의 이야기를 다루고 있는 예를 보자. 각 숫자가 이야기와 어떤 관계가 있는지를 알아맞추는 것이다.

3 _____
40 _____
450 _____
2 _____
75 _____
7 _____
600 _____
45 _____
150 _____
601 _____
8 _____
25 _____

우리는 숫자의 인기가 높다는 것을 볼 수 있었다. 초등학교 3-4 학년용 교재에 나타난 계산 문제의 한 예를 보자. 아들을 낳게 되었을 때의 아브라함과 사라의 나이를 계산하는 문제이다.

시계에 있는 숫자 중 가장 큰 숫자는? _____
20 앞에 오는 숫자 + _____
   = _____
500원을 만드는 데 필요한 10원짜리 동전 갯수 + _____
   = _____
다음에 오는 숫자(5, 6, 7, 8, ___) + _____
   사라의 나이   = _____

자전거 5 대의 바퀴 수 + _____
아브라함의 나이 = _____

성경에 나오는 인물의 나이를 알아보고 싶다면 이런 방식으로 알아볼 것인가? 이런 일을 하게 하는 것이 배우는 사람들의 시간을 가장 잘 선용하는 것인가? 학생들은 이 정보를 기억할 것이라 생각하는가? 얼마나 오랫동안 기억하겠는가? 과연 아이들이 삶에 변화를 가져다 주는 내용을 배울 수 있겠는가?

생각할 필요가 없는 것들로 메꿈

많은 교재들은 생각을 할 필요가 없는 문제들로 이루어져 있다. 그리고 그런 것들이 공과 시간의 대부분을 잡아 먹는다. 한 예를 보도록 하자. 호세아서 11:1-4 구절 중 빠진 단어를 채워 넣으라는 문제다. 개역 성경을 사용하도록 되어 있다.

이스라엘의 _____ 때 내가 그를 _____ …
내가 에브라임(이스라엘)에게 _____ 을 _____
내 팔로 저희를 안을지라도
_____ 가 저희를 _____ 줄 알지 못하였도다.

이 연습은 이 곳에 보여주고 있는 것보다 훨씬 길게 이어지고 있었다. 그런 다음 이 연습은 같은 구절을 다른 번역본을 사용해 다시 하도록 요구하고 있었다. 이런 식으로 빠진 성경구절을 한자 한자 베껴 쓰는 것이 과연 학생들의 시간을 가장 잘 활용하는 것인가?

고등학생들을 위한 다음과 같은 교재도 볼 수 있었다. 교사용 교안은 학생들에게 치즈를 보여준 후 다음의 질문들을 하라고 지시되어 있었다.

1. 치즈는 무엇으로 만드는가?
2. 치즈를 만드는 우유를 내는 암소의 색깔은?
3. 우유의 색깔은?

이런 질문들을 받은 고등학생들이 무슨 생각을 할 것이라고 생각하는가? 이 교안은 자연의 신비를 요한계시록에 나타난 신비와 연결지어 보게 하려고 했다. 그렇지만 진짜 신비는 왜 고등학교 학생들에게 이런 질문을 하느냐이다.

단답형의 대답을 요구하는 질문은 어린이와 청소년들을 위한 교재에만 국한된 것이 아니었다. 성인들을 위한 교재에 나온 예를 보기로 하자.

예수님은 누구의 집에서 바리새인들의 잘못을 심하게 꾸짖으셨는가? (눅 11:37)

사지 선다형 질문들 역시 시간 때우기를 위해 인기있는 또 다른 항목이었다. 다음은 초등학교 3-4 학년 학생들을 대상으로 한 창세기에 대한 질문이다.

노아가 방주에서 나온 후 만든 것은 무엇인가?

a. 성

b. 레스토랑

c. 제단

같은 교재는 뒷부분에서 학생들에게 창세기 22:9을 보고 다음 질문에 대답하라고 요구하고 있었다.

아브라함은 _____을 쌓았다.

학생들이 교회에서 지겨워하는 것이 그들의 잘못인가? 아이들과 청소년들이 교회에서 생각할 일이 없다고 말하는 이유를 알아보기 위해 더 이상의 증거가 필요한가?

분명한 것들을 모호하게 만듦

어떤 교재들은 아주 분명하게 말하고 있는 하나님의 말씀을 택하여 이해할 수 없고, 혼란스럽고, 어리둥절한 것으로 만들어 놓고 있다. 물론 그들이 상당히 창의적인 노력을 기울였다는 것은 인정한다. 하나님의 말씀을 모호한 것으로 만드는 온갖 상상력이 기독교 교재에 나타나고 있다. 글자 맞추기, 미로 여행, 순서 맞추기, 암호, 거꾸로 쓰기, 감추인 글자 찾기, 수수께끼 그림, 빈칸 채우기 등이 교육 방법으로 선택되어 있다.

우리의 눈에 처음 들어온 것은 다양한 색을 사용한 순서 맞추기와 감추인 글자 찾기를 담은 잘 알려진 출판사의 교재였다. 다음과 같이 된 그 교재의 설명에 우리는 웃지 않을 수 없었다.

하나님의 말씀은 글자나 생각이 마구 뒤섞여 있는 것이 아니다. 그러나 여기 하나님 말씀을 바로잡아주는 게임을 해보자.

우리는
하 말 나 씀 님 의 을
들어야 한다.

우리는 단순히 말씀을 듣는 자가 아니라
는하자 듣 행가고
자가 되어야 한다

아이들에게 또 하나의 메시지를 암호 풀듯이 해독할 것을 요구하는 또 다른 출판사의 교재가 있었다. 그것은 밑줄 아래 쓰여 있는 자모음 바로 앞에 오는 자모음을 밑줄 위 공란에 채워 넣음으로 메시지를 찾아내도록 하는 것이었다. 처음 몇 개는 예를 보여준다.(단, 특수 문자는 자모음의 맨 마지막 것을 가리킨다)

ㅇ ㅣ ㄴ ＿ ＿ ＿ ＿ ＿ ＿ ＿ ＿ ＿ ＿
ㅈ ＊ ㄷ ㅊ ㅑ ㅁ ㅣ ㅁ ㅇ ㅑ ㅁ ㅑ ㅈ

이 게임도 우리가 여기 예로 보인 것보다 훨씬 길었다. 어린 아이들이 이 메시지를 해독하는 데는 상당한 시간이 걸릴 것이다. 그보다는 차라리 미가서 6:8을 찾아 그대로 읽게 하는 것이 분명한 뜻을 발견하는 데 훨씬 도움이 될 것이다.

또 하나의 인기 품목이 있다. 그것은 대부분의 학생용 공과 교재를 메꾸고 있는 것으로 중 고등학교 학생들이 영어 단어 숨아내기를 하면서 시간을 보내게 하는 것이다. 다음의 예를 보라.

아래의 글자 배열판 안에는 창세기에 1장에 나오는 15개의 단어 또는 문장이 들어 있다. 얼마나 빨리 그 단어들을 찾아낼 수 있는지를 보라. 그것들은 수평으로 혹은 수직으로 혹은 대각선으로 혹은 거꾸로 배열되어 있다. 답을 이 문제 아랫 칸에 기록하라.

```
한 멸 아 더 막 는 저 녁 책 없 뻔 글 번 홍 칠 감 펼 한 출 것
칠 꼴 침 선 선 멸 바 물 다 해 도 그 리 성 멸 라 초 생 밸 팽
선 착 음 더 천 바 고 여 다 하 도 까 리 자 심 나 태 격 날 실
결 말 멸 정 천 기 내 버 실 해 나 그 솔 방 철 라 의 아 개 개
똥 걸 속 가 라 사 대 뽕 멸 한 도 님 님 성 하 자 은 악 영 걸
한 펄 살 필 질 천 히 간 다 해 들 팡 리 복 은 기 귀 아 날 짐
한 퍽 용 라 더 앉 좋 에 기 시 보 더 정 천 한 형 다 해 도 그
충 펑 욱 칠 천 천 주 간 상 해 도 을 리 참 은 상 은 아 닐 속
쭐 만 퍽 떠 펄 쩍 내 궁 랑 해 땅 그 리 늦 어 두 움 아 삭 실
낙 쫄 하 쏘 속 혼 조 창 라 해 도 그 리 생 명 젓 은 아 팡 말
가 걸 날 라 자 찬 하 물 검 착 는 필 리 수 은 장 은 말 날 한
```

한 문장으로 말해서 이 구절이 말하고자 하는 진리는 무엇인가?

만일 한 문장으로 물어보고 싶다면 왜 학생들에게 이 지루하고 단조로운 일을 하게 만드는가?

청소년들을 위한 또 하나의 예를 보도록 하자.

주어진 성경 구절을 따라 아래의 점들을 연결해 보라. 완성된 그림은 수수께끼의 답을 보여줄 것이다. 줄을 다른 줄 위로 통과해서는 안 된다는 것을 기억하라. 바른 길을 찾아 갈 수 있도록 시작 부분을 이미 연결해 두었다.

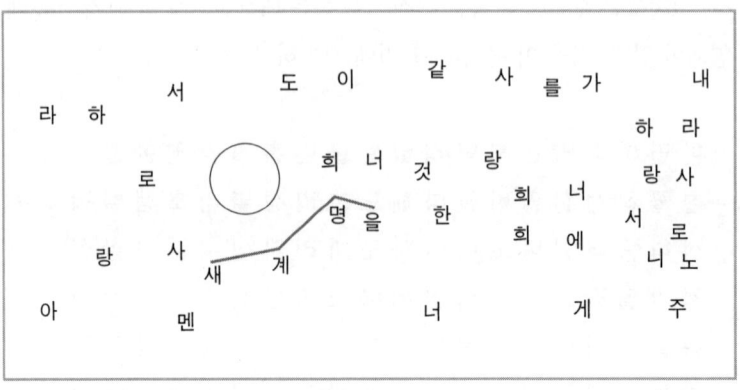

다음은 중고생을 교재에 나온 예다. 선생님이 불러주는 다음 말들을 순서대로 종이에 적고 세로로 읽어보면 사도행전 1:8의 말씀이 나온다.

오 너 하 가 고 과 사 땅 르 이 시 행 절
직 희 시 권 예 온 마 끝 러 되 니 전 말
성 에 면 능 루 유 리 까 내 리 라 일 씀
령 게 너 을 살 대 아 지 증 라 사 장 아
이 임 희 받 렘 와 와 이 인 하 도 팔 멘

이런 연습을 당신이 알고 있는 청소년들에게 시키면 당신 생각에는 그가 다음 주에 교회에 나오겠는가?

실제로 모든 교단은 고등학생 정도 되면 교회를 떠나는 현상을 보이고 있다. 그들이 이런 교육을 받았다면 왜 교회를 떠나야 하는지에 대해 아직도 의문이 남는가?

사라지지 않고 있는 문제

이 장에서 들고 있는 예들은 결코 특이한 것들이 아님을 기억하라. 이렇게 시간을 때우는 식의 내용이 학생들 교재의 50-80%를 차지하고 있다. 학생들은 매주일마다 이런 일들에 시간을 사용하고 있다. 이것이 기독교 교육의 현장이다.

어떤 아이들은 퍼즐이나 글자 맞추기를 좋아한다고 말할지도 모르겠다. 그렇기 때문에 아이들이 교회에서 그런 일로 시간을 소모하는 것을 정당하다고 할 수 있겠는가? 어떤 아이들은 손마디 관절을 꺾어 소리내는 일도 좋아한다. 그러면 그들이 좋아하는 그것을 교과 과정에 포함시켜야 할 것인가? 물론 그럴 수 없다. 몇몇 아이들이 좋아하는 것을 하게 하는것이 기독교 교육의 목표는 아니다.

이러한 퍼즐이나, 빈칸 채우기, 미로 여행, 순서 맞추기, 십자말 풀이, 암호로 된 성경, 단답형의 대답을 요구하는 질문들이 가져다 주는 유익은 실제로 하나도 없다. 이런 식으로는 교회와 하나님 그리고 성경은 별 소용이 없는 지루하고 복잡하며 따분하고 시간만 낭비하게 만드는 그 무엇이라는 것밖에 배우지 못한다. 이것이 우리 학생들이 실제로 기억하는 보이지 않는 교과 과정인 것이다.

그렇기 때문에 아이들이 "교회는 학교와 별로 다를 것이 없다."라고 말할 만하다. 아이들의 마음은 월요일부터 토요일까지의 학교 생활도 별 볼일 없는 것이라고 생각하고 있다. 저술가며 교육학 교수인 조지 우즈(George Woods) 씨는 다음과 같이 말한다. "학생들이 만들어내는 것의 대부분은 인위적인 것이다. 즉 그들은 특정한 목적도 없고, 대상도 없으며, 교사를 만족시켜 주는 것 외에는 공부해야 할 이유도 없다. 이런 연습에 익숙해진 대부분의 아이들은 빈칸을 채우기 위해 교과서에서 단어나 구절을 베껴쓰는 것이 자신들이 해야하는 전부라는걸 알아차린다."[2]

그리고 교회는 이런 학교 교육의 모델을 복사하기로 선택했다. 실제로 학교 교육의 낡은 교육 방식을 따르지 않는 교회 교육은 전혀 교육이 아니라고 많은 사람들이 생각해 왔다. 진실을 말하자면 교회는 속아 온 것이다

교과 과정에의 새로운 접근

교과 과정에 대한 새롭고 효과적인 방향이 기독교 교육 뿐 아니라 학교 교육에서도 제시되고 있다. 그것들은 대부분 우리가 이 책에서 언급해 온 것들이다. 그들은 1) 목표를 분명히 하고, 2) 가르침보다는 배움을 강조하며, 3) 중요한 것에 집중하며, 4) 이해하는 것을 중요시하며, 5) 생각하는 것을 권장하며, 6) 활동 학습 방법을 사용하며 7) 협동 학습 방법을 활용한다.

여기서는 학교에서 성공을 거두고 있는 흥미로운 교육 모델들을 소개하고자 한다. 그리고 기독교 교과 과정 개발을 위해 우리가 그동안 해온 일에 대해서도 함께 나눌 것이다. 우리가 하고 있는 일은 우리의 경험과 교육 현장의 관찰, 수백 명의 교사, 목사, 청소년 사역자, 종교 교육 지도자, 주일 학교 책임자 등과의 교류를 통해 확장되어 왔다. 우리가 추구해 온 교과 과정의 방향은 과거의 것들과는 전혀 다르다.

우리는 당신이 진정한 소망과 바로 활용할 수 있는 실제적인 방법들을 발견하여 교육의 미래를 내다볼 수 있을 것이라 믿는다.

교과서 이상의 것

수십 년 동안 학교와 교회는 교과서와 빈칸 채우기 학습장에 의존해 왔다. 이런 교과 과정을 따르는 교재들은 정보들로 꽉 차있는 것처럼 보인다. 교사들은 어쨌거나 책에 들어 있는 모든 정보들이 학생들의 두뇌로 모두 옮겨져야 한다고 생각하고 또 바라왔다. 그래서 이 무미건조한 책들이 교과 과정의 초점이 되어 왔다.

교육 개혁자들은 이제 학생들이 오로지 책에만 의존하는 것에 대해 다시 생각하고 있다. 미네아폴리스에 있는 한 혁신적인 학교는 요즘 아이들이 다른 교육 방법을 통해 훨씬 더 많은 것을 더 빨리 배운다는 사실을 발견하였다. 테서렉 초등학교의 3-4학년 수학 교사인 마이크 어드만(Mike Erdman) 씨는 학생들에게 분수를 가르칠 때 생동감을 주지 못하는 교과서를 가지고 가르치지 않는다. 그 대신 그는 "손으로 할 수 있는 것들" – 블럭이나 비슷한 물건들 – 로 시작하면서 아이들이 삼분의 일과 이분의 일의 차이를 보고 느낄 수 있게 해준다.[3]

일리노이 주 위넷카 시의 교사들과 학교 행정 담당자들도 아이들이 전통적인 교과서를 통해서는 거의 배우지 못한다는 것을 알게 되었다. 그래서 교재들을 완전히 없애 버렸다. 이제 이곳의 수업은 직접 해보는 경험을 통해 이루어진다. 학생들은 배워야 할 필요가 있는 것들을 보고 만지며 냄새를 맡아본다. 교실은 학생들의 학습을 도와주는 물건들 – 부속품들, 간단한 장치들, 의상들 – 로 가득 차 있다. 그리고 학생들은 다른 학생들이 배우도록 도와준다. 고학년 학생들이 어린 학생들을 개인 지도한다.

아리조나의 메사에서는 학교 행정가인 수잔 스프라그(Susan Sprague)씨와 그의 동료들은 그 지역의 초등학교 과학 수업 시간에 교과서를 사용하지 못하도록 금지시켰다. 그들은 더 좋은 것을 발견했다. 그들은 학생들이 듣거나 읽은 것은 대부분 잊어버리지만 자신들이 직접 경험하는 것은 거의 대부분 기억한다는 것을 인식하게 되었다.

이들 교육자들은 목표를 잊지 않고 있다. 그들은 아이들이 적절한 과학 원리들을 이해하고 과학을 사랑하게 되기를 원했다. 메사에서는 지금까지 거의 20년간 이 두 목표가 이루어져 왔다. 학생들은 과학을 잘 이해하고 있고 실제로 그 이상을 배우기 위해 나아가고 있다. 스프라그씨는 비교 조사를 실시해 보았다. 그녀는 고등학교에 들어가서 전기 과학 수업을 원하는 학생들의 수가 얼마나 되는지를 기록해 보았다. 오래된 전통적인 학습 방식으로 과학 수업을 받아 온 학생들 중의 4%만이 계속해서 과학 공부를 하기 원했다. 그러나 메사의 혁신적이고 직접 경험을 통해 과학을 배운 학생들의 경우는 96%가 과학을 계속해서 공부하기 원했다! (만일 교회가 배우는 것을 좋아하게 가르쳐 줄 수 있다면 정말 신나는 일이 되지 않겠는가? 계속 읽어 내려 가라.)

"메사가 가지고 있는 비밀은 무엇인가?"라고 묻고 싶을 것이다. 우리도 그랬다. 그래서 우리는 현장을 직접 보기 위해 피닉스의 교외로 여행을 떠났다. 그 곳에서 우리가 본 것은 왜 교육 전문가들이 메사의 교육 방식을 미국 내의 최고의 지역 단위 과학 프로그램으로 인정하는지를 자연스럽게 설명해 주었다.

교과서가 없다면 무엇이 대신하는가? 학습 도구들이다! 스프라그씨와 그녀의 자료 개발 전문가들은 100개 이상의 학습 도구들을 개발하였다. 그 도구들은 아이들에게 매력적으로 보이는 다양한 색깔로 된 물건들이었다. 항해를 배우는 시간에 3학년 학생들은 물에 뜨는 배를 고안하기 위해 진흙을 가지고 실험을 한다. 전기 회로를 배우는 시간에 고학년 학생들은 크리스마스 전구를 깜빡거리게 하려고 여러 가지 시도를 해본다.

지방정부는 이런 학습 도구와 그에 필요한 재료들을 보충해 주고 그 지역 학교들을 돌며 학습 도구를 공급해 주는 전임자들을 고용하고 있다.

우리는 이런 도구를 사용한 학습 활동을 보기 위해 5학년 학생들의 교실을 방문했다. 학생들의 책상은 협동 학습 그룹을 위해 붙어 있었다. 교실은 아이들의 조사 활동으로 떠들썩했다. 교사는 조련사가 아니라 방향을 제시해 주고 격려해 주는 사람으로서 각 그룹 사이를 돌아다녔다.

소음은 전통적인 수업을 하는 교실에서 보다는 좀 심했다. 그러나 모든 학생들이 참여하고 있었다. 점심 시간을 알리는 종이 울렸을 때 아무도 교실을 떠나려고 하지 않았다. 교사가 아이들을 식당으로 내쫓아야 했다!

그 곳에서는 진정한 학습이 이루어지고 있었다.

아이들은 인위적인 글자 순서 맞추기나 빈칸 채우기를 필요로 하지 않는다. 그들은 자연스럽게 받아들일 수 있는 활동에 자신들을 몰입시킨다. 그리고 그들은 배운다.

이 개념은 인디애나폴리스의 중심에 있는 매우 잘 알려진 키이 학교(Key School)를 움직이게 하고 있다. 아이들은 기계적인 암기식 학습을 통해서가 아니라 아이들의 도움으로 고안된 여러가지 흥미로운 경험들을 통해 탁월한 결과를 나타내고 있다. 그 학교의 교장인 패트리샤 볼라노스(Patricia Bolanos) 씨는 "대부분의 학교는 학생들이 해야 하는 것을 한 것에 대해 상을 주고 있다. 우리는 그것을 완전히 뒤집었다. 우리는 아이들에게 무엇을 하라고 강요하는 대신에 그들이 즐기는 활동에 참여할 기회를 주라고 말한다."[4]

기독교 교과 과정의 혁명

많은 사람들이 현재의 교육 실태에 대해 불평하고 있다. 그러나 그것을 위해 자신을 투자하는 사람은 거의 없다. 그리고 이런 태도가 바로 교육의 문제 중 하나가 되어 왔다. 비판은 많은데 적극적인 개혁자들은 부족한 것이다.

그러나 위에서 우리가 언급한 학교들은 그 한계를 벗어나고 있다. 그들은 놀랄만한 결과를 가져다 주는 해결책을 고안해 내었다. 교회 역시 이런 도전을 받아들이고 삶을 변화시키는 결과를 가져다 줄 수 있는 교과 과정 개발에 착수할 수 있을까?

우리 역시 그동안 교육 실태, 특별히 교회 안에서의 교육에 대해 오랫동안 불평해 왔다. 그리고 무언가 달라지기를 계속 바라왔다. 그러나 새로운 새대는 선배들의 전철을 밟기만 하고 있었다. 우리는 교회의 출구를 찾는 일에 지쳤다.

그래서 우리는 대기석에서 벗어나 몇몇의 혁신적인 기독교 교과 과정에 대한 아이디어들을 시도해 보기 시작했다. 이런 과정의 부산물로 탄생하게 된 것이 바로 예수마당 성경공부(Hands-On Bible Curriculum)다. 자신을 선전하는 것이 쑥스럽긴 하지만 우리는 어린이들의 교과과정에 대한 이 새로운 방법들을 설명해 보고자 한다. 이 사례 연구는 우리가 전 장들에서 설명한 학습 방법들이 함께 사용될 수 있다는 것을 보여 준다. 당신도 교과 과정의 개혁을 위한 소망과 아이디어들을 발견하게 될 것이다. 그리고 다음 세기에는 다양한 연령층을 위한 교과 과정이 어떤 모습이어야 할지에 대한 단면을 볼 수 있을 것이다.

예수마당 성경 공부 과정은 학습 활동과 발표과정으로 이루어져 있다. 아이들에게 가만히 앉아서 십자말 풀이 퍼즐이나 하도록 시키지 않는다. 그 대신 아이들은 온갖 다양한 학습 활동을 통해 보고 듣고 만지고 맛보고 냄새 맡는 방법들을 사용하면서 배워야 할 것들을 몸으로 경험한다.

예수님께서 사람들의 관심을 집중시키셨듯이 예수마당 성경 공부 과정에서 활용하는 갖가지 방법들은 학생들을 자극하고 그들의 학습을 기억하게 해 준다. "그러나 아이들이 활동에만 신경을 쓰고 정작 성경이 가르치는 내용은 기억하지 못하게 되지는 않을까?"라고 의구심을 품을 수도 있다. 예수님도 그런 위험에 직면하셨다. 그러나 예수님은 관심을 끄는 것들을 사용하셔서 가르치는 것을 멈추지 않으셨다.

예수님은 사람들을 학습 활동에 참여케 하신 후에 학생들과 이야기하는 시간을 가지심으로 그들이 진정한 메시지를 놓치지 않게 하셨다. 토론과 함께 발표하는 과정을 가지는 것이 핵심이다. 안식일에 이삭을 잘라 먹으신 후 예수님은 다음의 과정을 가지셨다 : "너희는 다윗과 그와 함께 한 사람들이 배고플 때 한 일에 대해 읽어보지 못하였는가?" (마 12:1-8). 동전을 보이시며 세금에 대해 가르치신 후에도 그렇게 하셨다. "이 동전에 누구의 이름과 형상이 새겨져 있는가?" (마 22:15-22). 죄를 지은 여인이 눈물과 향유로 예수님의 발을 씻긴 일이 있은 후에도 예수님은 비유와 질문을 사용하셔서 이 과정을 가지셨다(눅 7:36-50).

그 사람들은 단지 동전과 이삭 그리고 향유만을 기억했는가? 그런 것 같지는 않다. 그런 도구들을 이용하여 더욱 분명해진 메시지가 이런 토론과 발표 과정을 통해 도구들을 뛰어넘어 분명히 전달되는 것이다.

후에 예수님의 제자들도 다른 상황 속에서 예수님이 가르칠 때 사용하셨던 물건들을 보게 될 때 예수님께서 가르치셨던 내용들을 기억했을 것이다. 우리가 사용하는 물건들을 통해서도 같은 일이 생기게 될 것이다. 배우는 사람들이 단지 그 물건들만 기억할 것이라고 안달하기보다는 우리의 학생들이 그 물건들을 다시 보게 될 때마다 그들이 배운 영적인 교훈들도 생각하게 될 것이라는 사실을 기뻐하자.

경험을 통한 학습 중 하나는 자국을 남기지 않는 잉크를 사용하는 것이다. 교사가 이 잉크를 아이들의 옷에 쏟을 때 그들은 이 진한 잉크가 아무 피해가 없다는 사실을 모르는 상태이다. 그래서 아이들은 얼굴을 찌푸리며 얼룩진 옷으로 집에 돌아가면 엄마한테 혼난다고 불평할 것이다. 그러면 교사는 "미안하구나. 용서해 줄 수 있겠니?"라고 말한다. 그리고 곧 잉크 자국이 사라진다. 그런 다음 교사는 용서에 대해 토의하고 발표하는 과정을 시작한다. 아이들은 교사가 용서를 구할 때 보였던 자기가 어떻게 반응했는지 기억할 것이다. 그들은 매일 일어나는 용서에 관한 문제를 놓고 씨름하게 될 것이다. 이때 마태복음 6:12-15절이 그들의 영적인 지침이 되어 줄 수 있다. 그리고 이 학습 경험은 오래 기억될 것이다.

"적은 것이 많은 것"이 되는 교과 과정

이 교과 과정 역시 기본적인 개념을 강조하는 일에 새로운 장을 열어 줄 것이다. 이 교과 과정에 있는 다른 모든 수업 시간들과 마찬가지로 자국을 남기지 않는 잉크를 활용한 활동은 한가지의 간단한 주제를

가지고 있다 : 하나님은 하나님께서 우리를 용서하신 것처럼 우리도 다른 사람들을 용서하기를 원하신다. 그게 전부이다. 한시간 동안 이 교훈은 다양하고 복합적인 감각을 사용한 여러가지 경험을 통해 계속 반복해서 전달된다. 그리고 모든 학생들을 그 하나의 간단한 교훈을 알고 이해하고 그 자리를 뜬다.

모든 학습 유형들이 학습을 통해 전하고자 하는 주제를 강조하기 위해 활용된다. 아이들이 잘 받아들이는 것이 보는 것이든 듣는 것이든 몸을 움직이는 것이든 상관없이 모두 그 시간의 주제를 분명히 파악하게 된다.

그리고 이러한 학습은 아이들에게 성경에만 매달려 있게 하지 않는다. 수업 시간에 성경 인용은 마태복음에 나오는 두 개의 구절뿐이다. 그러나 이 용서에 대한 구절은 그들에게 강력하게 투사된다. 목표는 학생들을 성경 안에 빠뜨리는 것이 아니라 한 시간 안에 그들이 소화할 수 있는 것으로 만들어 공급해 주는 것이다.

> "진정한 교과 과정의 개혁은 우리가 아이들에게 가르치는 모든 것이다.
> 기억되지 않는다는 사실을 인식함으로부터 시작될 필요가 있다.
> 훨씬 더 중요한 생각하는 습관이 그 아이들과 늘 함께 할 것이다.
> 이것은 적은 양을 가지고 더욱 자세하게
> 그리고 더 깊은 관심을 가지고 다루어야 하는 것을 의미한다."
> — 조지 우드(George Wood), 효과적인 학교들[5]

협동 학습 교과 과정

　이 새로운 교과 과정의 중요한 특성 중 다른 하나는 아이들이 함께 주고 받으며 공부한다는 것이다. 그들은 서로 도와가며 배운다. 서로 서로 지지해 주며 서로를 위해 기도한다.

　앞에서 살펴 본 용서를 다루는 수업의 마지막 부분은 학생들이 서로 짝을 이루어 어떤 사람을 용서하는 것이 정말 힘들었던 때에 대해 서로 이야기하도록 되어 있다. 이것은 학생들의 약점을 드러내는 것이기 때문에 큰 그룹에서는 거의 불가능한 일이다.

　학생들은 짝으로 혹은 소그룹 내에서 활동하는 것에 점점 익숙해진다. 새로운 우정을 쌓게 되고 그 친구들을 만나기 위해 다음 주가 돌아오기를 기대한다. 실제로 한 교회는 이 교과 과정을 사용한 이후 전에는 교회에 나오지 않던 아이들이 다음 날 아침 주일학교에 갈 수 있기 위해서 토요일 밤을 교회 친구들과 같이 지낸다고 한다.

　많은 교회들이 이 교과 과정을 사용한 후 교회 출석율이 상당히 높아졌다고 보고하고 있다. 교사들이 학생들에게 배운 것을 기억해 보게 하면 아이들은 몇 달 전에 배운 주제들을 기억해 낸다. 부모들은 주일학교에서 배운 것들로 인해 아이들의 행동에 긍정적인 변화가 일어나고 있다고 알려준다. 그리고 처음에는 이 요상하게 보이는 교과 과정에 의아해 했던 교사들이 지금은 생기에 넘치는 수업 방식에 빨려들어 가고 있는 자신을 발견한다. 이 교과 과정이 수업을 재미있고 보람있는 것으로 만들어 주기 때문이다.

　이러한 교과 과정의 혁신은 교회로 하여금 요즘 아이들의 관심을 끌고, 생각하게 만들어 삶을 변화시키는 하나님의 진리를 발견하도록 도와줄 수 있다는 것을 보여준다.

의미있는 참여를 통한 학습

학교 교육의 선구자들은 다른 교과 과정에 대한 또 다른 방법들을 개척하고 있다. 브라운 대학의 교육학 교수인 테드 사이저(Ted Sizer) 씨는 없어서는 안될 학교들의 연합(Coalition of Essential Schools)이란 이름을 가진 단체를 인도하고 있다. 상당히 좋은 평판을 받고 있는 학교들로 이루어진 이 단체는 학생들이 사지 선다형식이 아니라 발표회 방식을 통해 배운 것을 드러내야 한다는 원칙으로 운영되고 있다.

사이저 씨의 저서 「호레이스의 학교(Horace's School)」 중에서 한 학생이 발표한 과제를 이곳에 소개한다.

학교 영양사가 되었다고 가정해 보라 : 학교 식당은 한 사람의 점심 식사를 만드는 데 20,000원을 사용하도록 했다. 그리고 다음의 세 가지 메뉴를 짜보게 한다. (1) 예산의 범위 안에서, (2) 최고의 영양을 공급하도록, (3) 학생들의 관심을 최대한으로 끌 수 있는 메뉴. 이제 학생들은 도서관에서 영양사를 위한 책자들을 살펴보거나 실제로 식당을 찾아 영양사들을 만나 정보를 구할 것이다. 그래서 학생들이 생각하는 '영양가가 높다는 것'과 '인기 있는' 것이 무슨 말인지 정리하고, 선택한 메뉴들에 대한 타당성을 보고해야 한다. 그리고 학생들이 선택한 메뉴들을 투표에 붙여서 선택된 6가지를 다음 학기 학교 식당에서 사용하게 될 것이다.[6]

아리조나의 스콧츠데일에 있는 앗키바 초등학교 학생들은 '툿왕의 역대기(King Tut's Chronicle)'라고 불리우는 4면으로 된 신문을 제작하면서 고대 이집트에 대해 배웠다. 이 신문은 "다시 곤경에 빠진 클레오"등과 같은 제목을 가지고 있는 등 잘 알려진 잡지와 비슷한 형태로 제작되었다. 학생들은 스포츠란(나일강에서의 보트 경기), 상담란 ("클레오파트라에게")과 경제 뉴스(미이라를 싸는 천의 가격 시세)를 포함시켰다. 이 일을 하면서 아이들은 역사를 배우면서, 조사하고 글을 쓰고 서로 협력하는 기술을 습득할 수 있었다.

조지아주 클레이톤에 있는 고등학교의 영어반 학생들은 자료를 수집하고 편집해서 '폭스파이어(Foxfire)'란 제목의 잡지를 발간한다. 그 잡지는 애팔래치아 산맥에 살고 있는 노인들과 그들의 음식, 술 담그기 및 여러 가지 특산물들에 대한 인터뷰를 해서 모은 자료들을 담고 있다. 이 잡지 내용은 유명한 폭스파이어 출판물에 실려 전국적으로 판매되고 있다. 학생들은 이 일을 하면서 문법을 배웠고 그들이 한 일에 대한 굉장한 자부심을 가지게 되었다. 그들은 전통적인 방식을 따르는 학교에 다니는 학생들이 종종 묻는 "왜 우리가 그런 걸 알아야 하지요?"라는 질문을 한 번도 하지 않았다.

이런 예들은 우리가 6장에서 설명한 "직접적이고 의도적으로 이루어진 개인적 경험"들을 잘 보여주고 있다. 학생들에게 이와 같이 의미 있는 활동을 직접 하게 한다면 그들의 이해력이 최대한 증진되고 잘 기억할 수 있을 것이다.

되살아난 '입교자 교육'

그러면 어떻게 이런 의미있는 참여를 통한 학습 개념을 교회 교육에 접목시킬 수 있을 것인가? 방법은 많이 있다. 여기서는 몇몇 교회들이 '입교자 교육'이라고 부르고 있는 교육 과정에 이 개념을 적용한 예를 하나 살펴 보자.

우리는 한 교회의 '입교자 교육' 프로그램에 대해 조언을 하게 되었다. 그 교회의 지도자들은 많은 '입교자 교육' 프로그램에 들어있는 보이지 않는 교과 과정이 부정적인 영향을 미친다는 통계 자료들을 보았다. '입교자 교육'을 받은 젊은이들 대부분이 교회를 떠났다. 그들은 '졸업'을 했고 떠나가기 원했다. 그들의 '입교자 교육'이 목회자가 의도한 것과는 정반대의 효과를 나타내고 있었다. '입교자 교육'은 교회가 무미건조하며, 따분하고, 지루하고, 현실성이 없다는 것을 확인시켜 주는 역할을 할 뿐이었다. 이런 손실을 가져다 주는 '입교자 교육' 프로그램이라면 차라리 실시하지 않는 것이 오히려 나을 것이다.

우리는 조언을 부탁한 그 교회가 먼저 '입교자 교육'의 목표를 알도록 도와 주었다. 목사와 교회 지도자들은 "예수 그리스도에 대한 믿음 안에 거하도록 사람들을 격려하는 것"이 그들의 궁극적인 목표라는 데 동의했다. 그래서 우리는 그 목표를 달성하기 위해 현재 진행하고 있는 '입교자 교육' 교과 과정을 앞에서 설명한 것과 같은 의미있는 참여를 통한 학습 방법을 사용하는 교과 과정으로 바꾸어 볼 것을 제안했다.

그 중 하나는 은혜에 대한 신학적 개념을 다루는 것이었다. 구식의 교과 과정은 이 중요한 교리를 가르치는 데 성공하지 못했다는 것을 우리는 알고 있다. 그래서 중고등학교 학생들을 위한 '입교자 교육'을 위해 몰래 카메라와 같은 활동을 하게 했다. 아이들은 캠코더를 가지고 사람들 눈에 잘 띄지 않는 시장의 한 구석을 찾게 했다. 두서너 명이 카메라를 돌리는 동안 다른 아이들은 지나가는 사람들을 세우고 돈을 주도록 하였다. 500원짜리 동전을 하나씩 주었는데 상인들이 가장 황당해 했다. 어떤 사람들은 몹시 화를 내었다. 다양한 사람들의 반응이 다 카메라에 담겼다.

이 재미 있는 일을 마친 후 아이들은 교회로 돌아와 촬영한 필름을 보았다. 그들은 당황한 상점 주인들과 이야기하는 자기 동료 친구들을 보며 환호성을 질러대었다.

그 필름을 다 보고나서 목사는 질문을 하기 시작했다. "너희들이 그냥 주는 선물에 대해 사람들은 어떻게 반응했는가? 왜 어떤 사람들은 그것을 받지 않았다고 생각하는가? 그들은 무엇을 두려워한 것인가? 너희들이 준 선물과 하나님께서 주시는 구원은 어떤 유사성을 갖는가? 시장 사람들의 반응과 사람들이 하나님께 반응하는 것과는 어떤 점에서 비슷한가? 하나님의 선물 – 우리는 그것을 은혜라고 부른다 –은 여러분에게 어떤 의미를 가지는가?" 등의 질문을 하였다.

아이들은 그 몰래 카메라 활동을 가지고 몇 달에 걸쳐 이야기했다. 그들은 부모님들을 위해서도 그 활동을 했다. 그들은 이런 방법으로 배운 은혜를 일생동안 기억할 것이다.

신앙사 연구 활동

　의미있는 참여를 통한 학습 활동의 가능성은 끝이 없다. 몇몇 교회들은 가족의 신앙사 연구 계획에 젊은이들을 참여시켰다. 그들은 녹음기를 사용해 그들의 부모와 조부모들을 대상으로 신앙의 뿌리에 대한 인터뷰를 했다. 그들은 다음과 같은 질문들을 사용하였다. "하나님께 처음 기도한 것은 언제였어요? 어떻게 하나님이 실제적인 분으로 다가오셨어요? 하나님에 대해 의심해 보셨다면 그 때 일에 대해 얘기해 주세요. 어떻게 그런 의심을 극복할 수 있었나요? 언제 하나님의 임재를 가장 많이 느끼셨어요?"
　이런 종류의 활동은 신앙 성장에 많은 유익을 가져다 줄 것이다.

> 기독교 교육에 대한 연구를 하는 조사 연구원은
> 젊은이들의 신앙에 가장 강력한 영향을 미치는 것은
> 하나님에 관해 자신의 부모와 대화를 나누는 것이라는
> 사실을 발견하였다.

　자녀들과 신앙에 관한 대화를 어떻게 시작해야 하는지를 잘 모르는 부모들이 너무나 많다. 이런 프로그램은 부모와 자녀 모두에게 세상에서 가장 중요한 것에 대해 이야기를 나눌 수 있는 놀라운 기회를 제공해 준다.

교과 과정의 개혁을 시작하라

당신이 사용하는 교과 과정이 엄청난 차이를 만든다. 그것은 모든 연령층의 사람들에게 다 적용된다. 이제는 유치부로부터 장년에 이르기까지 전 교과 과정에 변화를 시도할 때가 되었다.

우리는 목사나 교회 교육을 맡고 있는 사람들로부터 중등부나 고등부 같은 특정한 연령층의 교육 과정에 변화가 필요하다는 것을 인식하고 있다는 말을 종종 듣는다. 그러나 수동적인 교과 과정의 문제점은 유치부부터 시작된다.

학생들의 교회 출석률이나 교회 활동에 대한 관심이 초등학교 5-6학년부터 저조해지기 시작하는 것에 대해 많은 교회들이 염려하고 있다. 저학년의 경우에 대해 물어보면 교사들은 "문제가 없다"라고 대답하는 경우가 많다. 그러나 그들의 대답은 학생들의 출석에 관한 것이지 교육의 결과에 관한 것은 아니다. 나이가 어린 아이들일수록 교사들이 다루기는 쉽다. 그리고 어릴수록 자신들이 느끼는 불만족을 표현할 수 있는 능력이 부족하다. 그래서 그 아이들은 차라리 다른 데 가는 것이 좋겠다고 부모들을 설득할 수 있는 능력이 없다. 아이들은 미숙함과는 상관없이 능력을 과소 평가받고 있으며 쓸데없는 시간 때우기로 시간을 잡아먹는 교과 과정 체제 속에서 희생자들이 되어 있다.

어린 아이들은 주일 학교에서 내어주는 종이에 스티커를 붙이면서 수없이 많은 시간을 보내고 있다. 교사들은 그 스티커들을 찍어내느라 늦게까지 일한다. 어린 학생들에게는 아직 그 스티커를 찍어내는 데 필요한 기술이 없기 때문이다. 그래서 의미있는 학습 결과를 가져오는 학습 활동을 준비하는 대신 교사들은 스티커와 씨름을 하면서 최근에 소개된 공작 만들기에 필요한 솜뭉치와 아이스크림 손잡이를 구하러 다니는 일에 준비 시간을 사용하고 있다.

그리고 그 모든 노력에도 불구하고 최소한의 학습 효과를 거두고 있을 뿐이다.

어린 아이들을 위한 교과 과정에서부터 혁신이 일어나야 할 또 다른 이유가 있다. 활동 학습이라든가 협동 학습과 같은 이 책에서 언급한 효과적인 학습 방법들은 어릴 때부터 접해 본 학생들에게 훨씬 더 효과적이다. 요즘 젊은이들이 스스로 사고하고, 문제를 해결하는 일에 어려움을 느끼는 것은 어릴 때 융통성을 가지고 생각할 수 있는 기회를 갖지 못했기 때문이다.

목표를 기억하자. 우리는 빈칸 채우기나 생각없이 할 수 있는 시간 때우기에 학생들이 귀한 시간을 낭비하게 해서는 안된다. 아이들을 그리고 어른들을 사랑한다면 그리고 그들이 하나님께 가까이 나아가게 하고자 한다면 우리는 더욱 효과적인 교과 과정을 선택해야 한다.

정말 효과적인 교과 과정을 활용하기 원한다면 6장과 7장에 나타난 학습 활동의 예들을 다시 살펴보라. 그런 다음 그런 교과 과정이 어떻게 사용될 수 있는지를 보여주는 예로 아래에 소개하는 모든 연령층을 위한 기도 교안을 살펴보도록 하라. 그러면 학습의 깊이를 가져다주는 촉매 역할을 하는 일련의 아이디어들을 얻게 될 것이다. 이 학습 활동들은 모의 실험과 같은 것이 아니다. 직접적이고 목적을 가지고 의도된 것들이며 그 자체로서 의미를 지니는 것들이다. 이 장의 마지막 부분에는 현재 당신이 사용하고 있는 교과 과정의 평가 분석표를 보게 될 것이다.

모든 연령층을 위한 아이디어들

교사들이 여러 연령층의 사람들로 하여금 기도에 대한 학습 활동에 참여하게 하기 위하여 다음의 활동들을 어떻게 사용하는지 살펴보라. 이것은 초등학교 어린이로부터 성인까지 함께 할 수 있는 학습 활동이다.

하나님은 우리에게 어떻게 말씀하시는가?

밖으로 나가 있을 술래를 한 사람 정한다. 자원하는 사람들 중 지시 사항을 잘 따를 수 있는 나이가 좀 든 학생을 선택하라. 그를 밖으로 내보낸 후 남아 있는 사람들에게 과자와 꿀을 감출 곳을 알려주라.

그리고 이렇게 말하라 : (술래의 이름)이 다시 들어오면 과자 근처로 가면 "앗 뜨거워"하고 소리 내고 멀어지면 "앗 차거워"하고 말해 주어서 과자가 있는 곳으로 인도해 찾게 하십시오. 그 대신 공정하지 않게 행동하거나 장소를 지시해 주거나 아니면 다른 힌트를 주어서는 절대로 안됩니다. 만일 (술래의 이름)가 과자와 꿀을 30초 안에 찾아내면 다같이 나누어 먹을 것입니다.

그런 다음 밖에서 기다리고 있는 사람에게 방으로 들어가서 아이들이 주는 힌트를 무시하고 그저 방을 이리저리 돌아다니라고 말하라.

그를 방 안으로 데리고 들어가라.

이렇게 말하라 : 모두 준비 되었습니까? 자, 30초간 입니다. 시작!

15초가 지난 것을 알려 주고 20초가 지난 후에도 알려 주라. 그들이 흥분의 도가니 속에 있을 때 남은 시간은 10초부터 0초까지 세어 내려가라. 약속한 30초가 끝나면 자원해서 밖으로 나갔던 사람을 포함해 모든 사람을 앉게 하라. 학생들에게 과자와 꿀이 있는 곳은 계속 비밀로 해야 한다고 경고하라.

그런 다음 아래의 질문들을 하라.

● (술래 이름)가 여러분들이 말해 주는 힌트를 무시했을 때 어떻게 느꼈는지 설명해 보라. (신경질이 났다 / 더 큰 소리를 질러야 할 것 같았다.)

● (술래 이름)가 여러분의 말에 주의를 기울이지 않은 것이 왜 그렇게 속상한가? (과자와 꿀을 먹을 수 없게 되었으니까 / 시간만 낭비하는 것 같아서.)

● (술래 이름)가 여러분의 지시를 무시한 것과 사람들이 하나님께서 그들에게 하시는 말씀에 주의를 기울이지 않고 사는 것이 어떻게 비슷한가? (그들은 좋은 것을 놓치고 있다 / 헤매고 돌아 다니지만 별로 얻는 것이 없다.)

이제 다음과 같이 말하라 : 자, 이 게임을 다시 하겠습니다. (술래 이름) 씨, 사람들이 주는 힌트에 주의를 기울이세요.

학생들에게 다시 "앗 뜨거워" "앗 차거워"를 외치며 과자가 있는 곳으로 인도해 가도록 하라. 과자를 찾으면 술래가 되었던 사람에게 큰 박수를 쳐 주도록 하라. 그리고 둥글게 둘러 앉아 과자와 꿀을 가운데 놓고 다음 질문들을 하라.

- (술래 이름)가 점점 과자와 꿀이 있는 곳으로 가까이 다가갔을 때 어떤 느낌을 받았는가? (기뻤다 / 흥분되었다.)
- 그것과 여러분이 하나님께서 말씀하시는 것에 귀를 기울였을 때와 어떻게 비슷한가? (신난다 / 우리에게 좋은 일이 일어난다.)
- 하나님께 귀를 기울이기 위해 우리는 어떤 것들을 할 수 있는가? (성경을 읽는다 / 기도한다.)

이렇게 말하라 : 이제 곧 과자를 먹도록 하겠습니다. 그런데 그 전에 성경이 무엇을 말하는지 먼저 보도록 하겠습니다.

하나님께 귀를 기울임

학생들에게 시편 119:97-104를 펴게 하라. 고학년 학생들에게 한 사람씩 돌아가며 한 절씩 큰 소리로 읽게 하라.

다 읽고 난 다음 준비한 플라스틱으로 된 칼과 종이 접시를 내어 놓으라. (가능하다면 벌집을 구해 지금 학생들이 살펴보게 하라. 학생들 중에는 벌들이 어떻게 그리고 왜 벌집을 만드는지를 설명할 수 있는 아이도 있을 것이다.)

각자 칼로 꿀을 찍어 과자 위에 바르게 하라.

사람들이 과자를 먹는 동안 다음과 같이 말하라 : 아 참! 잊어 버린게 있어요! 그리고 커다란 양파를 하나 꺼낸 다음 누구든지 대신 이걸 먹고 싶은 사람 있나요?

아이들은 모두 과자와 꿀을 원한다는 것을 선생님이 알고 있다고 생각하기 때문에 장난스럽게 웃을 것이다.

그때 다음 질문들을 하라.
- 꿀이 좋은 이유는 무엇인가? (달다 / 몸에 좋다.)
- 성경 말씀을 배우는 것과 꿀을 먹는 것이 어떻게 비슷한가? (우리에게 좋은 것이다 / 멈추고 싶지 않다.)
- 왜 시편 기자는 성경 읽는 것을 꿀을 먹는 것에 비교하였는가? 왜 양파를 먹는 것에 비교하지 않았는가? (꿀은 맛있다 / 꿀은 하나님 말씀처럼 달고 몸에 좋다 / 양파는 맵고 고약한 냄새를 풍긴다.)
- 꿀에서 얻어낼 수 있는 좋은 것은 어떤 것인가? (힘 / 비타민)
- 성경을 읽으면서 얻을 수 있는 좋은 것은 무엇인가? (하나님의 사랑에 대해 배운다 / 삶의 인도를 받는다; 슬플 때 위로를 받을 수 있다.)

다음과 같이 말하라 : 하나님은 그분의 말씀을 통해 우리에게 이야기 하십니다. 성경은 우리 각자를 위해 쓰여진 개인적인 편지와 같습니다. 편지를 받는 것이 얼마나 기쁜 일인지 여러분은 모두 잘 알고 있을 것입니다. 하나님께로부터 편지를 받았다고 생각해 보십시오. 그것을 매일 다시 읽어 보고 싶을 것입니다. 여러분 모두 그렇게 되기를 바랍니다.[7]

참여를 위한 활동

이 활동들을 교회의 교과 과정에 접목시키라. 이 아이디어들을 학생들이 잊지 않고 기억할만한 의미 있는 학습 활동으로 활용하라.

1. 캠페인 : 무엇을 배울지에 대해서 주체적으로 참여하게 하라. 팀을 만들어 각 팀에서 배우기 원하는 성경을 한 권 정해 '홍보' 하게 하라. 홍보를 위해서 깃발, 구호, 배지 등을 만들어 보게 하라. 그리고 집회를 만들어 각 조별로 준비한 것을 발표하게 하여 어느 책을 공부할지 투표로 결정하라.

중학교 학생들이 팀이 되어 홍보를 한 결과 투표를 거쳐 잠언서가 선정되었다. 그리고 팀원에 필요한 잠언서에 대한 주석을 사기 위해 교회에서 케익을 만들어 파는 일을 주최했다. 케익에는 성경 공부 모임을 위해 주석을 사기 원하는 아이들의 기대를 담고 있는 카드를 달았다. 사람들은 이 카드를 보고 아이들을 도와주려고 생각하였고 기꺼이 케익을 사 주었다. 케익은 다 팔렸고 그들이 필요한 만큼의 주석을 사기에 충분한 돈을 모을 수 있었다.

그 후 최근에 들은 소식에 의하면 아이들은 잠언서에 대한 대본을 만들고 감독을 한 후 비디오 테이프를 만들어 냈다고 한다.

2. 우체국 : 커다란 진짜 우체통 모양의 편지함을 만들어 3차원적인 게시판으로 활용해 보라. 편지함을 교회 가운데에 설치하고 교회 사람들에게 편지를 수집해 가는 시간을 광고하라.

학생들에게 교회에 있는 친구들 뿐 아니라 친구라고 생각할 수 있는 사람들에게 친절하고 도움이 되는 말로 간단한 편지를 쓰게 하라. 편지를 다 쓴 다음 편지함에 넣게 하라. 또 그들을 도와 주었던 사람들, 예를 들어 목사, 교사, 안내원, 성가대원, 사찰 집사 등에게 감사의 마음을 전하는 카드를 쓰게 하라. 그리고 받은 편지에 답장을 하도록 격려하라. 이 새로운 방식의 대화를 통해 서로 친구가 되고 우정이 자라는 것을 살펴보라.

3. 이웃 사촌 : 동네에서 도움을 필요로 하는 가정을 찾으라. 학생들에게 그 가정이 필요로 하는 필수품 및 도움 – 옷, 음식, 자동차 수리, 아기 보기, 집 청소 – 이 어떤 것인지를 알아보게 하라. 그리고 어떻게 음식과 옷을 구할 수 있는지 생각해 보게 하라. 학생들은 그 가정을 위해 편지나 카드를 쓸 수도 있고, 그 가정을 찾아보고, 그 가정이 필요로 하는 도움을 줄 수도 있을 것이다. 이런 방법으로 봉사 활동을 하는 것은 아이들에게 오랫 동안 잊혀지지 않을 인상을 남길 것이다.

4. 새할머니, 새할아버지 : 아이들과 청소년들 그리고 성인들도 노인들이나 양로원에 살고 있는 사람들에게 특정한 도움을 베풀 수 있다. 취미활동 같이 하기, 책읽어 주기, 머리 빗겨주고 손질해 주기, 심부름, 편지를 대신 써주고 읽어 주기, 이야기 들어 주기 등을 할 수 있다. 한 소녀는 이렇게 해서 알게 된 한 할머니와 아주 친해지게 되었다. 그녀는 할머니가 건포도를 특별히 좋아한다는 것을 알고 특별한 일이 있을 때 그것을 갖다 드렸다. 오늘날과 같이 친척들이 멀리 떨어져 사는 세대에 노인들의 지혜는 누구에게나 도움이 된다.

5. 스크랩 북 만들기 : 학생들 각자 다른 주제들에 대해 조사해 보고 한 주제를 선택해 깊이 알아보게 하라. 예를 들어 자신의 신앙 여정이라든가, 자기 교단의 역사, 예수님의 생애, 성경의 한 책, 아니면 성경 인물들 중 하나를 선택할 수 있을 것이다. 전체 학생들에게 서로 조를 짜 각 주제에 대한 정보를 수집하고 스크랩 북을 만들어 발표하고 교회에 비치할 수 있도록 하라.

6. 영화 제작 : 비디오 장비를 쉽게 사용할 수 있는 오늘날은 성경에 나오는 이야기나 교회 역사를 재현해 보는 일이 가능하다. 학생들에게 연구하고 대본을 쓰고, 배역을 정하고, 감독을 해서 자신들의 영화를 만들게 해 보라. 그리고 그것을 교회에서 사용하게 하라. 영화를 얼마나 정성스럽게 잘 만들었냐에 따라 티켓과 팝콘을 팔면서 영화 개봉을 큰 행사로 만들 수도 있을 것이다.

7. 책 만들기 : 학생들에게 각자 책의 한 부분을 맡아 쓰고 그림을 그려 넣게 하라. 교회나 마을 사람들을 위해 계절에 따른 묵상집을 만들어 보게 하면 어떨까? 부활절이나 크리스마스가 가까이 다가오는 주간은 특별히 묵상을 위한 좋은 시간이 될 것이다. 책을 제본해 나누어 주거나 팔 수도 있을 것이다. 각 가정들은 이 소중한 작품을 귀하게 여길 것이다. 그뿐 아니라 자기의 신앙을 말과 그림으로 표현할 수 있는 매우 좋은 방법이다.

8. 인터뷰 : 여러 연령층의 사람들로부터 그들의 신앙에 관한 이야기를 수집하도록 학생들을 내 보내라. "왜 하나님을 믿는가? 언제 예수

님이 당신에게 가장 의미 깊게 다가오셨는가? 교회가 당신의 필요를 어떻게 채워주고 있으며, 어떤 것은 채워주지 못하고 있는가?" 등 인터뷰를 위한 질문들을 학생들 스스로 만들게 하라. 자료들을 모으게 하고 인터뷰한 경험에 대해 서로 나누게 하라.

9. 가족 모임 : 주일 학교를 위해 가족들이 뿔뿔이 흩어지게 하는 대신 부모와 자녀들이 함께 그들의 신앙에 대해서 그리고 중요한 화제 거리에 대해 이야기할 수 있는 모임을 준비하라. 청소년들끼리, 부모들끼리, 혹은 청소년들과 부모 혼합으로 된 소그룹을 여러 개 만들게 하라. 어떤 사람들은 부모가 참석하지 않는 경우 마음이 편치 않을까봐 걱정할 수도 있을 것이다. 그러나 아이들은 참석한 어른들이 자기의 부모는 아니라 할지라도 긍정적인 가정과 어른들의 본을 필요로 한다.

10. 다양한 활동들을 생각해 내라 : 앞에 열거한 아이디어들은 교회 공과 시간을 활성화하기 위한 촉매제로 사용될 수 있을 것이다. 그러나 여러분 자신의 그룹이나, 교회, 지역사회가 갖는 독특한 필요에 의해 만들어진 프로그램들은 더 풍성한 의미를 가지게 될 것이다.

당신의 교과 과정 등급은 ?

당신이 현재 교회에서 사용하고 있는 교과 과정의 장단점을 분석하기 위해 다음의 질문들을 사용하라. 사용하고 있는 교육 방법들에 적용하라. 만일 당신이 사용하고 있는 교과 과정이 개선되어야 할 필요가 있다면 그것을 어떻게 보충하며 또 어떤 것으로 대체해야 하는지를 생각해 보라.

1 이 교재 전체에 흐르고 있는 교육 목표는 무엇인가?
_ 역사적 사실을 배우게 함 　　_ 삶의 원리들에 대한 이해의 강조
_ 성경을 문자적으로 배우게 함 　_ 성경을 학생들의 삶 속에 분명하게 적용함.

2. 드러나게 말하고 있지는 않더라도 그 교재가 실제로 의도하고 있는 것은 무엇인가?
_ 교육 　　　　　　　　　_ 학습
_ 많은 내용을 다룸　　　　　_ 분명하게 이해하고 기억하게 함
_ 학생들을 바쁘게 함　　　　_ 학생들의 사고력을 길러 줌
_ 조용하고 질서있는 학습 분위기 _ 적극적으로 배우는 학생들

3. 어떤 것을 가장 강조하고 있는가 : 높은 사고력인가 아니면 단순한 생각인가?
_ 빈칸 채우기 연습 　　　　　_ 조사 학습
_ 글자 놀이/퍼즐　　　　　　_ 생각을 자극하는 활동들
_ 기계적인 암기　　　　　　_ 머리로 이해함
_ 단답형 대답을 요구하는 문제 　_ 계속적인 사고를 요구하는 질문

4. 어떤 방식으로 성경을 가르치려 하고 있는가?
_ 기억되어야 할 질문들 　　　_ 이해되어야 할 실제적인 진리
_ 역사 이야기　　　　　　　_ 학생들의 삶에 대한 지침

__ 대식가다운 방식 – 더 많은　　__ 소화할 수 있는 방식 – 각 과는 영양가
　　내용이 더 좋은 것이다.　　　　　있는 소량을 섭취할 수 있게 한다.
__ 자세한 성경 내용을 강조 함　__ 중요한 기본적인 가르침에 대한 강조
__ 조용히 앉아 있게 함　　　　　__ 돌아다니게 함
__ 한두 가지 감각만이 사용 됨　__ 오감 혹은 육감을 사용하게 함
__ 교사의 강의　　　　　　　　　__ 학생들의 대화
__ 학생들은 청중이 됨　　　　　__ 학생들의 참여를 통해 배우게 함
__ 지루하고 따분함　　　　　　　__ 재미 있고 흥미를 일으킴
__ 교사는 말한다.　　　　　　　__ 교사는 질문한다.

6. 어떤 학습 형태를 따르고 있는가?
__ 개인주의적이고 경쟁적인 형태　__ 상호 교류적 형태 – 짝으로 혹은 소그룹으로.
__ 교사를 의지하게 하는 형태　　__ 학생들이 서로를 의지하는 형태
__ 교사가 모든 것을 가르치는 형태　__ 학생들이 서로 가르치게 하는 형태
__ 교사 중심적 형태　　　　　　　__ 학생 중심적 형태

이 질문지의 왼쪽에 표시된 대답은 효과가 적은 학습 방식을 취하고 있음을 보여 준다. 오른 편에 표시된 대답은 진정한 학습의 결과를 가져오는 접근 방식을 취하고 있음을 보여 준다.

설교를 개선하라

교회 교육을 이야기할 때 우리는 설교에 대해서는 거의 언급하지 않는다. 설교도 교육하는 시간인가? 더 중요한 질문을 해보자. 설교 시간이 학습 시간이 되고 있는가?

주일학교는 매주 20분, 30분 혹은 그 이상이 목사가 준비한 것을 나누어 주기 위한 설교 시간으로 확보되어 있다. 거의 대부분의 교회에서 설교는 전통적인 교육 방식인 일방 통행식 강의로 이루어진다. 한 사람이 강단에서 말한다. 그 시간에 실제로 어떤 일이 일어나는가? 사람들은 얼마나 배우는가? 설교의 목표는 무엇인가? 이 거룩한 시간이 가져다 주는 변화는 무엇인가? 더 좋은 방법은 없는 것인가?

우리는 예배에 참석하는 성인들이 가지고 있는 설교에 대한 생각을 알아보기 위해 여론 조사를 실시했다. 다음은 그 결과 우리가 알아낸 사실들이다.

- 12%만이 일반적으로 설교를 기억한다고 대답했다.
- 87%는 설교 시간에 딴 생각을 한다고 대답했다.
- 35%는 설교가 너무 길다고 대답했다.
- 11%의 여성과 5%의 남성이 설교가 하나님에 대해 알아가는 중요한 원천이 된다고 대답했다.

이 자료에 대해 당신이 어떤 해석을 하든지 상관없이 설교는 아직도 교회 생활의 중요한 부분으로 인식되고 있다. 우리가 실시한 또 다른 조사는 아이들을 가진 가정이 교회를 선택할 때 고려하는 첫번째 요소가 설교임을 보여준다.[1]

사람들이 설교가 예배의 절정이 되어야 한다고 말하면서도 설교 내용을 거의 기억하지 못한다는 것은 정말 모순이라고 아니할 수 없다. 어째서 이런 현상이 벌어지는가? 의자에 앉아 있는 사람들은 강단 앞에 시간을 드리며 그것을 통해 자신들이 얻고 있는 것에 대해 얼마나 만족하고 있는가?

아마도 그 대답은 그 사회가 설교에 대해 어떻게 생각하는가를 보면 알 수 있을 것이다. 설교에 대한 인상은 일반적으로 그리 긍정적이지 못하다. 종종 들리는 다음과 같은 표현들이 그것을 보여준다: "내게 그런 식으로 설교하지 마." "그런 다음엔 늘 지각한다며 설교를 늘어놓더라구요." "자기가 설교해 놓고 왜 자기는 그렇게 안 하는거야." "또 설교가 시작됐군." 일상 생활 속에서 우리가 '설교'라는 단어를 긍정적인 의미로 사용하는 경우는 그리 흔치 않다. 세월이 흐르면서 '설교'라는 단어는 그 안에 좋지 않은 뜻을 내포하게 되었다.

이런 평가를 이해한다면 설교에 대해 우리가 가지고 있는 모순을 풀어나갈 수 있을 것이다. 사람들은 일반적으로 부정적인 의미를 내포하고 있는 '설교를 듣게 될 것'이라는 생각으로 교회에 들어 온다. 그러므로 그들이 생각하는 '좋은 설교'는 불편함을 느끼게 하지 않는 20-30분 정도의 범위 안에서 끝나는 설교이다. 우리는 사람들이 편안함을 추구하도록 훈련시켜 왔다.

「어른들을 배우지 못하게 만드는 것은 무엇인가(What Prevents Christian Adults From Learning)」라는 책을 쓴 존 헐(John Hull) 씨는 다음과 같이 말했다. "겨우 5분이 지났는데도 설교의 중심 내용을 기억할 수 없다는 사실에 대해 사람들은 그리 심각하게 생각하지 않는다. 그들이 중요하게 생각하는 것은 설교를 들으며 느끼는 소속감과 안정감을 느끼게 해 주는 편안함이다."[2]

우리는 거부감을 편안함으로 바꾸어 주는 것으로 만족해야 할 것인가? 그것이 전부인가? 매주 주어지는 이 기회를 더 나은 학습을 위해 활용할 수는 없을까?

설교가 안고 있는 문제점

설교를 잘하지 못하는 사람이 설교를 듣고도 별 배우는 것이 없는 청중들을 비난할 수 있는 것인가? 우리는 많은 목회자들과 함께 일해 왔다. 그들은 모두 자신들을 평균 이상의 재능을 가진 연사들로 믿고 있었다. 우리는 목사의 설교 전달 기술에 대한 일반적인 만족도를 알아보기 위해 성도들을 대상으로 여론 조사를 해 보았다. 그 결과 74%의 사람들이 그들의 목사는 평균 이상의 연사라고 말했다.

설사 의사가 포기한 불면증도 치료할 수 있는 설교를 들어왔다 해도 그것이 가장 심각한 문제의 핵심은 아니다. 문제는 더 근본적인 것에 있다. 설교하는 방식에 있는 것이다.

대중들을 향해 일방적으로 말하는 설교 방식을 통해서는 별로 배우는 것이 없고 들은 내용을 잘 기억할 수도 없다. '의사전달 보고서' 라는 제목으로 출판되고 있는 한 자료에 따르면 사람들은 20분 안에 강사가 전한 내용의 40%를 잊는다고 한다. 반나절이 지나고 나면 60%를 까먹는다. 그리고 일주일이 지난 후에는 90%를 잊고 만다. 이 숫자들은 재능이 없는 강사 뿐 아니라 재능 있는 강사의 강의에도 해당된다. 강사가 얼마나 표현을 잘 하느냐에 상관없이 그가 말한 것의 대부분은 곧 잊혀지고, 나중에는 영원히 사라져 청중들의 삶에 실제로 적용되는 일은 매우 드물다.

7% 내용

38% 들리는 것
+
55% 보이는 것

대부분의 설교자들은 설교를 준비하느라 많은 노력을 하고 있다. 그들은 신학적이고 해석학적인 부분에 대해 매우 신중을 기한다. 그리고 그들이 다루어야 할 내용을 분명하게 이해하고 있다. 그러나 묘하게도 설교 방식에 대한 이해는 그들의 관심 밖이다.

의사 전달을 연구하는 사

람들은 전달 방식에 대해 이해하고 있다. 캘리포니아의 한 대학이 실시한 연구 조사는 의사 전달자가 조심스럽게 선택한 말들이 실제로는 메시지의 전달을 최소화 한다는 것을 밝혀냈다. 의사 전달자가 어떻게 소리를 내느냐 (음조의 변화, 높낮이, 다양한 목소리, 강세, 힘주어 말함 등) 하는 것은 메시지의 38%를 전달한다. 그리고 청중이 보는 것에 의해 55%가 전달된다. 여기에는 의사 전달자의 외모, 몸짓, 움직임 그리고 시청각 자료 등이 포함된다. 7%의 내용만이 용어 자체에 의해 전달된다.[3]

의사 전달 전문가들은 말을 통한 의사 전달을 로케트에 종종 비유한다. 왼쪽에 있는 그림을 보라. 메시지를 전달하는 시청각 자료와 그 방법이 로케트 발사 작동 기관에 해당한다면 메시지의 내용은 조종실에 해당한다. 강력하고 잘 준비된 발사 작동 기관이 없으면 조종실은 결코 목적지에 도착할 수 없다. 의사 전달자가 사용하는 용어가 아무리 적절한 것이라 하더라도 강력한 힘을 지닌 발사가 이루어지지 않는다면 성공을 거두기는 어렵다.

책임 회피

여기서 저자의 귀가 따갑게 느껴진다. 우리는 많은 독자들 – 특히 목회자들 –이 무엇을 불평하고 있는지 이미 알고 있다 : "당신들은 말씀을 전파한다는 것의 본질이 뭔지 모릅니다." 그리고 우리는 다음과 같은 주장을 자주 듣게 된다.

주장 ■ 1 :

"설교는 쌍방 통행이다. 성도들은 준비된 마음 곧 들을 자세를 가지고 예배에 참석해야 할 책임이 있다." 이 주장은 졸리게 하는 설교에 대한 불평을 없애기 위해 사용된다. 우리는 한 신학원의 학장이 다음과 같이 말하는 것을 들었다. "만일 사람들이 '이것이 내게 맞는 말인가?' 생각하면서 설교로부터 무엇인가를 얻어내기 위해 설교를 듣는다면 그들은 별로 소득을 얻지 못할 것이다."

그의 말은 책임 회피를 위한 구실일 뿐이다. 만일 설교의 책임에 대한 잘못이 절반은 듣는 사람에게 있다면 설교자는 자신의 잘못은 절반뿐이라고 느낄 것이다. 설교의 질은 설교하는 사람이 그 일에 대한 온전한 책임감을 받아들일 때만이 개선될 수 있다.

사실 사람들은 "이것이 내게 하는 말인가?"라는 질문을 가지고 교회에 와야 한다. 그들의 마음은 '나를 위한 것은 무엇일까?'에 맞추어져 있다. 그들은 공급을 받고 도전을 받으며 하나님의 구원하시는 은혜를 확신하고 배우기를 원한다. 그것이 그들이 준비해야 할 부분이다. 한편 배우는 일이 일어날 수 있도록 하는 것은 설교자의 책임이다.

전 미국 교육부 장관이었던 셜리 후프스테들러(Shirly Hufstelder)씨는 다음과 같이 말했다. " 성공적인 교사가 되는 비결은 학생들의 성공과 실패에 대한 책임을 자기 자신의 것으로 받아들이는 것이다. 학생들의 성공과 실패를 자신의 개인적인 책임으로 인식하고 받아들이는 교사들은 실제로 훌륭한 학생들을 배출해 내고 있다."[4]

주장 ■ 2 : "난 아무래도 상관없는 일이다. 성령의 능력은 비록 부족한 설교자를 통해서도 일하실 것이다." 이 주장은 설교의 효과를 하나님께 맡기는 것이다.

 그것은 사실이다. 성령께서는 무엇을 통해서도, 누구를 통해서도 일하실 수 있다. 하나님의 말씀을 전하는 사람들은 그런 내적인 확신을 가지고 말씀을 전한다. 이사야 55:11에서 하나님은 다음과 같이 약속하셨다. "내 입에서 나가는 말도 헛되이 내게로 돌아오지 아니하고 나의 뜻을 이루며 나의 명하여 보낸 일에 형통하리라."

 그러나 동시에 하나님께서는 우리가 하나님께서 주신 능력과 은사를 사용하기를 기대하신다. 바울 사도는 고린도전서에서 하나님의 백성들에게 주어진 다양한 은사들을 설명하고 있다. 그 은사들에는 예언과 가르침도 포함되어 있다. 그리고 바울은 "다른 언어" – 방언하는 것에 따르는 위험을 조심스럽게 경고하고 있다. 그의 경고는 오늘날의 설교에도 적용된다. "이와 같이 너희도 혀로써 알아듣기 쉬운 말을 하지 아니하면 그 말하는 것을 어찌 알리요 이는 허공에다 말하는 것이라 세상에 소리의 종류가 이같이 많되 뜻없는 소리는 없나니 그러므로 내가 그 소리의 뜻을 알지 못하면 내가 말하는 자에게 야만이 되고 말하는 자도 내게 야만이 되리니"(고전 14:9-11).

 바울 사도는 우리가 효과적인 의사 전달자가 되어야 할 책임에 대해 분명하게 지적하고 있다. 설교가 그저 '허공을 치는 것'에 그치고 있으면서 성령님께 책임을 떠 넘기는 것은 아무 소용이 없는 일이다.

광고업자가 설교한다면

 의사 전달 기법은 주일 아침 설교자들에게는 잘 이해되지 않는 개념이라 할지라도 광고와 판매에 종사하고 있는 사람들에게는 매우 잘 이해되고 있으며, 세밀하게 조사되고 관찰되고 완성되어 가고 있다. 광고업에 종사하고 있는 메디슨 가의 사람들에게 설교 시간에 대해 어떻게 생각하는지 물어 보는 것은 정말 재미있는 일이 될 것이다. 설교자나 판매 전문가는 둘 다 다른 사람들을 설득하는 일을 하고 있다. 이들은 둘 다 의사 전달의 기법을 통해 청중들의 생각과 행동에 영향을 미치려고 한다.

우리는 광고와 판매 업계에 종사하고 있는 전문가들에게 몇가지 질문을 했다. 매주 그들의 목표의 대상이 되는 사람들에게 어떤 방식으로 접근하는가? 우수한 고객이 될 수 있는 잠재력을 가진 사람들에게 매주 얼굴과 얼굴을 맞대고 이야기할 기회가 주어진다면 그들은 무엇을 할 것인가? 그 잠재 고객들을 커다란 강단 뒤에 선 강사 앞에 가만히 앉혀 놓고 이야기를 듣게 만들 것인가?

판매 전문가들은 우리의 질문에 너털 웃음을 웃었다. 마지막 질문에 대한 그들의 대답은 '아니오'였다. 그들은 판매업을 하는 모든 사람들에게 성공률이 가장 적은 방법으로 알려져 있는 그런 방식을 사용하면서 자기에게 주어진 값진 기회를 그냥 내던져 버리지는 않을 것이다. 그렇다면 그들은 어떻게 할 것인가? 그들의 대답은 최고의 효과를 낼 수 있는 다음과 같은 세가지 방법들로 요약되었다.

광고 업자의 설교 기법

1. 사람들을 알라.

판매에 종사하는 사람들은 고객이 될 사람들을 설득하려고 하기 전에 먼저 고객의 특성, 필요, 선호도를 정확하게 파악해야 한다는 것을 알고 있다. 이번 주 고객들의 기분은 어떤가? 이번 주에 있는 특정한 행사가 그들의 생각에 어떤 영향을 미칠 것인가? 그들은 어떤 변화를 보이고 있는가? 그들의 기대는 무엇이며 염려하는 것은 무엇인가?

우리가 상담한 판매자들은 대부분의 목회자들이 어떤 방법으로 교인들의 기본적인 수요 측정과 시장 분석을 하고 있는지 궁금해 했다. 달라스 광고 회사의 임원인 데비 베네덱(Debbie Benedek)씨는 "설교

관찰자로서 나는 그들이 나에 대해 아는 것이 아무것도 없다고 느낀다." 라고 말했다.

　설교를 듣는 사람들을 대상으로 한 여론 조사에서 사람들은 자기 삶 속에서 경험하고 있는 것을 언급해 주는 설교가 가장 기억할 만하다고 응답했다. 설교에 관련된 그 어떤 것도 개인적인 삶에 관련된 요소만큼 그렇게 중요하지는 못했다.

　그렇다면 설교자는 어떻게 교인들의 삶에 가까이 다가갈 수 있는 것인가? 겨우 위원회 모임을 통하거나, 식사를 같이 나누면서 또는 상담을 하면서 개인적인 교제를 나누는 것만으로 시장 조사에 필요한 모든 것들을 다 했다고 생각하지는 않는가? 청중을 아는 일에 대한 이런 소극적인 접근 방식은 교회의 건강을 정확하고 완벽하게 파악하는 일에 실패하게 한다. 그리고 그 결과 나오게 되는 설교는 과녁을 빗나가는 화살과도 같다.

　적극적인 노력은 설교가 교회의 지체들의 필요를 더욱 효과적으로 채워줄 수 있게 한다. 한 설교자는 6-8명의 평신도로 구성된 '설교 분대'를 활용하였다. 그들은 6개월 동안 목사가 설교할 성경 구절을 미리 받는다. 그리고 설교하게 될 성경 구절에 대한 간단한 질문들에 대답한 후 수요일까지 제출한다. 질문들은 상당히 간단하다 : "이 성경 구절에 대해 어떤 질문들이 떠오르는가? 이 성경 구절이 말하고 있는 것과 관련해 최근에 당신에게 일어난 일은 어떤 것인가? 이 성경 구절을 읽은 결과 당신과 혹 우리 교인들에게 일어나야 할 변화는 어떤 것인가?" 분대원들은 목사의 설교에 자신들의 생각이 사용될 것을 알기 때문에 매주 자신들에게 주어진 일을 진지하게 수행한다. 그리고 매 6개월마다 새로운 사람들로 '설교 분대'가 재편성된다.

"여러 사람에게 내가 여러 모양이 된 것은
아무쪼록 몇몇 사람들을 구원코자 함이니"
― 고린도전서 9:22

2. 사람들을 참여시키라.

당신이 받는 우편물 속에 왜 그렇게 많은 경품권이나 추첨권, 이용권, 할인권 혹은 사은권 등이 포함되어 있는지 아는가? 왜냐하면 광고를 하는 사람들은 그런 것들이 일단 당신의 관심을 끌기만 하면 그들이 실지로 판매하려는 상품에 당신이 반응할 가능성이 높아진다는 것을 알기 때문이다. 이것은 잘 알려진 인간 본성의 한부분이다.

그리고 우리가 만나본 판매 전문가들은 설교 시간에 교인들을 참여시킬 수 있는 방법들을 찾아 냈다고 말했다.

전 뉴욕 판매시장의 책임자였던 톰 터너(Tom Turner)씨는 요리책을 광고하기 위해 가졌던 품평회를 기억하고 있었다. 광고가 끝나갈 무렵에 갑자기 문이 확짝 열리고 남녀 한 명씩 짝을 이룬 안내원이 그 요리책에 들어 있는 과자 굽기 설명을 따라 구워낸 과자가 잔뜩 쌓여진 작은 수레를 밀고 들어왔다. 그곳에 모였던 모든 청중이 그 과자의 맛을 보았다. 이것은 20년 전의 일이었다. 그리고 터너 씨는 오늘날까지도 그 품평회를 기억하고 있는 사람들의 이야기를 듣는다고 한다.

설교에 교인들이 참여할 수 있는 가능성은 얼마든지 있다. 한 목사는 감사 주일 설교 시간에 모든 사람들에게 카드를 나누어 주었다. 그리고 그 자리에서 잠시 시간을 내 감사를 전하고 싶은 사람에게 카드를 쓰는 시간을 갖게 했다. 그리고 다음 주에 그 카드를 전해 주도록 했다. 그 후 이 경험에 대해 사람들로부터 듣게 된 이야기들은 또 다른 설교를 위한 멋진 예화들이 되었다. 그리고 사람들은 자신들이 참여했던 그 설교를 결코 잊어버리지 않았다.

설교에 교인들이 참여할 수 있는 또 다른 간단한 예를 들어보자 : 옆에 있는 사람이나 혹은 주변의 서너 명과 이야기하게 하라. 이것은 여러 가지 방법으로 사용될 수 있다. 설교를 시작하기 전에 관심을 모으는 도구가 될 수 있다. 예를 들어 의심에 대한 설교를 하고자 한다면 설교를 시작하기 전에 서로 짝을 지어 신앙이 흔들렸던 때를 기억하며 이야기 해 보게 할 수 있다.

이 방법은 또 이해를 높이고 오래 기억하도록 하기 위해 사용될 수도 있다. 교인들에게 한사람씩 설교 내용에 대한 요약이나 설명을 시킬 것이라고 미리 경고를 하라. 그러면 그들은 평소보다 집중해서 설교를 들을 것이다. 그런 다음 적절한 때에 "자, 옆사람과 짝을 지어 들은 내용에 대해 서로 요약해서 설명해 보십시요."라고 말하라. 「성공하는 사람들의 7가지 법칙(The Seven Principles of highly Effective People)」이라는 책을 쓴 스티븐 코비(Stephen Covey)씨는 세미나에서 이 상호 교환적인 방식을 상당히 많이 사용한다. 모든 사람들이 많은 것을 배우고 그 세미나를 떠난다.

또 우리가 인터뷰한 시장 판매 전문가들이 이야기한 청중들을 참여시키는 또 하나의 방법이 있다. 그것은 "질문 있습니까?"라고 묻는 정도의 간단한 방식이다. 터너(Turner)씨는 "대화를 주고 받기 시작하면 곧 알게 되지요. 그들에게 가장 중요한 것에 집중할 수 있게 되기 때문에 그들을 움직일 수 있는 것입니다."라고 말한다.

켄사스 선교회의 리 호블(Lee Hovel) 목사는 설교 끝에 질문하는 시간을 할애한다. 그는 그 시간을 통해 설교자와 대화를 주고 받는 기회를 가질 수 있기 때문에 사람들이 더 많은 것을 배운다는 사실을 알게 되었다. 교인들은 애매한 부분에 대해 분명하게 알게 되고, 더 많은 정보를 얻게 되며 때로는 설교에 동의하지 않을 수도 있다. 제5장에서 이미 다루었듯이 사람들에게 신앙에 관한 질문을 하도록 격려하면 그들은 생각하게 되고 그 결과 믿음이 자라게 된다.

질문 시간은 또 목회자가 성도들을 아는 데 도움이 된다. "설교를 듣고 질문이 없을 때는 내 설교가 그들의 삶에 관련된 부분을 다루지 못했기 때문이라는 것을 안다."라고 그는 말한다.

이 방법은 목사가 자신의 연약함이 드러나도록 허용할 것을 요구한다. 그러나 그런 연약함을 드러내는 것은 파급 효과를 가져다 준다. 호블 목사는 "목사로서 자신의 약함을 드러내는 것은 다른 사람들 역시 자신들의 연약함에 대해 열린 마음을 갖게 해 준다."라고 말한다. 호블 목사가 목회하는 교회의 교인들은 설교 시간에 서로 주고 받는 대화를 시작한 후 그에게 다가가는 것이 훨씬 편안하게 느껴진다고 말한다.

3. 시청각 자료를 사용하라.

판매 전문가들은 자신들의 가장 강력한 도구인 시청각 자료 없이는 사람들을 설득시키려고 시도하지 않는다. 그들은 대부분의 사람들이 (80%이상) 보는 것을 통해 배운다는 것을 알고 있다.[5] 전달하고자 하는 메시지가 기억되기 위해서 사람들은 그것을 볼 필요가 있다.

설교에 사용될 수 있는 시청각 자료에는 소품, 인쇄물, 영상물, 단막극, 중요한 단어나 그림을 영사기로 확대 투사하는 것 등이 포함될 수 있다.

나는 아내 조아니의 94세된 할머니의 장례식에 사용할 수도 있었던 좋은 기회를 놓친 것을 안타까워하고 있다. 집례목사는 이 귀한 크리스천 할머니가 어떻게 다른 사람들을 섬기다가 그 생애를 마치게 되었는지를 설명하였다. 할머니는 팝콘을 만들어 이웃집 아이들에게 갖다 주다가 쓰러지셨다. 그것은 평생 하나님을 섬겨 온 삶을 살다가 떠나는 모습을 보여주는 완벽한 그림이었다. 그 목사는 이에 관련된 간단한 시청각 자료를 사용함으로 듣는 사람들의 마음에 영원히 잊혀지지 않을 기억으로 남게 할 수도 있었을 것이다. 즉, 할머니가 마지막으로 만든 팝콘이 든 그릇을 가져와 보여 줄 수 있었더라면 말이다.

그 곳에 참석했던 사람들은 팝콘을 볼 때마다 마지막 숨을 거두는 순간까지 다른 사람들을 섬겼던 보잘 것 없어 보이는 평범한 여인이 보여준 크리스천의 삶의 모습을 생각하지 않을 수 없을 것이다.

판매와 광고에 종사하는 사람들은 어떻게 사람들을 설득해야 하는지를 알고 있다. 그리고 예수님도 이것을 아셨다. 예수님도 같은 방법을 사용하셨다. 그분은 자기를 따르는 사람들을 아셨고, 그들을 자기의 메시지에 포함시키셨으며, 시청각 자료들을 풍성하게 사용하셨다.

아이들을 위한 설교

"대예배의 설교보다는 어린이들을 위한 설교를 통해 더 많은 것을 배울 수 있다고 내게 말한 사람들 – 어른들 – 이 많이 있다."

당신도 자주 그런 얘기를 들을 것이다.

그렇다면 멈추어 서서 잘 생각해 보아야 한다. (그렇게 말하는 사람들은 상당히 진지하다는 것을 우리는 확신한다.) 어린이들을 위한 설교가 왜 모든 연령층의 사람들에게 호소력을 가질 수 있는 것인가? 왜 우리는 아이들을 위한 설교가 가지는 그런 특성을 성인들을 대상으로 한 설교에서 사용하지 못하는가? 여기서 하나씩 점검해 보자.

어린이들은 위한 좋은 설교는….

● 쉽게 설명한다. 어린이들을 위한 사역자는 교회에서 사용되는 특정한 용어들을 훨씬 적게 사용한다. 그들은 생소한 용어를 많이 사용하면 어떤 아이들은 교회를 떠나버릴 것이라는 사실을 잘 알고 있다. 어려운 용어들을 사용해야 한다면 어린 아이들이 이해할 수 있도록 설명해 준다. 이해하기 어려운 개념들 - 삼위일체와 같은 - 은 처음 듣는 사람들도 배울 수 있도록 조심스럽게 설명한다. 많은 조사 결과들은 교회에 참석하고 있는 어른들도 기본적인 것을 이해하는 데에는 도움이 필요하다는 것을 보여주고 있다.

● 하나의 주제만을 전달한다. 그들은 3장에서 설명한 함정에 빠지지 않는다. 아이들의 설교는 "적은 것이 많은 것"이라는 개념이 적용되고 있다. 신학교 교수들처럼 설교에 반드시 3개의 주제를 포함한다면 그처럼 아이들을 짜증나게 하는 것은 없을 것이다. 뿐만 아니라 어떤 연령층의 사람이건 한정된 집중력을 가지고 3개의 주제를 가진 설교내용을 전부 소화해서 기억한다는 것은 불가능하다. 이것은 농사의 원리이기도 한다. 작은 땅에 너무 많은 씨를 뿌리면 큰 수확을 거둘 수 없을 것이다. 어린이들을 위한 설교가 성공적인 이유는 하나의 요점을 단순한 용어로 반복해서 설명한다는 데서 기인한다. 설교자는 어떤 연령층의 교인을 대상으로 하건 한 요점을 잘 드러나게 하고 결론을 맺는다면

청중들은 그 설교를 통해 오히려 많은 것을 배울 수 있을 것이다.

●다양한 감각을 동원한다. 앞에서 이미 살펴본 것처럼 어린 아이들은 한가지 이상의 감각을 사용할 때 더 잘 배운다. 그래서 아이들의 설교에는 종종 눈으로 보는 소품과 들을 수 있는 소리, 만져서 느낄 수 있는 깔끄러운 물건들, 맛을 볼 수 있는 달고 짠 것들, 냄새를 맡을 수 있는 향을 가진 물건들이 사용된다. 다양한 감각을 동원하는 것은 실제로 모든 연령층에 있는 사람들의 학습을 상당히 향상시킨다.

●서로 주고 받는 시간을 허용한다. 어린이 사역자들은 아이들에게 질문을 던질 뿐만 아니라 그들로부터 질문을 유도해 낸다. 이렇게 주고 받는 것은 사람들의 생각에 시동이 걸리게 한다. 청중들의 참여는 풍성한 학습이 이루어지게 한다.

성인들을 위한 설교가 어린이들을 위한 설교처럼 될 수 있다면 더 많은 사람들이 더 많이 배우게 될 것이다.

새로운 시도

잠깐 같이 생각해 보자. 당신이 지금까지 한 번도 교회 예배에 참석해 보지 못했고, 한 번도 '교회가 하고 있는 방식'은 접해 보지도 못했다고 하자. 그렇다면 당신은 한 장소에 가득 찬 사람들을 설득하고 감동을 주며 그들을 격려하기 원한다면 그저 강단 뒤에 서서 그들에게 말할 것인가?

    그렇지는 않을 것이다. 당신은 그들이 배우게 하기 위해 당신이 사용할 수 있는 더욱 강력한 도구들이 많이 있다는 것을 누구보다 잘 알 것이다. 당신은 영향을 거의 미치치 못하는 것으로 드러난 구태의연한 방법만을 사용함으로써 이 좋은 기회를 낭비해 버리지는 않을 것이다.

    이제 새 날을 맞이했다고 생각해 보라. 그리고 당신은 새로 시작할 권리를 가지고 있다. 변화를 가져 올 수 있는 새로운 방법을 당신의 설교에 도입함으로 성도들을 깨우라.

설교 시간에 하나님의 말씀이 생동감을 갖고 전달되게 하기 위해 다음에 소개하는 "기억하게 만들어 주는 것"들을 시도해 보라. 이 방법들은 이미 시도된 것들이며 듣는 사람들에게 잊혀지지 않는 것들로 검증되었다.

설교를 기억하게 만들어 주는 것들

● 옆사람과 이야기 하기 – 설교 중간에 사람들에게 짝을 지어 이야기하는 시간을 주도록 해 보라. 짝을 맺지 못하는 사람이 없도록 신경을 쓰라. 그리고 서로 "가장 최근에 하나님께서 내 삶 속에서 일하시는 것을 경험한 것"에 대해 이야기하게 하라. 다른 교인이나 가족 혹은 방문한 사람에게 자신의 신앙에 대해 처음 이야기해 보는 사람들도 많이 있을 것이다. 위화감을 느끼지 않으면서 "신앙에 대한 이야기"를 할 수 있는 좋은 기회가 된다.

이 방법은 다양하게 사용될 수 있다. 짝이나 소그룹을 지어 특정한 설교의 주제를 삶 가운데 실천할 수 있도록 도와 주라 : 이번 주에 설교를 듣고 깨달은 것을 실천할 수 있는 것들이 어떤 것이 있는지 서로 이야기를 나누게 하라. (이렇게 함으로 교인들 상호간에 서로 책임의식을 갖게 해 줄 수도 있다.) 서로 기도 제목을 나누게 하라. 사람들에게 그리스도의 몸을 이루는 동료 지체들로서의 삶을 나누도록 하라.

● 약한 자리에 섬 – 잊을 수 없는 설교에 대한 우리의 설문 조사에서 발견된 것 몇 가지를 여기 소개한다. 설교를 듣는 사람들은 자기와 동질감을 주는 설교자에 의해 감동을 받는다. 이 사실을 보여주는 여러 가지 다양한 이야기들이 있지만 아마도 여기에 소개하는 실화가 가장 실감날 것이다.

설교 주제는 용서에 관한 것이었다. 교회에 오기 전 목사는 자기가 신어야 할 양말의 짝을 맞추어 놓지 않은 것 때문에 아내에게 소리를 질러 댄 사실을 이야기하였다. 그리고 교인들 앞에서 그의 아내에게 용서를 구했다. 자기의 연약함을 숨기지 않고 고백한 것은 성도들의 마음을 감동시켰고 실제적이고 인상깊은 본이 되었다.

● 필요를 채워주시는 하나님을 묵상함 – 설교가 시작되기 전 각자 몇 분간의 조용한 시간을 갖게 하라.(빨리 돌아가는 세상에서는 이상한 일이 되겠지만). 그 시간에 하나님으로부터 어떠한 말씀을 들어야 할까 생각하게 될 것이다. 하나님께서는 오늘 어떤 말씀을 하실까? 위로의 말씀일까? 아니면 도전, 용기, 능력에 관한 말씀일까? 몇분 후 주위의 한 사람을 생각해 보게 하라. 그리고 그에게 이 시간에 가장 필요한 것은 무엇일까 생각하게 하라. 사람들은 자기가 필요한 것에 대해 관심을 가지고 시간을 보내기 때문에 하나님께서 더욱 분명하게 말씀하시는 것을 느낄 것이다.

이 묵상은 이어지는 설교에도 도움이 된다. 설교를 듣고 자기의 삶에 어떤 변화를 가져와야 할 것인지를 결정하고 기도할 시간을 가질 수 있게 하라.

●엿듣게 함 - 목사가 하나님과 개인적인 대화를 하는 동안 우연히 그 기도를 듣게 된 사람들은 자신들도 하나님과 친구처럼 이야기할 수 있다는 것을 배우게 된다.

●어둠 가운데 앉아 있는 사람들 - 요한복음 1장을 설교 본문으로 하라. 어둠 속에서 설교를 하라. 어둠 속에서 설교를 듣게 하다가 예수님에 대해 이야기할 때 한 사람씩 촛불을 켜게 함으로 빛이 비추어지게 하라. 그리고 그들이 타는 불빛의 따뜻함을 느끼고 증거하는 동안 자기의 삶속에 나타나는 예수님의 능력을 느낄 수 있도록 시간을 주라.

●우선 순위 바로 잡기 - 어느 주일 아침 목사는 강단으로 올라가 "정말 죄송합니다. 제가 요번 주 너무 바빠서 설교를 준비할 시간이 없었습니다. 요 몇주간 늘 그랬습니다."라고 말하고 뒤로 물러나 앉았다.
 교인들은 모두 믿을 수 없다는 표정을 지었다. 너무 바쁘다니 무슨 말인가? 모든 사람들이 뭔가 불안하다고 느낄 때까지 목사는 그냥 그 자리에 목사는 앉아 있었다.
 드디어 강단으로 돌아왔다. 이번에는 그가 전할 메시지를 가지고 섰다. 그는 우선 순위에 대해 이야기했다. 우리에게는 원하는 대로 사용할 수 있는 24시간이라는 시간이 매일 주어진다. 우리가 어떤 일을 할 시간이 없는 것이 아니라 다만 어떤 일을 하기로 선택하지 않는 것이다. 목사는 청중들에게 강한 감정을 불러일으킴으로써 전하고자 하는 내용을 사람들의 뇌리에 새겨 넣은 것이다.

●행동에 옮김 - 교인들이 행동을 취하도록 자극하기 위해 구체적으

로 '해야 할 일'을 적은 명세표를 나누어 주라. 예를 들어 설교가 끝난 다음 교인들을 대표하는 사람들을 격려하는 편지를 쓰게 한다든가 특정한 사역을 위해 헌금하고 또 기도하도록 할 수 있을 것이다.

보통 성도들이 설교를 듣고 무엇을 해야 할지 스스로 알아서 하도록 내버려 두는 경우가 많다. 늘 특정한 프로그램을 가질 필요는 없다. 그러나 특정한 일들을 제시할 필요는 있다. 예를 들어 각자가 사랑하는 특정한 사람에 대해 이야기하게 한다던가, 미워하는 사람을 용서하는 일이라던가, 화가 나게 하는 사람을 대할 때 자신의 감정을 다스리기 위해 열까지 세는 것이라든가 하는 것들이다.

● **추수 감사절 감사** - 추수 감사절 예배 전에 사람들에게 그들이 그 해에 가장 감사하게 생각하는 상징물을 하나씩 가져 오도록 광고했다. 그 물건들을 강대상 앞으로 가지고 나가는 모습은 모든 사람들을 감동시켰다. 한 농부는 옥수수를 하나 들고 앞으로 걸어나오고 할머니는 손자 주신 것을 감사하기 위해 인형을 하나 들고 나오고 또 한 어린 소년은 가족 사진을 들고 나왔다.

● **청중의 참여** - 예수님이 변화산 상에서 변모하신 사건은 복음을 나누는 삶에 대한 설교를 새롭게 활용할 근거가 된다. 한 목사는 10명의 자원하는 사람들을 앞으로 나오게 했다. 그리고 두 개의 원을 만들어 8자 모양이 되게 했다. 한쪽 원을 이루고 있는 사람들은 원 안쪽을 바라보게 손을 내밀게 하고 다른 한 원을 이루고 있는 사람들은 바깥 쪽을 바라보고 손을 내밀게 했다. 그리고 8자 모양을 따라 돌게 했다. 사람들이 안쪽으로 바라보면서 그들의 손을 내밀고 걷다가 바깥 쪽을 바라

보면서 그들의 손을 내밀고 걷는 모습은 눈에 보이는 메시지를 만들어 냈다. 그것은 우리가 하나님의 말씀으로 새 힘을 얻고 다른 사람들에게 복음을 전하기 위해 모여야 함을 뜻한다.

●등잔 - 한 목사는 우리가 어떻게 세상의 빛이 되어야 하는지를 보여주기 위해 기름 등잔을 사용한 설교를 하였다. 그는 거기서 멈추지 않고 다음과 같이 말했다. "이번 주 중에 저는 이 램프를 지난 해 저를 위해 빛이 되어 주었던 한 분에게 드릴 것입니다. 그 램프를 받으신 분은 또 자기에게 빛이 되어 주셨던 다른 한 분에게 넘겨 주실 수 있을 것입니다." 빛이 퍼져나가게 하는 얼마나 좋은 방법인가!

어린이들을 위한 설교의 예

이제 어린이들을 위한 설교의 예를 몇 개 살펴보게 될 것이다. 이와 같은 메시지는 듣는 사람들이 잘 배우고 오래 기억할 수 있게 할 것이다.

줄다리기

약 7 m 정도 길이의 밧줄이나 빨래줄이 필요하다.

밧줄을 마루 바닥에 길게 늘여 놓으라. 그리고 성경 본문을 읽으라 : 그런즉 이 일에 대하여 우리가 무슨 말 하리요 만일 하나님이 우리를 위하시면 누가 우리를 대적하리요(롬 8:31).

그런 다음 다음과 같이 말하라 : 만일 하나님이 우리 편이라면 누가 우리를 대적할 수 있을까요? 로마서를 쓴 바울은 전쟁에 대해 말하고 있어요. 이것은 전쟁 놀이와 같아요.

자, 남학생 대 여학생으로 편을 갈라 줄다리기를 해 보도록 해요. 어느 팀이 이길 것 같아요? (어린이들이 대답하게 하라.)

자, 이번에는 이쪽에는 남학생 대여섯 명 그리고 저쪽에는 여학생 두 명이 잡도록 해요. (대여섯 명의 남자 아이들과 가장 작은 여학생 두 명을 선택하라.)

음, 뭔가 잘못된 것 같아요. 이 남자 아이들 상대편이 여학생이 두명 뿐이라 아무래도 도움이 필요하겠어요. (청중들을 바라보고 여자 아이들을 도와 줄 수 있는 체격이 좋은 사람 두 사람을 선택하라.) (그 두 사람의 이름을 부르며) 나와서 이 여학생들을 좀 도와 주시겠습니까?

(그 두 사람을 여학생들 편에 같이 서게 하라. 아마도 남자 아이들이 공평하지 못하다고 불평을 할지도 모른다.) 뭐가 불공평하지요? 여자 아이들 두 명뿐인데! (남자 아이들은 그 어른들은 힘이 셀거라고 말할 것이다.) 아, 그렇구나! 그렇다면 로마서에서 말하고 있는 것과 같은 거네요. 우리에게 아무리 문제가 많다 해도 하나님께서 우리 편에 계시면 우리는 이길 수 있어요. 이 어른 두명처럼 힘 센 사람들이 우리 편에 있으면 이길 확률이 많아지겠지요?

우리는 종종 너무나 많은 것들이 우리를 에워싸는 것처럼 느끼고 있어요. 그러나 하나님은 우리 편이세요. 그리고 하나님께서 우리 편이시라면 누가 우리를 대적할 수 있겠어요?[6]

모든 사람에게 주신 역할

성가대의 도움을 구하라. 메시지를 위해 4 파트로 나누어 간단한 노래를 하나 준비하게 하라.

아이들을 성가대 앞에 모이게 하라. 그리고 다음과 같이 말하라 : 우리 모두는 서로 다른 독특한 재능들을 가지고 있어요. (한 아이의 이름)의 재능과 (또 다른 아이의 이름)의 재능은 서로 다르지만 모든 재능은 다 중요합니다. 실제로 우리가 가진 각자의 재능을 함께 사용할 때 우리는 아름다운 음악을 만들 수 있습니다.

그렇게 해서 바로 성가대가 됩니다. 성가대는 4개의 다른 파트로 되어있어요. 그 중 하나는 베이스 파트인데 베이스에 있는 사람들은 아주 낮은 소리를 내지요. 베이스 소리를 들어보도록 합시다. (베이스가 낮은 음 하나를 소리낸다.)

그리고 다음은 테너 파트입니다. 테너에 있는 사람들은 높은 음으로 노래를 합니다.(테너가 베이스보다 높은 음 하나를 소리낸다.)

그리고 알토라고 불리우는 낮은 목소리를 가진 사람들이 있어요.(알토가 한 음을 소리내다.)

마지막은 소프라노인데 그들은 아주 높은 음으로 노래합니다.(소프라노가 높은 음 하나를 소리 낸다.)

그런데 만약 베이스에 있는 사람들이 자기들만 노래하기로 결정한다면 어떻게 될까요? 자, 들어 보기로 해요. (베이스가 베이스 파트를 노래한다.)

그리고 만약 알토에 있는 사람들이 자기들만 노래해야 한다고 고집한다면 어떻겠어요? (알토가 알토 파트를 노래한다.)

소프라노는 주로 멜로디를 노래하기 때문에 자기들이 가장 중요하다고 생각해서 자기들만 노래해야 한다고 한다면 어떨까요? (소프라노가 노래한다.)

어떤 사람들은 이런 식으로 행동합니다. 우리는 하나님께서 우리에게 각기 다른 재능을 주셨다는 것을 잊어 버립니다. 그리고 우리의 재능만 중요하다고 생각해요. 아니면 또 다른 사람이 우리보다 더 좋은 재능을 가지고 있다고 생각하기도 하지요.

우리가 크거나 작거나 상관 없이 하나님은 우리 각자를 매우 특별하게 만드셨어요. 그리고 우리가 하나님께서 주신 재능을 사용하기를 원하세요.

이제 성가대원들이 동시에 그들의 재능을 사용할 때라고 생각됩니다. 일어서서 성가대가 노래하는 동안 성가대를 바라봅시다.

(성가대가 노래한다.)

정말 멋지지 않은가요? 각 성가대 구성원들은 하나님을 찬양하기 위해 각자의 목소리를 사용했어요. 우리도 그렇게 할 수 있어요.(고린도전서 12:27을 읽으라 : 너희는 그리스도의 몸이요 지체의 각 부분이라.)

우리 각자가 누구이며 또 어떻게 다르든지 상관없이 하나님은 우리 모두에게 각각 맡아야 할 역할을 주셨어요. 우리가 해야 할 일은 하나님께서 주신 재능을 사용하는 것입니다.[7]

변화를 찬양하라

이제 당신은 왜 사람들이 교회에서 별로 배우지 못하는지를 알게 되었을 것이다. 그리고 어떻게 개선해야 할지도 알게 되었을 것이다.

그러나 그것만으로는 충분하지 않다.

무엇이 옳고 무엇이 그른지를 아는 것만으로는 충분하지 않다. 사용되지 않는 지식은 별 소용이 없다. 사람들이 기꺼이 변화하려고 하지 않는 한 교회는 효과적인 학습 장소가 될 수 없다. 변화를 시도하는 용기를 가지는 것이 가장 큰 변화를 보여주는 것이다.

얼마 전 우리는 몇 명의 기독교 교육자들과 함께 주일 학교 교과 과정에 대한 이야기를 하면서 전국을 순회하였다. 우리가 알고자 했던 질문은 : "만약 당신이 아주 훌륭하고 또한 실제로 활용하면 많은 사람들의 학습에 효과를 볼 것으로 보이는, 맘에 드는 교과 과정을 발견한다면 지금 사용하고 있는 것을 바꿀 의양이 있는가?"라는 것이었다. 대부분의 사람들은 그리 어렵지 않게 "아니오"라고 대답했다.

얼마나 안타까운 일인지 모르겠다. 현상 유지를 위해, 혹은 효과가 별로 없어도 학교에서 사용하는 것과 비슷한 교재를 고집하면서, 전통을 깨뜨리지 않기 위해 혹은 변화 자체를 두려워하기 때문에 배우는 사람들이 하나님께로 더 가까이 나갈 수 있는 기회를 거부하는 사람들이 너무 많다.

그러나 우리는 반드시 변화해야 한다. 예수님께서 달란트 비유에서 보여주신 것처럼 우리의 소중한 것을 묻어두고 있어서는 안 된다. 하나님은 우리가 재능과 지식을 적극적으로 사용하기 원하신다. 하나님은 우리가 변화하고 성장하며, 또 다른 사람들의 변화와 성장을 돕기를 원하신다.

거절

변화를 꺼리는 것은 다양한 모습으로 나타난다. 가지 각색의 모습으로 나타나는 거절이 변화를 막는 편리한 장애물이 되고 있다.

많은 사람들은 교회 교육이 안고 있는 문제점을 지적하면 그런 문제가 있다는 것을 인정하지 않는다. 그들은 "뭐가 그리 대단하단 말인가? 다른 교회들은 문제를 가지고 있을지 모르지만 우리는 꽤 잘 하고 있다."라고 말한다.

교회들이 실질적인 변화를 요구하는 상황에 부딪힐 때 변화를 거부하고 스스로 몰락의 길을 걷는 것은 정말 안타까운 일이 아닐 수 없다.

기독교 조사가인 조지 바나(George Barna)는 「21세기 교회를 붙잡아라(The Frog in the Kettle); 베다니출판사」라는 널리 알려진 제목의 책을 펴냈다. 그 책에서 그는 교회를 솥단지 속에 있는 개구리로 비교했다. 물의 온도가 서서히 높아지면 개구리는 상황이 바뀜에 따르는 위험을 인식하지 못한 채 만족스러운 듯이 그 안에 머물러 있는다. 물이 끓게 될 때까지 온도는 천천히, 아주 천천히 올라간다. 그리고 결국 개구리는 죽는다. 개구리는 죽을 때까지 만족스러워 했다. 그러나 그는 죽었다.

"이 개구리같이 우리는 우리 주변 세계의 변화에 무심하기 때문에 죽어갈 위험에 처해 있다"고 바나씨는 쓰고 있다.[1]

이 만족감이 교회 안에서의 학습을 꽁꽁 얼어붙게 해왔다. 그러나 우리는 혼자가 아니다. 미국의 학교들 역시 이 거부 때문에 고통을 당하고 있다. 미국 학교들은 다른 선진국에 비해 뒤떨어져 있음에도 불구하고 대부분의 부모들은 아이들은 잘 하고 있다고 말한다. 이런 눈먼 낙관주의가 한 세대에서 다른 세대로 넘어갈 때마다 불행을 심화시켜 왔다.

거절하는 또 다른 방식이 있다. 변화를 거절하는 많은 사람들은 문제가 있다는 것을 인정한다. 그러나 그 문제를 야기시키고 있는 일들을 더 열심히 함으로 그 문제를 해결해 보려고 한다. "우리가 좀더 열심히 하기만 한다면 모든 일이 잘 될거야." 라고 말하는 것이다.

이런 태도는 많은 학교에 널리 퍼져 있다. 학교 당국은 개혁의 필요를 주장하면서도 문제에 대한 진정한 변화에 대해서는 저항하고 있다. 그들은 개혁을 이야기하면서 문제를 일으키고 있는 오래된 방식을 계속 더 밀어붙이고 있다. 오하이오에 있는 한 교사는 "이 개혁안은 우리가 예상할 수 있는 가장 최악의 것들이다. 더 많은 시험, 숙제, 연습, 더 많은 시간과 더 많은 날들을 요구한다. 효과가 없는 것들을 그저 더 많이 하게 하려는 듯하다."라고 말했다.[2]

교회에서도 이런 현상을 많이 볼 수 있다. 종교 교육자들은 아이들이 성경을 모른다고 하면 성경 낱말을 사용한 십자말 풀이나 퀴즈로 채워진 구식의 교과 과정을 더 많이 하도록 만든다. 만일 4학년 초등학교 학생들이 지루해한다면 교사들은 아이들을 더 조용히 앉아 교사들의 말을 더 많이 듣도록 강요한다. 만일 교인들이 설교에 반응이 없다고 생각되면 목사들은 설교를 더 길게 더 크게 한다. 만일 청소년들이 성경 공부 모임에 시들해지면 그들의 지도자는 '진지한 학생들만을 위한 성경 공부'를 하겠다고 한다. 더 많이 더 열심히 하기만 하면 된다는 태도는 교회 교육을 심하게 절름거리게 만들고 있다.

> "어려움을 겪고 있는 교회들은 실패한 프로그램이라도 자꾸 땜질하다보면
> 그것에 생명력을 불어넣게 될 것이라고 생각하며
> 그 프로그램들을 계속 유지하려고 한다."
> — 조지 바나(George Barna), 「사용자 중심의 교회」 중에서[3]

교회의 교육 위원회 위원들은 이상한 형태로 거절을 한다. 최근에 잘 알려진 기독교 교육학 교수 한 사람이 강의식 교육은 별로 좋은 효과를 거두지 못한다고 말하면서 강좌를 가졌다. 그리고 그는 45분간 서서 강의했다. 그러나 그는 사람들은 보통 강의를 통해 들은 것의 10%밖에 기억하지 못한다고 경고했다. 그는 기독교 교육자들은 학생들을 적극적으로 참여시켜야 한다고 설교를 했다. 그러나 그는 한 번도

자신의 청중들을 참여시키지 않았다. 그의 교수 방식이 그 자신의 메시지를 배신하고 있었다.

교육계에 종사하는 지도자들이 정확하게 교육의 문제점을 지적하면서도 자신들이 비난하는 바로 그 방식대로 청중들을 대하는 것을 자주 보게 되는 것은 정말 놀라운 일이다. 조아니는 경험있는 교육가들을 위한 전국 연합회에 참석했었는데 그곳에서는 수동적으로 듣고 있는 사람들 앞에서 일방 통행식 강의만이 진행되었다. 매 시간 강사들은 일방 통행식 강의를 통해 일방 통행식 강의의 비효율성을 이야기했다.

시급한 변화의 필요

우리는 변화를 위한 변화를 주장하는 것이 아니다. 사람들을 위해 변화를 주장하고 있는 것이다. 그들의 영적인 성장이 위험에 처해 있다. 많은 교회 안에서 눈에 보이지 않는 교과 과정이 좋은 결과 보다는 좋지 않은 결과를 더 많이 낳고 있다. 우리는 더 이상 교회 교육을 이 상태로 두어서는 안 된다.

많은 사람들은 아직도 그 필요를 인식하지 못하고 있지만 이제는 변화를 시도해야 할 때다. 최근에 나타나고 있는 의학적인 질병들과 마찬가지로 건강에 해롭기는 하지만 예방할 수는 있는 그런 상태에 와 있다. 최근에 의학계에서 특정한 위험에 경종을 울리기 전까지 우리는 변화에 대한 필요를 느끼지 못했다. 담배, 살찌는 음식, 콜레스테롤은 수백만 사람들을 위한 음식의 일부였다. 아무도 변화의 필요를 느끼지 못했다.

많은 사람들이 콜레스테롤이 높은 음식을 가득 담은 접시를 앞에 놓고 즐거워했었다. "왜 바꿔? 난 이 음식들이 좋은데."라고 말했다. 그들은 자신들의 혈관이 점점 막혀들어 가고 있으며 생명이 단축되고 있다는 사실은 염두에 두지 않았다. 그들은 마치 어둠 속에 도사리고 있는 정체 불명의 괴한과 함께 위험한 골목길을 걸어가는 것처럼 자신은 알지도 못한 채 일어나는 질병으로부터 고통을 당했다.

그와 같이 교회도 건강하지 못한 습관에 신경을 쓰지 않은 채 서서히 스스로를 질식시키고 있다. 교회는 삶을 고갈시키는 질병으로 병들어가고 있다는 것을 인식하지 못하고 있다.

학교 교육은 이제 그 질병을 진단해 내기 시작했다. 교육 개혁을 부르짖는 사람들이 유치원으로부터 대학원에 이르기까지 퍼져 있는 질병의 전염성을 막는 작업을 하고 있다. 1992년 후반에 대학의 대표들로 이루어진 한 위원회는 교사들에게 강의 중심과 암기 중심의 전통적인 교수 방식을 제거하도록 지시했다. 그 대신에 대학 연합 교사 교육을 위한 대통령 조사 위원회의 보고에 따라 학생들에게 어떻게 정보를 수집하고 독자적으로 생각해야 하는지를 보여주도록 했다.[4]

교육계의 훌륭한 의사들은 위험한 습관들을 잘라버릴 것을 요구하고 있다. 그들은 근본적인 변화를 요구하고 있다. 교회와 학교는 반드시 변화를 시도해야 한다. 그렇지 않으면 환자로 살아가는 것에 만족해야 할 것이다.

연구 조사에 의하면 변화를 거부하는 교회들은 정체되어 가고 있음이 밝혀졌다. 그러나 신성한 것들로 여겨지던 것에 과감히 손을 대어 제거하고 필요한 변화를 받아들인 교회들은 성장하고 있다. 더 중요한 것은 사람들이, 즉 그들의 신앙이 자라고 있다는 것이다.

기독교 교육에 대한 연구에 따르면 교인들의 영적인 성장에 가장 큰 영향을 미치는 것은 효과적인 기독교 교육 프로그램이다. 그러나 이 연구의 책임을 맡고 있는 사람들은 교회가 학습 방법에 대한 변화를 시도하지 않는다면 기독교 교육의 엄청난 잠재력은 결코 그 힘을 발휘할 수 없을 것이라는 사실을 알게 되었다. 피터 벤슨(Peter Benson)과 캐롤린 에클린(Carolyn Eklin)은 자신들의 보고서에서 다음과 쓰고 있다 :

"기독교 교육의 변화는 그 긴급성과 복잡성에서
학교 교육이 필요로하는 변화와 그 맥락을 같이 하고 있다.
1985년 이래 학교 교육의 변혁을 꾀하는 노력을 조사해 본 결과
학교들은 변화를 위해 두가지 방식을 취하고 있다.
하나는 '땜질'이라고 불리울 수 있는 것으로
이것은 교육적인 전제나 구조 또는 형식에 대한 수정 없이
단지 한두 가지의 새로운 프로그램을 추가함으로
교육의 효과를 높이려는 시도였다.
다른 하나는 '재구성'이라 불리울 수 있는 방법으로
교육과 학습에 대한 새로운 모델을 소개하는 것이다.
그 보고서는 대부분의 학교들은 '땜질' 방식을 선택해 왔기 때문에
학교를 새롭게 해보려는 국가적인 노력은 실패했다고 주장하고 있다."[5]

우리는 더 이상 가만히 있을 수 없다. 더이상 땜질만 하고 있어서도 안 된다. 변화해야 할 때가 왔다. 단순한 개조 정도가 아니라 혁신적인 변화가 필요하다. 우리는 사람들이 교회에서 배울 수 있도록 새로운 교육의 틀을 구성해야만 한다.

변화 과정에 대한 이해

변화를 주도하는 데 성공하기 위해서는 변화의 과정 자체를 이해해야 한다. 보통 필요한 변화에 직면하게 되면 사람들은 상당히 예측할 수 있는 행동양식을 따른다. 모든 삶의 정황 속에서 일어나는 변화의 과정을 세 단계로 나누어 살펴 보도록 하자. 이것은 개인, 조직체, 사업체, 교회 생활 모두에 적용될 수 있다.

단계 1 : 현상 유지
- 모든 것이 그저 괜찮아 보인다.
- 현재 사용되고 있는 방식은 개발된 후 시험을 거친 것이다.
- 습관, 조직 그리고 관료 체제가 자리를 잡는다.
- 규칙과 원칙들이 제 구실을 한다.
- 변화에 대한 시도가 일어나면 '면역체계'가 막는다.
- 원래의 목표와 실질적인 구성요소들에 대한 관심이 서서히 사라진다.
- 통제가 목표가 된다.

단계 2 : 위험
- 상황이 달라진다.
- 옛날 방식이 더 이상 잘 맞아 들어가지 않는다.
- 효율성이 떨어진다.
- 사람들이 떨어져 나가기 시작한다.
- 불편해진다.

단계 3 : 결단

이 시기에 다다르면 개인과 조직체는 한 방향을 결정해야 한다. 한편은 생명으로 향하는 길로 인도하는 반면 다른 편은 죽음의 길로 인도한다.

죽음의 길	생명의 길
●통제력 상실에 대한 두려움	●새로운 환경을 받아들임
●혼란 : "도대체 무슨 일이지?"	●새로운 가능성에 대한 조사
●거절 : "무슨 문제람?"	●새로운 유형의 탐사
●좀 더 열심히, 좀 더 많이.	●변화로부터 오는 잠재적인 유익에 초점을 둠.
●합리화 : "곧 나아질꺼야."	●위험 부담을 감수함.
●분노 : "다 당신 잘못이야."	●변화를 선택함
●상실감	●성장
●죽음	

죽음의 길을 선택한 사람들은 그냥 질식해 버린다. 또 다른 사람들은 상실감에 빠지는 지점에까지 이르렀다가 변화해야 한다는 것을 점차로 받아들인다. 이들은 결국은 새로운 유형의 일부가 되지만 그 과정에서 많은 고통을 경험한다.

비행 조종사의 입장에서 이 세 단계를 그려보라. 303쪽에 있는 그림을 보라. 첫단계에서 비행기와 그 승객들은 하늘을 유유히 날며 다가오는 위험을 느끼지 못한다. 두번째 단계에서 비행기는 두꺼운 얼음층을 만나게 된다. 그리고 무겁고 무시무시한 얼음 덩어리와 부딪히게 된다. 세번째 단계에서 조종사는 결정을 내려야만 한다. 이런 상황 속에 너무 오래 머물러 있는 것은 죽음을 불러 오는 일이다. 변화를 받아들이고 구름 위로 솟아 올라 안전과 생명을 되찾게 된다.

사람마다 변화를 다르게 취급한다. 약 5% 가량의 적은 사람들만이 변화를 예측한다. 그들은 변화에 대한 필요가 실제로 나타나기 전에 변화 속에 있는 가치를 본다. 비행 그림에서 이 "변화 예측자들"은 얼음층 속으로 들어가기 전에 미리 상승 비행을 한다.

다른 사람들은 "초기 수용자"들로 위험을 알리는 첫 신호를 보고 변화를 시도한다. 이들은 비행기 동체가 얼음층에 닿는 것을 느끼는 순간 안전한 궤도로 솟아 오른다. 약 10% 가량의 사람들이 이 그룹에 속한다.

85% 가량의 대부분 사람들은 세번째 유형에 속한다. 이들은 "변화를 꺼리는 사람"들이다. 이들은 주변의 고통과 위험으로 심한 불편을 느낄 때가 되어서야 변화를 시도한다. 이들은 비행기가 무시무시한 얼음층에 휩싸인 후에야 고도를 높이는 것에 대해 생각한다.

변화를 꺼리는 이유

왜 대부분의 사람들은 가만히 보고만 앉아 있다가 비행기가 얼음층 속으로 들어가서야 고도를 높이게 되는가? 우리는 사람들이 변화를 꺼리는 몇가지 이유를 살펴 보았다.

1. 만족하고 있다. 사람들은 자기 나름대로의 방식에 익숙해져 있다. 그들의 익숙한 환경에 편안함을 느낀다. 현상을 유지하면서 만족을 느낀다. 그것이 얼마나 위험하고 시대에 뒤떨어진 것이며 비효율적인 것

요구되는 변화의 단계

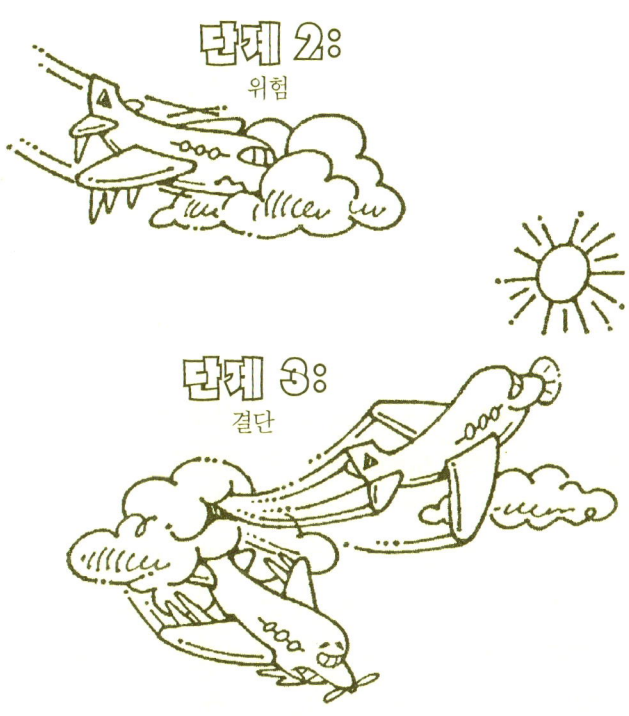

인지에 상관 없이 편안함을 느낀다. 교회 교육이라는 면에서 본다면 그들은 현재의 보잘 것 없는 결과에 만족하고 있는 사람들이다. 교회 안에서 사람들은 거의 배우고 있지 못하다는 사실을 지적하면 그들은 "그렇지만 전혀 배우지 못하는 것보다는 낫다."고 대답한다.

2. 이해의 부족. 그들은 문제나 혹은 제안된 해결 방안을 잘 이해하지 못한다. 교회 교육을 위한 노력이 별 효과를 보지 못하고 있다는 사실을 지적해 주면 그들은 그런 일이 있을 수 있다는 것을 깨닫는 데 어려움을 느낀다. 그리고 변화를 제안 받으면 그들은 어떻게 그런 제안이 들어맞을 수 있을까 의아해 한다.

3. 대가를 지불하려 하지 않는다. 이 사람들은 비록 변화의 필요에 대해서는 이해한다 할지라도 변화를 위해 시간과 노력과 돈을 투자하면서 어려움을 극복해야 할 만한 가치가 있다고 생각하지 않기 때문에 변화를 지지하지 않는다. 그들은 교회 교과 과정이 달라져야 할 이유는 보지만 새로운 방법을 모색하고 교사들을 재교육하며 학생들을 일깨우는 일을 가치있는 것으로 생각하지는 않는다.

4. 전통에 매여있다. 그들은 "이것이 우리가 늘 해온 방식이다."라는 표어를 가지고 있다. 변화를 생각한다는 것 자체가 불경스런 일이다. 어린이 주일학교를 위한 변화를 제안하게 되면 그들은 "우리는 어렸을 때부터 이 방식을 따랐어요. 우리에게 좋았다면 요즘 아이들에게도 좋은 것이지요." 라고 말할 것이다.

5. 잃어버릴 것을 두려워한다. 새로운 아이디어를 제안받으면 그들은 자동적으로 그것을 받아들일 때 그들이 잃게 되는 것이 무엇일까를 생각한다. "우리가 그 새로운 교과 과정으로 바꾼다면 여지껏 사용하던 교재와 이야기 그림판은 더 이상 쓸 수 없게 될 것이다. 그리고 그것들

을 제공해주던 사람들이 싫어하게 될 것이다. 교단에서 알게 될 것이고 비용이 더 들어가게 되면 교사들은 화를 낼 것이다."라고 말할 것이다.

> "급변하는 시대에서는 우리의 경험이 최악의 적이다."
> —제이 폴 게티(J. Paul Getty)

변화를 시도하는 사람들을 위한 제안

그렇다면 어떻게 이 모든 장애들을 극복해야 할 것인가? 너무나 오랫동안 숨막히는 교육을 해 온 체제 속에서 어떻게 학습이 효과적으로 이루어지게 할 수 있겠는가? 여기에 몇가지 실질적인 방법들을 소개한다.

1. 필요를 알리라. 교인들은 기름과 콜레스테롤을 즐겨 먹던 사람들과 같다. 그들은 옛습관에 꽤 만족하고 있다. 그들은 자신들이 스스로를 망쳐가고 있다는 것을 전혀 모르고 있다. 그들이 몰랐다고 해서, 다른 사람들도 마찬가지겠지만, 위험으로부터 벗어나지는 못한다.

사람들은 먼저 문제를 이해해야 한다. 자신들의 습관이 해로운 것이라는 사실을 확인하기 전까지 사람들은 그 습관을 고치는 일에 관심을 가지지 않을 것이다.

목회자와 지도자들, 부모들과 교사들, 이런 사람들에게 이 책에 소개된 통계자료들을 알려주라. 그리고 교회 안에 나타나고 있는 학습 결과에 대한 자료를 수집하라. 그것은 교회 교육 방식이 변화되어야 할 필요성을 사람들에게 분명히 알려주는 내용들로 이루어져 있다.

2. 변화가 가져다 주는 유익을 강조하라. 잠재적인 변화에 직면하게 되면 대부분의 사람들은 그들이 잃게 될 것에 대해 생각한다. 그러므로 그들이 변화가 가져다 줄 유익에 초점을 맞출 수 있도록 도와야 한다.

최근에 교회 지도자들을 위한 수련회를 가졌다. 우리는 교인들을 위한 공통의 비전을 제시하고 추구할 것을 강조했다. 건강한 교회는 자신들이 추구해야 할 비전과 나아갈 방향을 알고 있다는 사실을 지적했다. 각 교회마다 사회 봉사, 전도, 소그룹, 음악, 현대식 예배, 청년 사역, 기독교 교육 등 관심을 갖고 있는 사역이 다르다는 것을 지적했다.

그러자 몇 명의 지도자들이 불편해하기 시작했다. 그들은 "만일 우리가 한 가지 영역을 강조하기 시작하면 그 부분에 흥미가 없는 사람들에게 반감을 살지도 모릅니다." 라고 말했다.

우리는 변화를 주장했다. 그러자 그들의 마음은 자동적으로 잃어버리게 될 것들에 가서 박혔다. 그래서 우리는 그들의 관심을 잃어 버리게 될 것으로부터 얻게 될 것으로 돌리는 작업에 들어갔다. 교회가 바른 비전을 갖게 될 때 전문화된 영역은 새로운 사람들의 관심을 사게 될 것이라고 이야기했다. 그 새로운 사람들은 다른 사역들이 확대될 수 있게 하는 특정한 관심들을 가지고 있다. 만일 교회가 뛰어난 음악으로 사람들의 관심을 끌게 되면 성경 공부와 여성 활동, 선교 프로그램 등 역시 성장할 것이다. 많은 것을 얻게 된다.

학습 방법 변화를 이야기할 때 사람들은 잃게 될 것을 가지고 불평하게 될 것이다. 그러면 다음과 같은 변화를 통해 얻게 될 유익에 그들의 관심을 돌리라 :

- ●영적 성숙
- ●이해하는 학생들

- 도전 받은 사람들
- 모든 학생들이 배우는 교실
- 하나님의 말씀을 더 사모하는 사람들
- 새로운 우정의 형성
- 배운 것을 오래도록 기억하는 사람들
- 소외되지 않는 학습 장애가 있는 학생들
- 교회와 교단에 대한 충성심
- 줄어드는 결석률
- 계속적인 참여와 증가하는 출석률
- 교회 밖의 사람들에 대한 효과적인 전도
- 변화된 삶

잃어버리게 될 것에 대한 두려움을 표현하는 사람이 있을 때마다 얻을 수 있는 다른 잠재적인 유익들을 알려 주라. 교회에 유익이 될 수 있는 긴 목록을 준비하라. 그리고 그 유익들을 끈질기게 알리고 재확인시켜 주라.

3. 모든 사람을 다 만족시키는 변화는 없다는 것을 기억하라. 다른 사람이 좋아하지 않는다는 것에 대해서는 몸서리를 치는 사람들에게 이것은 또 다른 심각한 어려움이다.

변화는 - 어떤 변화건 - 일부 사람들을 화나게 한다. 그러나 그것 때문에 변화를 가장해야 할 것인가? 모든 인류의 진보는 반대하는 사람들의 목소리 가운데서, 그 목소리를 이겨내고 이루어져 왔다.

사람들은 비행기를 발명한 오빌과 윌버 라이트(Orvill and Wilbur Wright) 형제에게 코웃음을 쳤었다.

그로버 클리블랜드(Grover Cleveland)는 "재치있고 책임감 있는 여성들은 투표를 원치 않는다"고 말했다.

프러시아의 국왕은 칙칙거리는 철로에 서서 "돈을 한 푼도 들이지 않고도 말을 타고 하루면 갈 수 있는 베를린에서 포츠담까지의 거리를 많은 돈을 투자하면서 기차를 타고 갈 사람은 아무도 없을 것이다."라고 말했다.

그리고 우리의 최고의 교사인 예수 그리스도는 변화를 주장하셨기 때문에 매번 반대에 부딪혔다. 그러나 주님은 변화가 어떤 사람들을 불편하게 만든다는 것 때문에 변화에 대해 주장하는 일을 멈추지 않으셨다. 그분은 변화는 쉽게 그리고 평탄하게 일어나지 않는다는 것을 아셨다.

아마도 그래서 주님은 변화 운동을 시작하시면서 도울 사람들 – 제자들을 모으셨을 것이다. 변화를 추구하는 같은 마음을 가진 사람들로 둘러 싸여 있는 것은 변화를 가져올 가능성을 높여준다. 우리도 그렇게 할 수 있다.

우리의 동료들은 다른 사람들에게 영향을 미치는 일을 도와 줄 것이다. 그리고 우리가 피할 수 없는 반대를 거슬러 올라가야 할 때 우리에게 용기를 북돋아 줄 것이다.

반대하는 사람들에게 집착하게 되면 우리 역시 그들이 두려워하는 – 잃어 버릴 것에 대한 두려움 – 것과 같은 두려움에 사로잡히게 될 것이다. 그 때 다시 우리는 변화가 가져다 줄 유익에 우리의 생각을 모아야 한다.

4. 한꺼번에 모든 필요한 변화를 다 실행하려고 하지 말라. 한 번에 한 걸음씩 변화의 과정을 따르도록 사람들을 안내하라.

우리가 이 책에서 다루었던 변화의 중요한 요소들에 대해 다시 생각해 보라.
- 적은 양을 철저하게 다루라.
- 가장 중요한 것을 이야기하라.
- 이해를 추구하라.
- 좋은 질문들을 하라.
- 생각할 시간을 할애하라.
- 암기와 강의에 의존하는 것을 줄이라.
- 활동 학습 방법을 사용하라.
- 모든 활동에 질문과 토론 발표하는 과정을 포함시키라.
- 배우는 사람들이 서로 가르치게 하라.
- 효과적인 교과 과정을 사용하라.
- 진정한 학습이 이루어지는 설교 방식을 만들라.

만일 이 모든 변화를 한꺼번에 다 실행에 옮기려고 한다면 당신은 혼란에 빠지고 사람들도 우왕좌왕할 것이다. 두세 개의 목표를 정하고 그것들을 소개하기 시작하라. 그런 다음 한두 개를 더하라. 그렇게 계속 늘려가라.

개선해 나가는 동안 사람들을 돕고 격려하라. 그들에게 비전을 되새겨 주라. 변화가 처음에는 비록 불편해 보일지라도 결국 시간이 지남에 따라 점점 편안해질 것이라는 것을 재 확인시켜 주라.

우리 아들이 다섯 살 되었을 때 생일 선물로 두발 자전거를 사주었더니 처음에는 이상하게 바라보았다. 그때까지 세발 자건거를 타고 자

랐기 때문에 두발 자전거의 가치를 볼 수 없었던 것이다. 그는 변화를 받아들였다. 몇 달이 지난 후 연습을 위해 옆에 달아두었던 보조바퀴를 떼어내려고 했을 때 그는 완강하게 반대를 했다. 그러나 우리는 그가 이 마지막 변화에 익숙해 질 때까지 아버지가 자전거를 잡아 줄 것이라는 것을 확신시켜 주었다. 그리고 아이는 오래지 않아 확신을 가지고 자전거를 몰며 거리를 달렸다. 그는 변화를 하나씩 하나씩 받아들였다.

혁신적인 변화를 위해 큰 계획을 세우라. 그리고 비전을 크게 가지라. 그런 다음 한 번에 하나씩 실행에 옮기라. 그러나 멈추지 말라. 계속 진행시켜 나가라. 기대되는 변화를 위한 환경을 개발하라.

교회의 학습 목표를 설정하는 것부터 시작하라. 현재의 프로그램들과 교과 과정을 평가하라. 더욱 효과적인 것을 선택하라. 진정한 학습을 가져다 주는 방식으로 교사들과 지도자들, 목사와 부모들을 훈련하라.

첫 단계

첫 단계는 시작하는 것이다. 행동을 개시하지 않고는 그 어떤 변화도 일어나지 않을 것이다. 문제에 대해 생각하기만 하는 것은 얼마 가지 못한다. 행동이 요구된다.

아는 것만으로는 충분하지 않다. 많은 사람들이 이미 교회 교육이 실패하고 있다는 것을 알고 있다. 지금이 변화할 때다. 교육을 변화시켜 교회를 변화시킬 때이다.

오늘 시작하라. 내일은 너무 늦다.

이제 변화를 추구할 수 있는 제안들을 소개하고자 한다. 이 제안들은 교회에서 배운다는 것이 무엇을 의미하는지를 이해하고 변화에 대한 사람들의 생각을 실행에 옮길 수 있도록 도와 줄 것이다. 교사와 부모 그리고 변화를 일으키는 일에 도움을 줄 수 있는 사람들과 함께 이 아이디어들을 사용하라. 교회 위원회의 위원들은 어떤가? 교사들과, 교회 안에서의 학습에 대해 알기 원하는 변화를 가져올 사람들은 어떤가? 이런 사람들을 변화의 과정에 적극적으로 참여시키기 위해 아래의 활동들 중 한두 개를 선택해 사용해 보라.

학습 변화를 위한 활동들

손으로 쓴 글씨 분석

사람들에게 자기의 이름을 평소에 하듯이 쓰게 하라. 그런 다음 연필 혹은 펜을 다른 편 손에 잡고 이름을 써보게 하라. 대부분의 사람들은 이름을 쓰려고 하면서 소리를 내거나 웃어댈 것이다.

각자 옆사람을 보고 다음 질문들을 하게 하라 :

● 다른 손으로 이름을 쓰라고 했을 때 어떤 느낌을 받았는가? (이상했다 / 쉽지 않을 것이라 생각했다 / 당황했다.)

● 이 경험과 변화를 시도하려고 하는 것은 어떤 점에서 유사한가? (처음에는 이상하고 불편하다 / 생각보다 잘 할 수 있었다.)

● 변화를 받아들임으로 오게 되는 결과가 미치는 영향은 무엇인가? (혹시 손을 다쳐서 다른 손으로 다시 배워야 하는 경우가 생길 때 쓰면

쓸수록 그 손을 사용하는 것이 자연스러워지는 것을 발견한다 / 처음 몇번 동안은 잘 되지 않을 수도 있기 때문에 기회를 주는 것이 필요하다.)

그들이 발견한 것을 전체 그룹에서 나누게 하라. 그런 다음 다시 자기 짝에게 학습에 관해 교회가 시도해야 할 필요가 있는 변화에 대해 한가지씩 이야기하게 하라.

전체 그룹을 위해 서기를 한 사람 정하고 "변화에 대한 아이디어들"을 모든 사람이 볼 수 있게 큰 종이에 적게 하라. 같은 대답이 나오면 나올 때마다 옆에 표시를 하라.

변화를 위한 사람들의 아이디어를 나누게 하라. 많은 다른 아이디어들이 나오면 소그룹을 만들어 각 아이디어에 대해 연구하게 하라. 각 그룹별로 다음의 두 가지를 의논하게 하라 :

● 제안된 변화에 대해 좀 이상하게 느껴지거나/불편하거나/황당하게 느껴지는 점은 어떤 것인가?

● 실제로 변화가 일어나고 자연스럽게 일이 진행될 수 있도록 "그 변화를 진행하는 것"이 주는 유익은 무엇인가?

각 그룹에게 보고하게 하고 그들이 실행에 옮기기 원하는 두 가지 변화를 선택하게 하라.

변화의 예술가

교회 교육 방법을 변화시키기 위한 아이디어를 생각해 내지 못하는 사람들을 위해 다음 방법을 시도해 보라. 둘씩 짝을 지어 서로 인사를 나누고 그들이 가장 좋아하는 모임과 그 모임을 좋아하는 이유에 대해 이야기하게 하라.

　서로 등을 마주하고 서게 한 다음 자신의 모습 중에 한 군데를 눈에 잘 띄지 않게 바꿔보게 하라. 예를 들어 시계를 푼다거나 귀걸이를 제거한다거나 팔뚝을 걷는다든가 하는 것이다. 그런 다음 서로 마주보고 바뀐 부분을 알아 맞춰보게 하라

　이번에는 돌아서서 두 군데에 변화를 주게 하고 처음처럼 반복하게 하라. 그리고 이번에는 세가지를 바꾸고 그 바뀐 부분들을 찾아내어 보게 하라.

　그런 다음 다음의 질문들에 대해 서로 토의하게 하라:
　● 점점 더 많은 것을 바꾸어 보라는 요구를 받았을 때 어떤 느낌을 받았는가? (웃긴다고 생각했다 / 난처했다 / 힘들었다.)
　● 이 경험과 현재 진행되고 있는 교회 교육을 개선하거나 변화시키기 위한 방법을 모색하는 것과 어떻게 비슷한가? (모든 것이 잘되어 가고 있는 것처럼 보일 때 무언가 바꿀 것을 찾는다는 것은 어려운 일이다 / 변화의 가능성이 상당히 많이 있을 수 있다는 것을 보게 될 것이다 / 어떤 변화들은 너무나 분명하게 드러나는 반면 어떤 것은 눈에 잘 띄지 않아서 아무도 알아보지 못할 수도 있다.)

　전체 그룹에서 그들이 발견한 것을 서로 나누게 하라. 교회 내의 변화에 대해 함께 이야기하라. 토론을 불러 일으키기 위해 이 장의 앞부분을 참고하라.

잃게 될 것은 무엇인가?

　이렇게 말하라 : 아주 중요한 정보를 가지고 있는데 누가 10,000원

을 주면 그 정보를 여러분들에게 알려 주겠습니다. 이 정보가 정말 그만한 가치가 충분히 있다는 것을 알게 될 것입니다. 이건 농담이 아니에다. 그리고 10,000은 다시 돌려 주지 않을 것입니다.

사람들의 반응을 들어보라. 얼른 일어나 그 값을 지불하려고 하는가? 아니면 망설이는가? 도박을 하는가? 누군가가 10,000을 가지고 나올 때까지 기다리라.

일단 한 사람이 앞으로 나오면 고마움을 표하라. 그리고 다음과 같은 말이 적힌 쪽지를 그에게 넘겨주라 : "진정으로 변화하려면 잃어버리게 될 것으로부터 얻게 될 것으로 사고의 틀을 전환하라." 그에게 그 정보를 전체 그룹에게 이야기하고 싶은지 물어보라. 그리고 그것을 전체 그룹을 위하여 읽게 하라.

사람들에게 그들 앞에 놓여진 변화에 대해 생각해 보고 그 변화가 가져다 줄 유익이 무엇인지 생각해 보게 하라. 10,000원을 냈던 사람에게 20,000원을 주고 이렇게 말하라 : 이 말을 기억하십시오. 진정으로 변화하려면 잃어버리게 될 것으로부터 얻게 될 것으로 사고의 틀을 전환하십시오.

이제 다른 사람들은 아마도 침을 꿀꺽 삼키며 자기들이 자원하지 않은 것을 후회할 것이다. 그리고 이 순간을 바로 그들이 배울 수 있는 순간으로 포착하라.

10,000원을 가지고 나온 사람이 그렇게 한 이유를 알아보라. 왜 다른 사람들은 그렇게 하지 않았는가? 이것은 우리의 변화에 대한 시각과 어떻게 비슷한가?

당신이 준 정보를 모든 사람들이 볼 수 있게 큰 글씨로 쓰라. 그리고 커다란 전지를 반으로 나누어 한쪽에는 "우리가 잃게 될 것"이라는 제목을 그리고 다른 쪽에는 "우리가 얻게 될 것"이라는 제목을 달라. 그리고 다음과 같이 말하라: 우리 교회의 교육에 대해 생각해 보십시오 - 어린이, 청소년 그리고 어른들을 위한 교육, 주일 학교, 성경 공부 모임, 설교 등. 이 영역들에서 우리가 혁신적인 변화를 해야 한다면 어떤 것들을 잃게 될 것이라는 두려움을 가지게 될까요? 사람들의 대답을 "우리가 잃게 될 것" 아래 공란에 기록하라.

그런 다음 이렇게 말하라: 제가 준 정보를 기억하십니까? 이번에는 우리가 어떤 것을 얻을 수 있는지 살펴봅시다. 서로 토론하며 변화가 가져다 줄 유익들을 기록해보십시오.

이 활동이 실제로 의사 결정을 내리고 변화를 실행하는 일로 연결되게 하라.

경험 나누기

변화에 대해 부담감 없이 이야기할 수 있도록 사람들을 둘씩 짝을 지어 그동안 살아 오면서 변화를 두려워했던 때와 그 변화가 가져다 준 좋은 결과가 어떤 것들이었는지를 이야기하게 하라.

그런 다음 전체 모임을 갖고 각 사람이 느꼈던 두려움과 변화로부터 얻게 된 좋은 결과들이 갖는 공통점에 대해 분석하게 하라.

이 토론을 교회에 어떠한 변화가 필요한지 이야기하는 실마리로 사용하라. 어떻게 하면 교인들의 두려움을 덜어주고 좋은 결과를 볼 수 있게 할지 그 방법들을 논의하라.

평탄한 항해를 하고 있는가 아니면 난파를 당하고 불길에 휩싸이고 있는가?

303쪽에 있는 그림을 복사해 나누어 주라. 그림에 관련된 변화의 단계에 대해 설명하라. 4명 이하로 한 조를 만들고 다음의 질문들을 토의하게 하라.

- 우리 교회는 이 그림의 어느 단계에 속하는가? 그 이유는?
- 우리 교회는 이 그림의 어느 단계에 속해야 하는가? 그 이유는?
- 우리 교회가 "죽음으로 향하는 길"을 선택했던 구체적인 예로 어떤 것을 들 수 있는가? "새로운 생명으로 향하는 길"의 경우는 무엇인가?
- 우리가 계속해서 생명의 길로 나아가기 위해 필요한 것은 무엇인가?

반대하는 사람들

317쪽에 있는 역할극 대본을 가지고 즐거운 시간을 가져보라. 한 조는 4명을 넘지 않게 하라. 한가지씩 역할이 기록된 쪽지를 각 사람에게 나누어주라. (한 조에 4명 이하인 경우에도 배역 1은 꼭 누군가가 맡아야 한다.)

무대를 설치하고 다음과 같이 말하라: 지금부터 여러분은 모두 교회의 교육 위원회의 위원들입니다. 배역 1을 맡은 사람이 먼저 시작하십시오. 그 다음에는 각 조별로 알아서 하십시오. 약 7분간의 시간을 주겠습니다.

연기를 시작하게 하라. 각 그룹에서 무슨 일이 벌어지고 있는지 보고 듣도록 하라. (만일 참가한 사람이 많으면 각 그룹의 연기를 관찰하고 기록할 사람들을 정할 수도 있을 것이다.)

    몇 분이 지난 후 전체 그룹으로 모이게 하라. 만일 사람들이 자신들이 맡았던 배역에 대해 잘 알지 못했다면 이 때 각자 자신들이 맡았던 역할의 대본을 읽어보게 하라. 각자의 경험을 발표하게 하라. 다음과

배역 1 : 당신은 다음의 항목을 정말 바꾸어야 한다고 열심을 내고 있다(다음 중 하나를 고르라).
- 주일 학교 교과 과정
- 설교 시간 사용 : 더 창의적이고 생동감 넘치며 사람들이 참여하는 시간이 되었으면 좋겠다.
- 10년 동안 한 사람이 인도해 온 전통적인 성인 성경 공부반

당신은 교육 위원회의 다른 위원들로 하여금 당신이 알고 있는 효과적인 변화를 위한 혁신적인 아이디어들을 받아들이게 하고 싶다. 당신은 변화를 위한 많은 좋은 이유들을 가지고 있다.

배역 2 : 당신은 모든 것이 지금 있는 그대로 만족스럽다. 당신은 "우리는 늘 이렇게 해 왔고 나는 이 방식대로 하는 것이 좋다." 라는 확신을 가지고 있다.

배역 3 : 당신은 변화를 싫어한다. 그리고 당신은 염세주의자다. 새로운 것은 잘 들어맞지 않는다는 것을 확신하고 있다. 그리고 그에 대한 이유들을 강하게 주장할 수 있다. 다른 사람들이 뭐라고 하든 듣고 싶지 않다.

배역 4 : 변화를 싫어하는 진짜 이유는 문제를 일으키고 싶지 않기 때문이다. 사실 어떤 것을 주장하는 것보다 사람들의 기분을 상하게 하는 것이 더 두렵다. 늘 "누구 누구는 어떻게 생각할까?" 라는 염려를 하고 있다.

같은 질문을 하라 :
- 배역 1을 맡았다면 그 연기를 하면서 어떻게 느꼈는가? 배역 2는? 배역 3은? 배역 4는?
- 이 경험과 교회에서 일어나는 일과 어떤 점에서 비슷하고 어떤 점에서 다른가?
- 실제 생활 속에서 배역 1과 같은 사람에게 어떤 충고를 해 주겠는가? 배역 2는? 배역 3은? 배역 4는?
- 어떻게 우리 교회를 사람들로 하여금 변화를 기꺼이 받아들이는 곳으로 만들 수 있겠는가? 반대하는 사람들을 다루기 위해 우리가 취할 수 있는 긍정적인 행동은 어떤 것들이 있겠는가?

기도로 마치라. 옆사람의 손을 잡고 맡았던 배역 속에 나온 사람들처럼 느끼고 있는 사람들을 위해 각자 돌아가면서 한마디씩 기도하게 하라.

성경을 연구하라

성경을 연구하는 시간을 가지라. 하나님께서 과거에 변화를 통해 어떻게 일하셨는가를 성경을 통해 배우라. 하나님은 결코 변치 않는 분이시며 그 어떤 것을 통해서도 우리를 지키신다는 약속을 의지하라. 우리가 추구하는 변화의 궁극적인 목표가 되시며 급진적인 삶을 사신 예수 그리스도를 기억하라.

당신의 관심을 자극하기 위해 몇 개의 성경 구절을 구분한 것이 있다. 이것들은 결코 완벽한 것이 될 수 없다. 단지 시작에 불과할 뿐이다.

- 이사야 43:1-19 (하나님은 자신이 만든 사람들을 위해 놀라운 일들을 하셨다.)
- 말라기 3:6 (주님은 변치 않으신다.)
- 마태복음 9:16-17 (예수님은 새 술을 헌 부대에 담는 위험에 대해 말씀하셨다.)
- 로마서 12:1-2 (마음을 새롭게 함으로 내적인 변화가 일어나게 하라.)
- 히브리서 13:8 (예수님은 어제나 오늘이나 내일이나 늘 동일하시다.)
- 요한계시록 21:5 (하나님은 모든 것을 새롭게 하신다.)

서로 지지해 줄 수 있는 관계를 형성하라

당신을 지지해 주고 격려해 줄 사람들이 있어야 한다. 혁명가가 된다는 것은 쉬운 일이 아니다. 많은 장벽에 부딪히게 될 것이다. 그러나 대의를 믿고 있는 사람처럼 당신은 그 가치를 알고 있다. 그러므로 교회에서, 교단에서, 지역 사회 안에서 뜻을 같이 할 사람들을 찾으라. 그리고 사람들이 교회에서 별로 배우지 못하고 있는 요인들을 제거하는 데 필요한 본질적인 변화를 이루기 위해 당신과 힘을 합하게 하라. 하나님께서 당신과 함께 하시기를!

에필로그
지금 변화를 시도하라

교회 교육은 위기 속에 있다. 그러나 의도적으로 그렇게 된 것은 아니다. 우리는 프로그램에 짜 맞추어져 왔기 때문에 지금 이런 혼란 속에 있는 것이다.

우리는 실패한 교육 제도의 부산물이다. 우리는 목표를 상실한 교육, 빈칸 채우기, 사소한 것들에 대한 추구, 지나치게 피동적인 학습 방법들과 함께 자라왔다. 이런 방법들이 너무나 뿌리 깊게 우리 속에 심겨졌기 때문에 우리는 아무 생각없이 그대로 하고 있다. 우리에게는 자동 조정 장치가 부착되어 있다.

그러나 이렇게 계속할 수는 없다. 너무 많은 사람들을 잃고 있다. 그리고 우리는 더 나은 것을 알고 있다. 실제로 그렇다.

당신을 위해 일할 사람이 왔을 때 그를 어떻게 교육시키는가 생각해 보라. 새로 입사한 비서를 생각해 보자. 그를 글짜 맞추기, 빈칸 채우기, 감추인 글자 찾기 등으로 훈련시키려고 하겠는가? 그에게 어떻게 컴퓨터를 사용하는지 가르치기 위해 '매킨토시'라는 단어의 철자를 맞추어보게 할 것인가? 당신은 그에게 복사기가 발명된 연도와 같은 쓸데없는 자료를 찾기 위해 사용자 설명서를 열심히 읽어야 한다고 지시하지 않을 것이다. 그리고 모든 교인들의 주소와 전화 번호를 외우는 일에 소중한 시간을 사용하라고 하지도 않을 것이다.

절대로 그렇게 하지는 않을 것이다. 우리는 이런 어리석은 방식으로는 그가 빨리 그리고 효과적으로 일을 배울 수 있도록 도울 수 없다는 것을 직감으로 안다. 상식적으로 비서를 교육시킬 수 있는 더 좋은 방법이 있다는 것을 알고 있다.

이제는 모든 교회 교육에 이 상식을 적용해야 할 때가 되었다. 이 책에서 우리가 제시하고 있는 처방은 괴상하고 입증되지 못한 아이디어들이 아니다. 그것들은 어떤 교회에서건 사용할 수 있는 상식적인 학습 방법들이다.

지금은 상식과 용기를 가지고 변화를 시도해야 할 때다. 우리가 매일 마주치는 세상은 예수 그리스도의 구원하시는 은혜를 배우고 변화되어야 할 심각한 필요를 안고 있지 않은가?

미주

프롤로그
1. Barna, G. What Americans Believe. Ventura, CA:Regal Books, 1991, p.280.
2. Yearbook of American and Canadian Churches.
Nashville: Abingdon, 1994. The Statistical Abstract of the United States. Washington: U.S. Department of Commerce, 1992.
3. Chandler, R. Racing Toward 2001. Grand Rapids, MI: Zondervan, 1992, p.112.
4. Yearbook of Anerican and Canadian Churches.
Nashville: Abingdon, 1990.
5. A Group Publishing poll of churchgoers, 1992.
6. Benson, P., and Eklin, C. Effective Christian Education: A National Study of Protestant Congregations. Summary Report. Minneapolis: Search Institute, 1990, p.58.
7. Barna, G. Ministry Currents, October-December, 1991, p.9.
8. Chandler, R. Racing Toward 2001. p.112.
9. Author interview with a Sunday school student, 1992.
10. Benson, P., and Eklin C. Effective Christian Education. Summary Report. p.2.
11. McNichol, T. USA Weekend, September 18, 1992, p.5.
12. Carvajal, T. University of Northern Colorade, Greeley.
13. The Wall Street Journal, September 11, 1992, p.B1.

1장
1. Gardner, H. The Unschooled Mind. New York: Basic Books, 1991, p.138.
2. Wood, G. Schools That Work. New York: Dutton, 1992, p. xx.
3. Ibid., p. xxi.
4. Gatto, J. The Wall Street Journal, July 25, 1991.
5. Quote from The Brokaw Report, NBC, August 29, 1992.
6. Wood, G. Schools That Work. p. 238.
7. Effective Christian Education: A National Study of Protestant Congregations. Minneapolis: Search Institute, 190, p. 25.

8. Ibid., pp. 46-47.
9. Barna, G. What Americans Believe. Ventura, CA: Regal Books, 1991, p. 230.

2장

1. Healy, J. Endangered Minds. New York: Simon & Schuster, 1990, p. 20.
2. Ibid., pp. 20-21.
3. Stoddard, L. Redesigning Education. Tucson: Zephyr Press, 1992, p. 61.
4. Smith, F. Insult to Intelligence. Portsmouth, NH: Heinemann, 1988, p. 80.
5. Wood, G. Schools That Work. New York: Dutton, 1992, p. 128.

3장

1. Group Publishing national survey of 226 church-attending fifth -and sixth - graders, 1992.
2. Barna, G. What Americans Believe. Ventura, CA: Regal Books, 1991, p. 212.
3. Effective Christian Education: A National Study of Protestant Congregations. Minneapolis: Search Institute, 1990, pp. 26-27.
4. Ibid., p. 57.
5. Barna, G. What Americans Believe. p. 173.
6. Group Publishing national survey.
7. Wood, G. Schools That Work. New York: Dutton, 1992, p. 167.
8. Healy, J. Endangered Minds. New York: Simon & Schuster, 1990, p. 281.
9. Stevenson, H., and Stigler, J. The Learning Gap. New York: Summit Books, 1992, p. 195.
10. Wood, G. Schools That Work. p. 13.
11. Healy, J. Endangered Minds. p. 279.

4장

1. Healy, J. Endangered Minds. New York: Simon & Schuster, 1990, p. 27.
2. Stevenson, H., and Stigler, J. The Learning Gap. New York: Summit Books, 1992, p. 13.
3. Healy, J. Endangered Minds. p. 278.
4. Stoddard, L. Redesigning Education. Tucson: Zephyr Press, 1992, p. 55.
5. Stevenson, H., and Stigler, J. The Learning Gap. p. 213.
6. Smith, F. Insult to Intelligence. Portsmouth, NH: Heinemann, 1988, pp. 83, 261.
7. Perkins, D. Smart Schools. New York: The Free Press, 1992, p. 8.

5장

1. Stipp, D. The Wall Street Journal, September 11, 1992, p. B4.
2. Smith, F. Insult to Intelligence. Portsmouth, NH: Heinemann, 1988, p. 11.
3. Effective Christian Education: A National Study of Protestant Congregations. Minneapolis: Search Institute, 190, p. 36.
4. Group Publishing national survey of 226 church-attending fifth -and sixth - graders, 1992.
5. Hendricks, H. The 7 Laws of the Teacher. Atlanta: Walk Thru the Bible Ministries, 1987, p. 66.
6. Healy, J. Endangered Minds. New York: Simon & Schuster, 1990, p. 96.
7. Perkins, D. Smart Schools. New York: The Free Press, 1992, p. 32.
8. Furnish, D. Experiencing the Bible With Children. Nashville: Abingdon, 1990, p. 124.
9. Udall, A., and Daniels, J. Creating the Thoughtful Classroom. Tucson: Zephyr Press, 1991, p. 73.
10. Ibid., p. 85.
11. Effective Christian Education. p. 36.
12. Healy, J. Endangered Minds. p. 295.
13. Ibid., adapted from pp. 295-296.

6장

1. Stoddard, L. Redesigning Education. Tucson: Zephyr Press, 1992, p. 14.
2. Manegold, C. Newsweek, December 2, 1991, p. 55.
3. Burns, J. The Youth Builder. Eugene, OR: Harvest House Publishers, 1988, p. 184.
4. Hendricks, H. Teaching to Change Lives. Portland, OR: Multnomah Press, 1987.
5. Naisbitt, J. Trend Letter, June 25, 1992, p. 3.
6. Atkins, A. Child, May, 1991, p. 102.
7. Quote from 20/20, ABC, April 19, 1991.
8. Goleman, D., Kaufman, P., and Ray, M. The Creative Spirit. New York: Dutton, 1992, p. 43.
9. Woods, P. What's a Christian? Loveland, CO: Group Publishing, 1990, p. 1.
10. Hands-On Bible Curriculum, 5th & 6th Grade, Teachers Guide, Year B. Quarter 1, "Dealing With Disabilities/Airline Disaster Activity." Loveland,

CO: Group Publishing, 1993.
11. Paulson, N. Prischool Program: Loving God, Loving Others. Loveland, CO: Group Publishing, 1992, pp. 122-124.
12. Hands-On Bible Curriculum, 5th & 6th Grade, Teachers Guide, Year B. Quarter 1, "This Little Light/Candle Gauntlet Activity." Loveland, CO: Group Publishing, 1993.
13. Chromey, R. Turning Depression Upside Down. Loveland, CO: Group Publishing, 1992, pp. 35-36.
14. Cassidy, D. Faith for Tough Times. Loveland, CO: Group Publishing, 1991, pp. 26-27.
15. Kelly, P. Forgiveness. Loveland, CO: Group Publishing, 1992, pp. 40-41.

7장

1. Stevenson, H., and Stigler, J. The Learning Gap. New York: Summit Books, 1992, p. 70.
2. McGabe, M., and Rhoades, J. "Developing Higher-Level Thinking Skills Through cooperative Learning Strategies," ASCD Annual Conference, San Francisco, CA, March 17, 1991.
3. Goodald, J. A Place Called School. New York: McGraw-Hell, 1984.
4. Healy, J. Endangered Minds. New York: Simon & Schuster, 1990, p. 96.
5. Steinberg, A. Education Letter, Harvard University Press, November/December, 1989, p. 1.
6. Hardel, D. Who Is Jesus? Loveland, CO: Group Publishing, 1991, pp. 15-1.
7. Hands-On Bible Curriculum, 5th-6th Grade, Teachers Guide, Year A, Quarter 4, "Hidden Message Activity." Loveland, CO: Group Publishing, 1993.
8. Quick Devotions for Children's Ministry. Loveland, CO: Group Publishing, 1990, p. 71.
9. Hands-On Bible Curriculum, 5th & 6th Grade, Teachers Guide, Year A, Quater 3. Loveland, CO: Group Publishing, 1992.
10. Ibid., p. 108.

8장

1. Hendricks, H. The 7 Laws of the Teacher. Atlanta: Walk Thru the Bible Ministries, 1987, p. 88.
2. Wood, G. School That Work. New York: Dutton, 1992, p. 153.